Inszenierte Natur
Landschaftskunst im 19. und 20. Jahrhundert

Inszenierte Natur

Landschaftskunst im 19. und 20. Jahrhundert

Herausgegeben von
Barbara Baumüller, Ulrich Kuder
und Thomas Zoglauer

Mit Beiträgen von
Hermann Bauer, Barbara Baumüller, Adrian von Buttlar,
Sabine Hofmeister, Steffen Krestin, Ulrich Kuder, Michael Lissok,
Konrad Ott, Helmut Rippl, Lothar Schäfer, Thomas Zoglauer

Deutsche Verlags-Anstalt, Stuttgart

Das Umschlagmotiv ist den »Andeutungen über
Landschaftsgärtnerei« des Fürsten von Pückler-Muskau
entnommen, die erstmalig 1834 erschienen sind.

Die Deutsche Bibliothek – CIP-Einheitsaufnahme

Inszenierte Natur : Landschaftskunst im 19. und 20. Jahrhundert /
hrsg. von Barbara Baumüller … Mit Beitr. von Hermann Bauer … –
Stuttgart : Deutsche Verlags-Anstalt, 1997
ISBN 3-421-03130-4 Pb.

© 1997 Deutsche Verlags-Anstalt GmbH, Stuttgart
Alle Rechte vorbehalten
Umschlagentwurf: Brigitte und Hans Peter Willberg, Eppstein
Lektorat: Andrea Bartelt
Druck- und Bindung: Jütte Druck GmbH, Leipzig
Printed in Germany
ISBN 3-421-03130-4

Inhalt

Vorwort

Die Gartenkunst stellt ein eindrucksvolles Beispiel für den schöpferischen Umgang des Menschen mit der Natur dar. Der Mensch gestaltet seine Umwelt nicht nur, er inszeniert sie regelrecht zu einem prächtigen Bühnenstück. Besonders die Gartenschöpfungen des Fürsten von Pückler-Muskau bieten reiches Anschauungsmaterial für eine gelungene Synthese von Natur und Kunst. In einer Zeit, in der die Natur immer künstlicher wird, stellt sich die Frage, wie man zwischen Natürlichem und Künstlichem überhaupt noch unterscheiden kann und welche Rolle dem Menschen als Gestalter der Natur zukommt.

Die im vorliegenden Buch zusammengefaßten Aufsätze gehen auf Vorträge zurück, die im Sommer 1995 anläßlich der Bundesgartenschau in Cottbus gehalten wurden. Die Mitteilung, daß die an einem großen, in weiten Teilen aufgegebenen Braunkohleabbaugebiet gelegene Stadt Cottbus Austragungsort der Bundesgartenschau sein werde, hatte im Jahr zuvor viele überrascht. Gleichwohl erschien sie nicht unverständlich. Sollte doch die unter großem Zeitdruck und mit nicht geringem Aufwand vorbereitete Bundesgartenschau zeitgleich mit mehreren Großbauprojekten in der Stadt Cottbus selbst den schon Jahre zuvor verheißenen »Aufschwung Ost« nun endlich sichtbar machen, einen Aufschwung, an den keiner mehr so recht glaubte und von dessen Anzeichen jeder fürchtete, daß sie sich, zusammen mit der sommerlichen Naturpräsentation, als Scheinblüten erweisen würden. Sowohl die Einwohner von Cottbus als auch die Angehörigen der dort vor wenigen Jahren neugegründeten Universität wurden in der folgenden Zeit geradezu von einem »Buga-Fieber« ergriffen, in dem sie sich, zwischen Hektik und Zweifel hin- und hergerissen, fragten, wie sie sich zu der heranrückenden spektakulären Inszenierung verhalten, ob und wie sie sich – kritisch und konstruktiv – beteiligen sollten.

In dieser Situation wurden die beiden Vortragsreihen, die diesem Aufsatzband zugrunde liegen, konzipiert. Die bevorstehende Bundesgartenschau, im besonderen aber die Strukturprobleme der Stadt Cottbus und ihrer Umgebung sowie das für die Bundesgartenschau gewählte

Gelände, das unmittelbar an den historischen, unter Hermann Fürst von Pückler-Muskau angelegten Schloßpark von Branitz anschließt, waren für mehrere Mitglieder der Brandenburgischen Technischen Universität Anlaß, über Natur und die Risiken ihrer Nutzung und Gestaltung nachzudenken und andere zu diesem Nachdenken einzuladen.

Daß bei diesen Überlegungen über Begriff, Geschichte und Zukunft der Natur vor allem der Aspekt der Natur- und Landschaftsinszenierung berücksichtigt wurde, ergab sich aufgrund der geschilderten Umstände fast zwangsläufig. Doch wurde der Titel unseres Bandes mit Bedacht gewählt. Inszenierte Natur – diese Wortverbindung verweist darauf, daß alle von Menschenhand gestaltete Natur (und wo gäbe es noch wirklich unberührte Natur auf diesem Planeten?) auch in Szene gesetzt und damit nicht ohne Scheinhaftigkeit ist. Diese Fiktionalität enthüllt sich in der Geschichte, deren Wandlungen den Bildcharakter der bearbeiteten Natur hervortreten lassen. Die über die Erde ausgedehnten Natur-Fassaden werden früher oder später brüchig. Darum muß der Mensch, der einmal Hand angelegt hat an die Natur, ihr immer wieder neu Gestalt geben und sei es auch nur im Versuch, ihr gänzliches Zubruchgehen zu verhindern.

Die beiden Vortragsreihen, im Hinblick auf diese Problematik veranstaltet, wurden unter dem Titel »Inszenierte Natur« vom Lehrstuhl für Technikphilosophie und unter dem Titel »Kunst im Reiche der Natur – Landschaftsbild und Gartenkunst im 19. und 20. Jahrhundert« vom Lehrstuhl für Kunstgeschichte der Brandenburgischen Technischen Universität Cottbus organisiert. Die Einschränkung der kunstgeschichtlichen Themen auf die Zeit des 19. und 20. Jahrhunderts erschien durch die nahe liegenden, mit Kunstverstand und technischem Sinn geplanten und gepflegten Parklandschaften des Fürsten Pückler, dessen Selbstbekenntnis die Wendung »Kunst im Reiche der Natur« entnommen war, und durch die nicht wenig entfernt gelegene Bundesgartenschau gerechtfertigt. Wesentliche Anregungen und Unterstützung erhielten die Vortragsreihen und das Buchprojekt dieses Sammelbandes durch das Zentrum für Technik und Gesellschaft der Brandenburgischen Technischen Universität Cottbus. Die Herausgeber danken besonders Frau Michaela Hammer und Frau Dr. Käthe Friedrich für ihren tatkräftigen organisatorischen Einsatz, Frau Regina Kirsche für ihre zuverlässige Mitarbeit bei der Textgestaltung und Frau Renate Jostmann und Frau Andrea Bartelt für die verlegerische Betreuung und gute Zusammenarbeit.

Die Herausgeber

Lothar Schäfer

Zur Geschichte des Naturbegriffs

Daß wir im Lauf der Geschichte zu neuen Vorstellungen über die Natur gekommen sind, ist eine Trivialität und darf als Frucht der Naturforschung erwartet werden. Andererseits gibt es Umbrüche in den Grundanschauungen über die Natur, die nicht schlicht als naturwissenschaftliche Entdeckungen zu deuten sind. Sie gehören in eine Geschichte des Naturbegriffs, und von ihnen sprechen wir als Wandlungen des Naturbegriffs. Welchen Sinn können wir mit der geschichtlichen Entwicklung der Vorstellungen von Natur verbinden, die sich nicht als Resultate, sondern als Voraussetzungen und Bedingungen von Forschung darstellen? Eine erste Antwort: Im Naturbegriff drückt sich aus, warum wir an der Natur und ihrer Erforschung interessiert sind.

Seit es die empirischen Naturwissenschaften gibt, ist in der Rekonstruktion ihrer Erkenntnisweisen immer wieder in der einen oder anderen philosophischen Sprache betont worden, daß es zwar keine von der empirischen Wissenschaft unabhängige metaphysische Erkenntnisweise geben kann, daß jedoch empirische Erkenntnis der Natur selbst »jederzeit Metaphysik voraussetzt« (Kant). Naturforschung ist ohne allgemeine Grundannahmen über den Gegenstandsbereich überhaupt nicht möglich. Abgesehen von radikal-positivistischen Minderheiten zu Anfang unseres Jahrhunderts ist diese These ein Gemeinplatz der modernen Wissenschaftstheorie von Kant bis Popper und Kuhn. Unterschiedliche Auffassungen gibt es freilich hinsichtlich des Status dieser Vorannahmen und hinsichtlich ihrer Kennzeichnung. Die Natur als harmonische Ordnung, als perfektes Uhrwerk, als Gesamtorganismus, als durchgängige Zweckmäßigkeit oder als kontingente Konstellation von Atomen: diese und andere Vorstellungen (Modelle) sind als Beispiele von »metaphysischen« Vorstellungen angeführt worden, die die empirische Forschung in Vergangenheit und Gegenwart geleitet haben. Wie kommt es zu der vergleichsweisen Konstanz der Grundideen von der Natur und ihrem Wiederaufleben in späteren Epochen gegenüber dem dynamischen Wechsel auf der Ebene des Faktenwissens?

Wenn solche metaphysischen Grundannahmen empirische Erforschung der Natur erst möglich machen, welchen Status nehmen sie dann gegenüber dem empirischen Wissen ein, von dem wir heute annehmen, daß es nicht kontinuierlich wächst, sondern fundamentalem Wandel, das heißt Umbrüchen im Sinne von »wissenschaftlichen Revolutionen«, ausgesetzt ist?[1] Zugegeben, daß die metaphysischen Grundannahmen Forschungstraditionen definieren, stellt sich die Frage, was mit ihnen im Falle von fundamentalem Theorienwechsel passiert und wie es zu letzterem überhaupt kommen kann, wenn die Forschungsaktivität ihre Wurzeln in einer Metaphysik hat?[2]

Pierre Duhem, der wie kein zweiter Physiker die Geschichte seiner Disziplin auf ihre Herkunft aus metaphysischen Vorformen untersucht hat, hat die Rolle der metaphysischen Grundvorstellungen für die Naturforschung ganz und gar negativ gesehen. Zwar sind solche Vorstellungen de facto immer im Spiel, aber sie zeichnen keinen bestimmten Weg der Forschung aus. Ein und dieselbe metaphysische Prämisse kann einander widersprechende empirische Hypothesen »beweisen«. Wenn Descartes beispielsweise aus der Annahme der »Unveränderlichkeit Gottes« auf seinen Erhaltungssatz vom Bewegungsmoment ($m \cdot v$) schließt, dann könnte dasselbe Argument auch eine andere physikalische Größe als konstant ausweisen (zum Beispiel $m \cdot v^2$)![3])Mithin betrachtet Duhem die metaphysischen Ideen als Schmarotzerpflanzen, die sich um den Stamm der Physik herumranken und die man besser abstreift. Ihm stellt sich der Gang der Naturforschung als das fortschreitende Ausmerzen der metaphysischen Erklärungen aus dem positiven Wissensganzen dar.[4] Diese Konsequenz zieht Duhem, weil er keine eindeutige Folgerungsbeziehung zwischen den metaphysischen Annahmen und einzelnen empirischen Resultaten sehen kann. Er denkt über die Leistung der metaphysischen Ideen ausschließlich in logischen Beziehungen zu empirischen Aussagen der Physik nach.

Demgegenüber werde ich im folgenden diese die Forschung inspirierenden und motivierenden (metaphysischen) Überzeugungen als Ausdruck des Selbstverständnisses des Menschen deuten; sie sind Ausdruck der Einstellung, mit der wir erkennend, wertend und handelnd der Natur gegenübertreten. Je nachdem, ob das Verhältnis, in dem sich der Mensch zur Natur versteht, mehr exklusiv oder inklusiv konzipiert ist, ob er die Natur primär als das ganz andere seiner selbst oder sich als Teil der Natur versteht, werden sich auch Selbst- und Naturverständnis eher asymmetrisch oder symmetrisch darstellen. Die grundlegenden Vorstellungen über die Natur werden in jedem Fall von dem Bild abhängen, das der Mensch von sich entwirft hinsichtlich seiner Aufgaben in der Welt. Deshalb bleiben die begrifflichen Vorstellungen über die Natur und deren

Wandel immer ein interessantes Datum für die philosophische Anthropologie und behalten – bei allem Erkenntnisfortschritt – den Status von möglichen Selbstentwürfen des Menschen.[5] Es wird deshalb im folgenden die These vertreten, daß die unterschiedlichen Naturbegriffe von jeweils anderen Selbstentwürfen des Menschen getragen sind, nicht aber einer wie immer gearteten Erkenntnis der Natur entstammen.

Die den Wissenserwerb inspirierenden Überzeugungen sind nicht selbst ein Wissen von der Natur, das nur deshalb, weil es dem empirischen Wissen vorgängig ist, auch in höherem Maß ein Wissen sein müßte; sie haben den Status von Ideen (auch Modellen), die wir vorentwerfend unserer Erforschung der Natur unterstellen. Durch ihre Analyse erfahren wir nichts über die Natur als solche, sondern über unsere Ideen von der Natur – und die sind, wie gesagt, Reflexe unseres Selbstverständnisses: aus dem Spiegel der Natur schauen wir uns nur selbst entgegen.[6] So ergiebig der »Spiegel der Natur« für die Selbsterkenntnis des Menschen ist – insbesondere auch für die Wahrnehmung des Wandels in seinem Selbstverständnis –, so gewaltig wird der Fehlgriff, wenn wir Projektionen unserer selbst für Naturgegebenheiten halten. Die oben angesprochene Stabilität in den Grundvorstellungen von Natur könnte sich meines Erachtens erklären lassen durch das Interesse an der Aufrechterhaltung des Menschenbildes, das jenen zugrunde liegt.

Die Geschichte des Naturbegriffs zeigt drei deutlich verschiedene Konzepte von Natur, denen jeweils unterschiedliche Einstellungen des Menschen zu ihr entsprechen:

1. die vorgegebene Natur: Natur als Erscheinung ewiger Ordnung,
2. die zu unterwerfende Natur: Natur als Bereich progreßorientierter Forschung und technischer Nutzung,
3. die schonungsbedürftige Natur: Natur als labile Grundlage des Lebens der Organismen.

1. Die vorgegebene Natur

Für die Antike ist Natur der uns vorgeordnete Bereich von Gegenständen, dem wir uns betrachtend zuwenden: »Theoria« bedeutet Schau, und in der Betrachtung vollendet sich das Wissen. Zugleich ist die Betrachtung des Seienden die höchste Lebensform des Menschen. Anaxagoras soll auf die durch das tragische Lebensgefühl der frühen Griechen aufgeworfene Frage, warum sich jemand entscheiden könne, lieber geboren als nicht geboren zu sein, geantwortet haben: um das Himmelsgebäude zu betrachten und die Ordnung im Weltall.

Man sollte meinen, daß im Erfahrungsraum der kleinasiatischen Küste

11

die Unruhe des Meeres – einst von Poseidons Dreizack mit Sturm und Beben erfüllt – die Grundeigenschaften der Natur definieren würde. Statt dessen beschreiben die anfänglichen Philosophen die Natur als in sich ruhende Ordnung. Invarianz und Dauer charakterisieren die Natur im großen und ganzen. Zwar ist Bewegung ein oder auch das Grundphänomen der Natur, so daß der, der die Bewegung nicht versteht, auch die Natur nicht versteht (Aristoteles, Physik, III,1; 200b12–15). Aber die Bewegung zielt nicht auf die Veränderung, sondern auf die Ruhe. Gemäß einer natürlichen Tendenz kommt die Bewegung im Zustand der Ruhe in ihr Ziel und vollendet sich damit. Nur wo und solange eine bewegende Kraft am Werke ist, vermag sich Bewegung als solche zu erhalten. Die Teleologie, derzufolge die Natur nichts umsonst tut, bindet alle Naturprozesse in ein abgeschlossenes System von Zwecken ein, das die Entstehung neuer Naturformen nicht kennt – allenfalls kann es infolge von Kunstfehlern der Natur zu Mißgestalten kommen (Aristoteles, Physik, II, 8; 199a33–b4).

Die Kreisbewegung, in der sich der Fixsternhimmel befindet, ist die vollkommene Bewegung, weil sie Anfang und Ende in sich hat, das heißt immer schon vollendet ist. Für Platon ist deshalb die Bewegung des äußersten Himmels ein bewegtes Abbild der Unvergänglichkeit und die an den kosmischen Bewegungen ablesbare Zeit ein in Zahlen fortschreitendes, unvergängliches Bild der in dem Einen verharrenden Unendlichkeit (Timaios 37d).

Auch im antiken Atomismus stellt sich das eigentlich Seiende als invariant, unteilbar und unzerstörbar dar; die sich uns zeigenden Veränderungen sind nur äußerliche Positionswechsel der Atome im leeren Raum. Und selbst Heraklit, dessen Spruch »alles ist im Fluß« alle Dinge der Natur dem ständigen Wandel aussetzt, vertritt als grundlegendere Wahrheit, daß das ewig lebendige Feuer, demzufolge sich die Veränderungen in der Natur ereignen, in einer unveränderlichen Ordnung steht.[7]

Die endliche Umgrenztheit des Kosmos und die gleichmäßige Gestalt der alles umschließenden Fixsternsphäre garantieren gleichermaßen seine Stabilität und Statik. Es ist deshalb nicht verwunderlich, daß man mit einem derart durch Invarianz und Stabilität geprägten Verständnis von Natur auch versuchte, die menschlichen Sitten und die Gesetze des politischen Lebens als unveränderlich und unantastbar auszuzeichnen, indem man sie als »natürlich« darstellte und ihnen eine naturalistische Fundierung oder eine Auszeichnung als Naturrecht verschaffte. Während die Sophisten bereits explizit Kritik an dieser naturalistischen Begründung geübt hatten und auf der strengen Trennung von Nomos und

Physis bestanden,[8] finden wir bei Platon und vor allem in der Stoa eine naturrechtliche Fundierung von Gesetz und Sitte.

2. Die zu unterwerfende Natur

An der Entwicklung der neuzeitlichen Vorstellung von der Natur ist die Mathematisierung entscheidend beteiligt, so daß wir in der neuen Naturwissenschaft dezidiert von einer mathematischen Physik sprechen. Einerseits setzt sich darin die pythagoreisch-platonische Tradition fort, in der geometrische Formen und ganzzahlige Proportionen als Konstituenten der Natur gegolten hatten. Andererseits wandelt sich das Verständnis des Mathematischen fundamental von einer ontologischen Beschaffenheit zu einem kalkulatorischen Instrumentarium in der Hand des Menschen. Dieser Wandel erfolgt in Schritten, an denen Kepler und Galilei entscheidenden Anteil haben.

Für Kepler ist die Mathematik ein Erkenntnismittel in höheren Diensten, mit dem der Mensch die Herrlichkeit der göttlichen Schöpfung erkennen und preisen kann; deutlicher jedoch tritt dieser Mittelcharakter hervor, wenn er mathematische Techniken handhabt, um die Abstände der Planetenbahnen, die Zahlenverhältnisse zwischen ihren Umlaufzeiten und die verschiedenen Versionen der Marsbahn zu kalkulieren, bis er schließlich zu der elliptischen Form der Planetenbahnen findet. Der eigentliche Umbruch im Naturkonzept der Moderne vollzieht sich durch die Neubestimmung des Mathematischen zu einem technisch-praktischen Instrumentarium der Berechenbarkeit der Naturprozesse und schließlich der Naturbeherrschung. Diese bei Galilei antreffbare instrumentelle Einstellung zur Natur ist am radikalsten in der Methode und Wissenschaftsphilosophie von Francis Bacon formuliert, wie er sie im »Neuen Organon« entwickelt hat. Bei Bacon, der selbst eine gänzlich verfehlte und unwirksame Vorstellung vom methodischen Vorgehen der neuzeitlichen Wissenschaft hatte und dem der Einsatz der Mathematik sogar suspekt war, manifestiert sich deutlich, daß die neue Naturkonzeption in einer neuen Stellung des Menschen gegenüber der Natur ihre Grundlage hat. Die Selbstermächtigung des Subjekts zum Herrn der Natur führt zum Bruch mit den Vorstellungen der Alten von Natur und Wissenschaft.

Die Natur ist für Bacon nicht mehr der Bereich theoretischer Erkenntnis als der höchsten Form menschlichen Lebens (bios theoretikos), sondern sie ist der Bereich, in dem der Mensch zu eigenen und ganz neuartigen Zwecksetzungen tätig werden soll. Bacon verlangt als erster, daß die Wissenschaft einzig dazu da sei, das allgemeine materielle Wohl der

Menschheit zu fördern, das heißt sich aus Not und Naturabhängigkeit zu befreien. Man kann deshalb bei Bacon davon sprechen, daß er als erster die Wissenschaft von der Natur extern instrumentalisiert hat. Damit ist gemeint, daß die Wissenschaft kein Selbstzweck ist wie in der aristotelischen Theoria, daß sie kein Mittel ist, Gott zu rühmen, wie es Kepler im christlich-neuplatonischen Sinne gemeint hatte, sondern ein Mittel zur Erreichung rein menschlicher Zwecke. Die Vorgabe dieser Zwecke gehört nach Bacon in die Verfügung der menschlichen Gesellschaft, was er mit dem Titel »Allgemeines Menschenwohl« zum Ausdruck bringt.

Die Natur erscheint damit zugleich als ein Arsenal, als ein Materie- und Energievorrat, aus dem die Mittel zur Steigerung der Gesundheit, des Reichtums, des Wohlergehens aller zu gewinnen sind. Der richtige Gebrauch der richtigen Mittel gewährt also die Macht des Menschen über die Naturkräfte. Die Einstellung des Menschen gegenüber der Natur drückt sich nun in Metaphern der Macht und der Herrschaft aus. Der Mensch stellt sich nicht mehr, wie Platon es gewünscht hat, unter die Herrschaft der Sterne, sondern er zwingt und knechtet nun seinerseits die Natur, damit sie wie Proteus ihre wahre Gestalt zeige.[9] Die Instrumente des Experimentierens werden wie Waffen gegen die Natur gerichtet, damit sie ihre verborgenen Schätze und Geheimnisse preisgibt.

Daß dieser Begriff von der Natur als einem zu erobernden Kontinent nicht die Frucht einer Erkenntnis ist, sondern daß sich in ihm ein neuer Wille und Machtanspruch geltend macht, der die alten, sinnorientierten Ziele ablöst, ist offensichtlich. Bacon ist durch seine neue Konzeption nicht der Begründer der neuzeitlichen Naturwissenschaft geworden, wohl aber hat er das Credo und das Pathos formuliert, mit denen sich die Neuzeit Natur aneignet. Das neue Wissen von der Natur soll nunmehr dazu taugen – und deswegen wird es erstrebt –, eine Technik zu entwickeln. Gemäß dem Bacon zugeschriebenen und berühmten Diktum »Wissen ist Macht« erweist sich der Wert des Wissens einzig an seiner möglichen technischen Verwertbarkeit. Die zweckmäßige Vereinigung individueller Kräfte setzt Organisation und Lenkung voraus, und somit wird Bacon mit seinem auf die Hebung der Naturschätze orientierten Technikentwurf zugleich zum Advokaten der planenden Vernunft. Der Gedanke der Ordnung übernimmt auch bei Bacon eine disziplinierende Funktion. Allerdings nicht im Sinne einer Unterordnung unter die Herrschaft der Sterne, sondern im Sinne der Organisation der Kräfte, die die Ausnutzung der Natur anstrebt. Unser Begriff von der Natur ist seit Beginn der Neuzeit immer mehr unter die Idee der Machbarkeit im Dienste einer sich autonom verstehenden Subjektivität geraten.

Das, was Platon dem Demiurgen zuschrieb – daß dieser im Blick auf das Gute die Welt geordnet und er sie aus dem Zustand des Chaos in den der Ordnung übergeführt habe –, wird nun in der Neuzeit vom Subjekt beansprucht. Das Subjekt versteht und verändert die Natur gemäß seinen Zielvorstellungen. Natur ist der Ort menschlicher Projektionen und gigantischer Projekte. Die Neuzeit beginnt nicht nur mit der Entdeckung der »neuen Welt«, sie macht sich eine neue Welt. Das Machen genießt seine eigene Freiheit und streift den Zwang der Mimesis, der Nachahmung der Natur, ab. Der Techniker (Homo faber) ist der moderne Demiurg, der in der Natur nur noch die Materialien sieht, aus denen er seine neue Welt baut.

3. Die schonungsbedürftige Natur

In der Gegenwart ist das Naturthema erneut aufgewertet und umgewertet worden, insofern die Natur nun auch in die moralisch-praktische Perspektive des Menschen einbezogen wird. Die sogenannte ökologische Krise zeigt uns, daß wir es nicht damit bewenden lassen dürfen, Natur als den Bereich für naturwissenschaftliche Forschung anzusehen und für eine uneingeschränkte industrie-technische Nutzung offenzuhalten. Denn unsere Daseinsbedingungen als leibliche Menschen sind in hohem Maße von einer intakten Umwelt abhängig. Jedoch hat sich infolge der auf Technikerzeugung orientierten Naturwissenschaft eine Form industrieller Nutzung der Natur entwickelt, die im Begriff ist, die Lebensgrundlagen zu ruinieren. Die langfristige Existenz menschlichen Lebens auf der Erde wird sich also nur sichern lassen, wenn wir eine angemessenere Einstellung zur Natur entwickeln können als die einer destruktiven Ausbeutung.

Natur, die wir einst in Begriffen wie unerschöpflich, unzerstörbar, sich selbst erneuernd und heilend, als große Nährmutter umschrieben haben, wird nun als verletzlich und zerstörbar erfahren, als ein kostbares Gut, das die Menschen hüten und bewahren müssen. Der Mensch soll, so wird verlangt (H. Jonas), Verantwortung für die Natur übernehmen. Die Suche nach »alternativen« Naturkonzeptionen zu denen der neuzeitlichen Naturwissenschaft, die den Gedanken der Schonung nicht kennt, setzt neues Interesse an der Naturphilosophie frei. Die Natur ist durch die ökologische Krise zu einem Thema der praktischen Philosophie, des Überlebensprogramms der Menschheit und der Politik geworden.[10] Darin wird Natur freilich nicht als das Universum insgesamt verstanden, sondern als die belebte Natur, die Biosphäre, die Gemeinschaft der Organismen, zu der auch der Homo sapiens gehört. »Natur« bezeichnet ein Thema, das Anfang und Ende des Menschen umspannt; sie gilt als die Domäne unbestreitbarer Fortschritte in den Wissenschaften, als eine Region technischen Umbaus gemäß menschlichen Zielen und ist doch immer zuerst unser Lebensraum, den wir nicht ungestraft plündern und verwüsten dürfen.

Sofern aber die in der Technologie konzentrierte Macht des Menschen die Ausgangsbedingung dieser neuen Überlegungen zur Natur ist, ist die »Anthropozentrik« unaufgebbar in diesem Ansatz festgeschrieben: geht es doch um Probleme des angemessenen Umgangs mit der Natur, nicht aber um Natur per se. Und es geht vor allem um Fragen der gebotenen Änderungen in unserer Nutzungspraxis. Die Verantwortung für die Natur, von der jetzt so viel die Rede ist, ist ein Element im Rahmen der Verantwortung, die wir für uns und vor allem für die kommenden Generationen haben. Die Erwägungen zur Natur sind Zukunftserwägungen, und sie betreffen den Menschen als Subjekt der Geschichte. Sie betreffen die Verantwortbarkeit gegenwärtiger Praxis in Hinsicht auf die Zumutbarkeit der Konsequenzen für kommende Generationen. Es geht nicht um die Frage, ob wir ein Recht haben, den Boden zu beackern, Lagerstätten von Erzen und fossilen Stoffen zu erschließen, Flußläufe aufzustauen und dergleichen, sondern darum, ob die Formen, in denen wir das und ähnliches tun, sich als langfristig einsetzbare und global verbreitbare Formen von Naturnutzung rechtfertigen lassen, und wenn nicht, wie solche Formen zulässiger Naturnutzung auszusehen haben. Die Ziele des Natur- und Artenschutzes müssen in diesem Rahmen berücksichtigt werden.

Auch wenn wir nach wie vor von der Unendlichkeit des Universums sprechen, so ist durch die ökologische Krise doch eine Rückkehr zu Vorstellungen von Endlichkeit, Verletzlichkeit und Einmaligkeit zu konstatieren. Wir waren offenbar der Versuchung erlegen zu meinen, daß unser Handlungsraum durch die kosmologisch verstandene Natur aufgespannt sei, die uns uneingeschränkte Handlungsmöglichkeiten suggerierte. In einem unendlichen Universum kann es Mangel und Knappheit nicht geben, in ihm lassen sich gleichsam die unerwünschten Nebenwirkungen unseres technischen Handelns ad infinitum abschieben. Unser konkreter Lebensraum ist jedoch sehr viel enger. Er wird definiert durch unsere Physiologie, das heißt durch die realen Stoffwechselbeziehungen, in denen wir als Organismen stehen. Auch wenn wir uns als Eroberer des Weltraums in interplanetarischen oder gar intergalaktischen Reichen verstehen – Tummelplätze der Science-fiction –, so beseitigen wir damit doch noch nicht die Abhängigkeit von den sehr heiklen Bedingungen, die uns als Organismen auferlegt sind. Ausgehend von der physiologisch verstandenen Natur,[11] die uns zum Beispiel in den Nahrungsketten die Rückkehr der ausgestreuten Gifte zeigt, muß uns daran gelegen sein, unser Eingreifen in die Natur immer daran zu bemessen, inwieweit die Folgen (gerade auch die nicht intendierten) unseres Handelns die für das Gedeihen der Organismen erforderlichen Umweltbedingungen intakt lassen. Daraus folgt, daß die Natur dem Subjekt der Geschichte nicht zur beliebigen Disposition steht. Wir sollten uns nicht verhalten wie ein Parasit, der den Wirt tötet.

Gegenüber der kosmologischen ist die physiologische Natur primär durch enge Grenzen (Knappheit der verfügbaren Lebensräume und -mittel, Verletzlichkeit der Daseinsbedingungen aller Organismen) gekennzeichnet. In bestimmten Regionen hat es immer ein Bewußtsein davon gegeben, daß sparsam und umsichtig mit den verfügbaren Gütern gewirtschaftet werden muß. Jetzt geht uns auf, daß auch eine globale Verknappung an so elementaren Gütern wie (trinkbarem) Wasser und (gesunder) Luft besteht und daß ein so globaler Faktor für das Lebendige wie das Klima in Gefahr ist. Wir sind etwas sensibler geworden hinsichtlich des Umgangs mit Gift- und Schadstoffen, und der »Entsorgung« schenken wir inzwischen größere Beachtung bei technischen Innovationen als früher. Aber sogar der vermeintlich harmlose Konsum von Gütern und Energie, wie er in den reichen Industrieländern geschieht und an dessen Steigerung noch immer gearbeitet wird, wirkt sich ruinös auf die physiologische Natur aus. In diesem durch die menschliche Praxis definierten Kontext stellt sich das Naturthema sogar als das entscheidende Thema unseres Jahrhunderts dar. Von seiner Bewältigung wird schließlich das Überleben der Menschheit abhängen.[12]

Hermann Bauer

Idee und Entstehung des Landschaftsgartens in England

Die Geschichte des Gartens lehrt, daß Gärten zu allen Zeiten und in allen Kulturen mehr waren als gestaltete oder durch Kunst gebildete Natur. Fast immer verwies der von Menschenhand gestaltete Garten auf etwas anderes, war Abbild von etwas anderem. Daß das Paradies als die heile Welt des Friedens und der Eintracht vor dem Sündenfall so etwas wie eine Bedeutungsachse in der Geschichte der abendländischen Gärten – und nicht nur diesen – bildet, muß hier kaum belegt werden.

Das Paradies mit dem Baum des Lebens und dem der Erkenntnis und auch dem Lebensbrunnen wurde nicht nur im Mittelalter als Garten gedacht, wofür das bekannte Bild des Paradiesgärtleins von ca. 1420 im Städel-Museum von Frankfurt ein Beleg ist. Auch das, was man den »Liebesgarten« nennt und was häufig in der Grafik des 15. Jahrhunderts zu finden ist, ist aus dem weiten Bedeutungsbereich des Paradiesischen genommen.[1]

Die Bedeutungsgleichung Garten = Paradies sagt allerdings noch nichts über die Form der Gärten aus; die Vorstellungen, wie das Paradies ausgesehen habe, waren dem gleichen Wandel unterworfen wie die Gestalt der Gärten.

1674 meinte jedenfalls John Dryden in seinem »The State of Innocence«, man habe sich das Paradies als einen formalen und streng geometrisch geordneten Garten vorzustellen. Und nicht viel später, 1681, glaubte Thomas Burnet in seiner »Theorie of Earth«, Erde und Weltall seien ursprünglich geometrisch gedacht gewesen und erst durch den Sündenfall in Unordnung geraten: Die Meere hätten geometrische Muster gezeigt, die Berge sich in stereometrischen Grundformen erhoben, und auch die Sterne seien »... one fair piece of composition according to the rules of art and symmetrie« gewesen. Die »paradiesischen« Qualitäten der Natur sah man in barocker Zeit als eine Ordnung der Geometrie und der Symmetrie. Ebene und Fläche als Grundlage von Ordnung mußten als Ideal gelten, und so bot sich auch das flache Holland an, von dem der junge Haller noch meinte: »Alle Dörfer und sonderlich Marsch sind eitel Gärten und prächtige Lusthäuser. Das Land ist auf das Schönste angebaut. Kein Baum in diesem Lande außer der Schnur wächst, kein Fuß breit Boden ohne Ausbeute ist ...«[2]

Seit der von England ausgehenden Revolution des »Landschaftsgartens« fällt es uns schwer, in der geometrischen Ordnung von Natur ein Prinzip zu sehen, das auf Gottes Weltordnung verweist. Aber damals wollte man selbst in der Wildnis Ordnung finden: So freute sich ein Reisender des 17. Jahrhunderts in Guinea über die Bäume, »welche oben aus also eben sind, als wären sie mit einer Schere geebnet und verschnitten worden«.[3]

Dem Glauben an einen göttlichen Ursprung der anschaulichen Ordnung in der Natur entsprach in der Zeit des absolutistischen Barock die Meinung, Herrscher seien Stellvertreter Gottes auf Erden, und im Garten könnten diese ein Spiegelbild der göttlichen Ordnung herstellen.

In Shakespeares Richard II. gibt es im 3. Akt eine in unserem Zusammenhang vielsagende Stelle. Ein Gärtner räsoniert über den Staat, den er mit dem Garten vergleicht:

> »Du, bind' hinauf die schwanken Aprikosen,
> Die, eigenwill'gen Kindern gleich, den Vater
> Mit ihrer üpp'gen Bürde niederdrücken;
> Gib eine Stütze den gebognen Zweigen!
> Geh du, und hau als Diener des Gerichtes
> Zu schnell gewachsner Häupter ab,
> Die allzu hoch stehn im gemeinen Wesen;
> In unserm Staat muß alles eben sein.«

Hier liefern der Garten und die Tätigkeit des Gärtners, der für Ordnung sorgt, die Metaphern für das »In-Ordnung-halten« des Staates (des Commonwealth) durch den Herrscher.

Der Prototyp aller absolutistischen Gärten war der von Versailles. Der Garten wurde, was nicht selbstverständlich war, gleichzeitig mit dem Schloß konzipiert. Ab 1661 oblagen die Planungen André LeNôtre, der sich dem König durch seine Arbeiten in Vaux-le-Vicomte empfohlen hatte. Schloß und Garten von Versailles – beides jetzt eine untrennbare Einheit – sind eine Metapher: Der Lauf der Sonne im Kosmos ist das Bild von der Herrschaft des Sonnenkönigs. Die Metapher ist nicht neu, aber sie wurde noch nie so gewaltig sichtbar gemacht wie hier, wo der Rahmen für den zeremoniellen Tageslauf des Königs entstand, die immer neue Aufführung des Schauspiels von der Herrschaft der Sonne. Vom Ehrenhof, in dem die Macht des Herrschers, über das Schloß, in dem seine Regierung verherrlicht wird, bis hin zum Garten, in dem die Einkehr des Sonnengottes bei den Musen gefeiert wird, ist eine gigantische Maschinerie am Laufen, die es niemandem gestattet, sich dem Rollenspiel zu entziehen.

Saint Simon, der Zeitzeuge, fühlte sich davon abgestoßen: »Des Königs allgemeiner Ungeschmack fand ein herrisches Vergnügen darin, die Natur zu bezwingen, das er sich weder durch drückende Kriegslasten, noch durch seine Religiosität verleiden ließ«.[4]

Das Ordnen wurde als »Bezwingen der Natur« verstanden, konnte aber auch als Knechtung gesehen werden. Und jenseits des Kanals, in England, war man schon seit langem vor den sichtbaren Zeichen des Absolutismus auf der Hut. Im königlichen Hampton Court, und nicht nur dort, war zwar ein Garten nach dem Vorbild von Versailles entstanden, und der König hatte sogar versucht, LeNôtre den Franzosen abzuwerben, aber es gab auch auf der Insel eine kaum unterdrückte, traditionelle Opposition gegen den Absolutismus und seine Metaphern. »Es liegt in der Natur der Höfe, daß hier nichts verbessert werden kann und nur der Geschmack verdorben wird«, dachte recht laut Shaftesbury, ein Zeitgenosse Saint Simons.[5] Wenn in der nächsten Generation Joseph Addison das Paradies beschrieb, dann stellte er dem Garten von Hampton Court ein »Reich der Göttin der Freiheit« gegenüber. Dort blüht jede Blume in ihrer individuellen Schönheit, »ohne durch regelmäßige Begrenzungen oder Parterres eingepfercht zu sein«.[6]

»Natur« wird dabei schlankweg mit »Freiheit« gleichgesetzt. Alexander Pope, 1688 geboren, schrieb 1711 in den Versen seines »Essay on Criticism«:

> »Nature like Liberty is but restrained
> by the same laws which first herself ordained«.[7]

Die Abkehr von der geometrischen Ordnung eines Gartens kann damit zum Ausdruck von Freiheit werden, wie Addison schreibt: »The mind of man naturally hates everything that looks like a restraint upon it, and is apt to fancy itself under a sort of confinement ... on the contrary, a spacious horizon is an image of Liberty ...«[8]

Auch die Metaphern der »demokratischen« Freiheit haben in England Tradition: Der berühmte John Evelyn stellte schon 1659 fest, die »Irregularity« englischer Städte sei ein Zeichen der Freiheit bei den Engländern, die nicht gezwungen wären, nach dem Willen eines despotischen Fürsten zu bauen. Und, am anderen Ende der Epoche, noch 1806, verglich einer der englischen Gartenkünstler, Repton, das Kunstwerk Garten mit der englischen Verfassung.[9]

In einer »Epistle« von 1731 schrieb Alexander Pope, in dem wir mit guten Gründen einen der geistigen Väter des neuen Landschaftsgartens sehen:

> »Still follow Sense ...
> Nature shall join you. Time shall make it grow
> A work to wonder at – perhaps a STOW.
> Without it, proud Versailles! Thy glory falls ...«[10]

Das stolze Versailles ist am Ende, jetzt gilt es, den Sinnen zu folgen, sich auf das Urteil des Gefühls zu verlassen. Und da gibt es bereits das Wunder eines Gartens von Stowe, der von Pope in einem Wortspiel genannt ist. Dieses Stowe steht als neuer Entwurf einer sensualistischen Weltsicht dem absolutistischen Weltmodell von Versailles entgegen.[11] Hinter der Frage um die richtige Form der Gärten steht, wie sich zeigen läßt, die Frage nach der richtigen Form des Lebens auf dieser Welt und ihrer Einrichtungen. Mit der Frage nach dem Garten wird auch die Frage nach dem richtigen Staat erörtert.

Man könnte glauben, die neue Art der Gartenkonzeption sei vor dem Hintergrund einer allgemeinen Revolution des Denkens entstanden. Das ist nur eingeschränkt richtig. Vielmehr ist es so, daß der Garten zum Zentrum der geistigen Umwälzungen wurde. Der wichtigste Grund liegt darin, daß der Garten nicht mehr eine Metapher des Paradieses bildete, sondern allgemein Natur meinte, und diese Natur wurde als an sich gut angenommen, war zum Maßstab schlechthin geworden.

Ab 1716 begann in Stowe in Buckinghampshire der Besitzer des Schlosses und der Ländereien, Richard Temple, der spätere Viscount Cobham (1669–1749), das Herrenhaus neu zu gestalten. Cobham gehörte politisch zu einer patriotisch, in Kunstdingen klassizistisch gesonnenen Gruppe aus der englischen Oberschicht, die fast durchweg der damaligen liberalen Opposition der Whigs anhing.[12] Cobham war sehr typisch für die Auftraggeber von Landschaftsgärten der ersten Stunde. Die Bewegung ging nicht vom Hof aus und zunächst auch nicht vom Hochadel. Es waren eher »Nouveaux riches« der zweiten oder dritten Generation, Bankiers etwa, die sich den Landadel quasi erkauft hatten und jetzt zu Schöngeistern wurden. Jedenfalls war es eine schwer auf einen einzigen Nenner zu bringende Gesellschaft, in der sich Patrioten, Freimaurer, Dichter, Mäzene fanden – gemeinsam war ihnen, wenn es einen gemeinsamen Nenner gibt, eine aufgeklärte Haltung, die in England ein besonderes und fortschrittliches Profil hatte.

Wie die höfischen und privaten feudalen Gärten bisher waren auch die Gärten der neuen Art privat und Einrichtungen einer durch Adel wie

Geld privilegierten Schicht. Sie waren keinem größeren Publikum zugänglich. Die vor genau hundert Jahren erfolgte Gründung des National Trust mit dem Ziel, den unterprivilegierten Städtern und Industriearbeitern Erholungsland bereitzustellen, resultiert aus diesen Zuständen. Der Kontinent war in dieser Hinsicht fortschrittlicher: Der 1789 eingerichtete »Englische Garten« in München war von Anfang an vom Kurfürsten für die Bürger der Stadt eingerichtet, ähnliches gilt für den Augarten in Wien.

Der Garten von Stowe war ausschließlich für Cobham und seine Freunde und Gesinnungsgenossen bestimmt. Zur Gestaltung fand der Auftraggeber den besten Künstler der Zeit, William Kent. Kent, der als Maler mit einem Romstipendium begonnen hatte und von Lord Burlington gefördert wurde, hatte sich schließlich zu einem Allroundtalent ent-

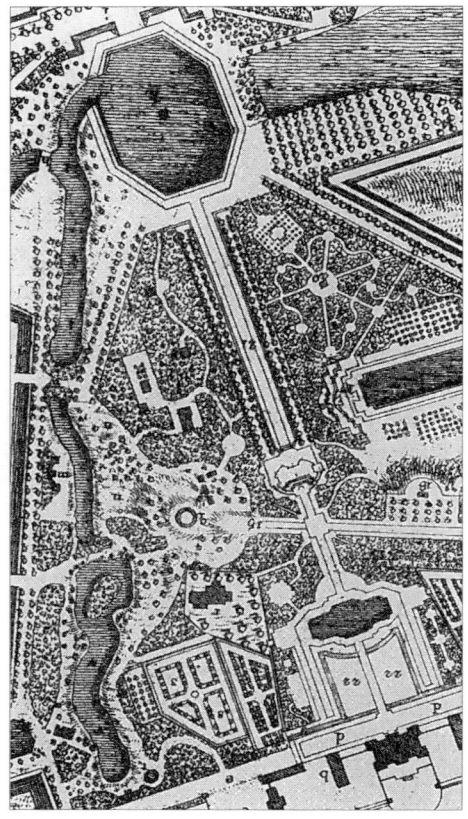

Stowe. Plan von 1739 mit dem »Elysium«

wickelt, das Architekturen, Innendekorationen, Gärten und auch Damenkleider entwarf. In den dreißiger Jahren veränderte Kent den Garten von Stowe, der zunächst noch mit einem von Bridgeman geplanten und vom Haus ausgehenden Achsensystem strukturiert war, durchgreifend. Die wichtigste neue Einrichtung war die eines Flußtals. Die Vertiefung mußte erst ausgehoben und der Flußlauf künstlich angelegt werden , aber Wasser – fließend oder als spiegelnde Fläche – war jetzt so unabdingbar wie vorher die Springbrunnen und Bassins. Der Fluß, der vom Herrenhaus aus nicht mehr sichtbar war, wollte von einem Fußweg aus entdeckt werden; man nannte ihn Styx und das Tal die Elysischen Felder, womit die Bedeutung dieses Gartenteils eine besondere Konkretisierung erfuhr: Nach Vergils Aeneis ist das Elysium ein vornehmlich paradiesischer Ort, wohin die Verstorbenen gelangen können: »Da sollen die, so für ihr Vaterland sich verwunden lassen, ingleichen fromme Priester, Wahrsager, Künstler, oder die sich sonst um andere wohl verdient gemacht, mit ihren weißen Binden um die Köpfe gehen, sich in Haynen oder Thälern, an lustigen Flüssen, auch Wiesen, so mit ihren Bächen durchstossen, einzeln, oder auch zu mehrern zusammen aufhalten ...«[13] In einem »unberührten« Flußtal tritt man also ein in ein Paradies, in dem die Werte der Vergangenheit und ihre Helden gefeiert werden. Gegen 1735 entwarf William Kent auch den Tempel der »British worthies«, wo in einem Halbkreis in sechzehn Büsten die Heroen der Nation – von Königin Elisabeth über Shakespeare bis Newton – aufgestellt sind, von denen Cobham glaubte, sie seien es wert; ein Programm, das dem der Walhalla Ludwig I. von Bayern vorgreift. In der Mitte sah man Merkur als den Geleiter der Seelen ins Elysium.

Außerdem gab es hier einen »Tempel der alten Tugend«, formal nach dem Vorbild des Monopteros in Tivoli errichtet. Und in der Nähe stand noch ein Tempel »der modernen Tugend«, eine künstliche Ruine, womit auch dieses Element der Vergangenheitsbeschwörung früh zu finden ist. Die nationale und patriotische Komponente in der Konzeption des Gartens ist unübersehbar. Cobham war vom Hof enttäuscht. Obwohl er für England gegen Ludwig XIV. ins Feld gezogen war, war er in Ungnade gefallen und ging in die »geistige Opposition«. Er war Freimaurer, befreundet mit William Pitt, dem späteren Premier, und mit dem Grafen Chesterfield, Haupt der politischen Opposition am Hof. Er war besorgt um den politischen Nachwuchs und schuf mit seinem Garten und dessen Einrichtungen einen Versammlungsort für die liberal gesonnenen »Boy-Patriots«, für die er beim »Tempel der Freundschaft«, der 1739 erbaut worden war und durch Feuer wieder ruiniert wurde, oft Picknicks veranstaltete. Der Park von Stowe war demnach Kultplatz für die

Beschwörung der nationalen Vergangenheit und der alten Tugenden. Das Picknick, eine in England beliebte Form, die Vereinigung mit der Natur zu vollziehen, scheint hier eine Zeremonie gewesen zu sein, mit der man sich vom höfischen barocken Zeremoniell absetzte.

Die elysischen Felder sind nach Vergil auch der Ort der Seligen, die hier ihre Läuterung erfahren können. Die reine, schöne Natur ist der Ort des Abstreifens aller irdischen Lasten, Belastungen und Irrtümer. Damit ist das Bedeutungszentrum des neuen Landschaftsgartens genannt. Die Natur zeigt den Weg zur Selbsterkenntnis bis hin zum Eingehen in eine bessere Welt. Die Natur weist den Weg in die Geschichte zurück, aber sie weist auch den richtigen Weg zu uns selbst.

Alexander Pope hat es expressis verbis im »Essay on criticism« formuliert:

>»First follow Nature, and your judgement frame
>By her just standard, which is still the same:
>Unerring Nature, still divinely bright,
>One clear, unchange'd, and universal light ...
>Those rules of old discover'd, not devis'd,
>Are Nature still, but Nature methodiz'd;
>Nature, like Liberty, ist but restrain'd
>By the same Laws which first ordain'd.«[14]

Das Gedicht spricht von einer Natur, die sich nicht irrt, vom klaren universellen Licht, das hier aufleuchtet, von einer Natur, die gleich der Freiheit ist. Man hat Pope deswegen auch mit gutem Grund einen Pantheisten genannt. Jedenfalls wollte Pope seine Weltanschauung auch in seinem eigenen Garten in Twickenham an der Themse sichtbar gestalten.

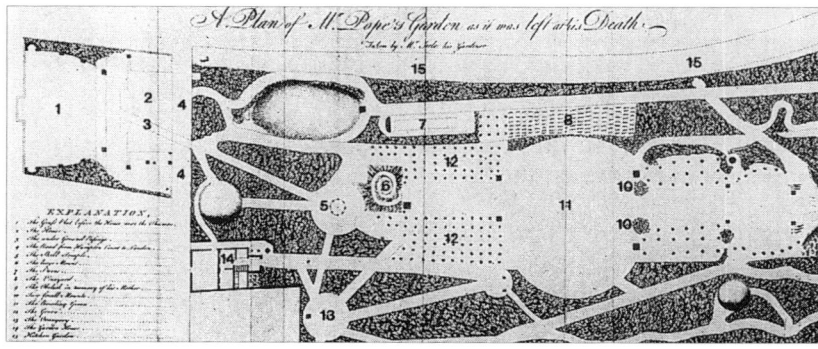

Alexander Popes Garten in Twickenham. Plan von 1745

Ab 1718 baute er sein Haus um und begann den Garten neu einzurichten. Dieser hatte einen Nachteil: Die Landstraße von London nach Hampton Court führte durch das Grundstück und trennte den Garten vom Themse-Ufer. Pope machte aus der Not eine Tugend. Er baute eine Unterführung und gestaltete diese als Grotte, in der er auch zu arbeiten pflegte. Leider ist Popes Garten nicht mehr erhalten, aber 1745 zeichnete sein Hausgärtner Serle einen Plan, der die wichtigsten Teile und Einrichtungen festhält.

Vieles an Popes Garten ist noch konventionell im Sinne barocker Anlagen. Dazu gehörten die Orangerie und das Bowling Green, also der Platz für Rasenspiele; auch die Bestückung mit Skulpturen scheint auf einen ersten Blick dem Gewohnten zu entsprechen. Und doch gibt es gewisse Abweichungen von den Regeln, die den Sinn des Gartens erheblich verändern. So fällt auf, daß Haus und Garten nicht mehr eine Einheit in axialer und symmetrischer Entsprechung bilden. War im Barock der Garten die Fortsetzung der Architektur mit anderen Mitteln, so ist jetzt das Haus eher Gegenstand eines Bildes, von Bildern, Bildgegenstand, um nicht zu sagen Bildstaffage. Es gab einen nicht sehr großen Obelisken zur Erinnerung an Popes Mutter. Auf diesem stand: »Ach Edith, beste aller Mütter, lebe wohl«. Wie Buttlar 1980 bemerkte, setzte hier der unverheiratete Pope weniger seiner Mutter als seinen eigenen Gefühlen ein Denkmal.[15] Der Obelisk war ein sentimentales Monument, was heißt: Das Andenken an jemanden sollte nicht über die Zeiten hinweg objektiviert werden, es sollte vielmehr der Steigerung unserer, des Adressaten, Empfindungen dienen. Man kann es die Subjektivierung der Monumente nennen, was jetzt in den Gärten gepflegt wurde: Diese stellten jetzt kaum mehr Metaphern für die Weltordnung dar, wie es die Ikonographie eines Barockensembles, Schloß mit Garten, tat, sondern waren so etwas wie Katalysatoren der individuellen Empfindungen.

Bis ans Ufer der Themse gab es in Popes Garten eine zunächst regelmäßig erscheinende Perspektive mit Figuren und Vasen. Bei genauerem Hinsehen auf den Grundriß bemerkt man, daß sehr überlegte Unregelmäßigkeiten den Eindruck des »Natürlichen« erwecken sollten. Man konnte die Gartenskulpturen teilweise überraschend auf dem Spaziergang entdecken; das Moment der Überraschung sorgte für Reize der Stimmung und des Sentiments. Weil Pope nicht nur Verse über seinen Garten schrieb, sondern diese auch kommentierte, sind wir gut über seine Absichten instruiert: »All the rules of gardening are reducible to three heads: – the contrasts, the management of surprises, and the concealment of the bonds. I have expressed them in these verses:

»He gains all ends who pleasingly confounds
Surprises, varies, and conceal the bounds«.[16]

Die drei Grundprinzipien der Gartengestaltung sind demnach: das Über-
raschende in den Effekten, der Reichtum an Abwechslung und Kontrasten und das Unsichtbarmachen, das Vertuschen der Grenzen, der
Grenzzäune. Diesen drei Prinzipien lassen sich denn auch neue Gestal-
tungsmittel zuordnen.

Um die Grenzen des Gartens unsichtbar zu machen, also um Mauern
zu vermeiden und dagegen den Übergang von der gestalteten zur
ungestalteten Natur gleitend verlaufen zu lassen, bediente man sich einer
Methode aus der Fortifikationstechnik. Die Mauer wurde in den Boden
versenkt und davor ein Graben ausgehoben. Charles Bridgeman
praktizierte das sehr früh in Stowe, in LeBlonds »Gartenkunst« von 1712
ist es schon beschrieben: Die Leute stehen überrascht vor der zunächst
unsichtbaren Grenze und rufen aus: Ha! Ha!

Das Prinzip der Überraschung zeigt sich ebenfalls in der neuen,
abwechslungsreichen Wegeführung. Noch in den frühen Landschaftsgärten der dreißiger und vierziger Jahre sind die Wege kleinteilig und
unnatürlich geschlängelt. »Geschlängelt« ist das richtige Wort dafür,
denn dahinter steht das Schönheitsideal der Serpentine, der Schlangenlinie, die von Hogarth in seiner »Analysis of Beauty« von 1753 als
»naturhaft« beschrieben wurde: Die wellenförmige Linie birgt »mehr
Schönheit in sich, als eine der früheren. Wir finden sie in den Blumen und
anderen zierlichen Formen, weshalb wir sie auch die Linie der Schönheit nennen wollen«. Nach Hogarth garantieren die Schlangenlinien
Schönheit, weil sie in »verschiedenen wellenförmigen Windungen das
Auge durch ihre beständigen Veränderungen führen«. Eine anschauliche
Beschreibung der Schlängelwege gibt auch der deutsche Gartentheo-
retiker Hirschfeld: »Der gekrümmte Gang wird zuerst von der Noth-
wendigkeit vorgeschrieben, wo der geraden Linie sich Vertiefungen oder
Erhöhungen des Bodens, Bäume, Wasser und andere Hindernisse der
Natur entgegenstellen. Aber er wird auch außerdem mit Vorbedacht und
Geschmack gewählt. Er ist besonders den Scenen und Anpflanzungen
angemessen, zwischen welchen man mit Ruhe und Betrachtung, und mit
einer allmählig fortschreitenden Unterhaltung umherwandeln, wo das
Auge stufenweise von einem Gegenstande zu dem andern, von einem
Gesichtspunkte zu dem andern geleitet werden soll. In Lusthainen und
Gebüschen, in Wildnissen an den Ufern der Gewässer, streift man gerne
auf sich krümmenden Pfaden umher; gerne schleicht man auf ihnen in
waldige Tiefen und dunkle Einsiedeleyen hinab; gerne windet man sich

auf ihnen zu Anhöhen in der Runde hinauf, wodurch allmählig eine Ver-
fielfältigung und beständige Abwechslung der Prospecte entsteht«.[17]
Die Schlangenlinie ermöglicht das Erleben von Kontrasten und, um auf
Pope und dessen Prinzipien des neuen Gartens zurückzukommen, sie
bedeutet nicht zuletzt eine Absage an das seit der Renaissance gültige
Prinzip der Symmetrie. Symmetrie war im Kunstdenken allerdings mehr
als nur eine spiegelgleiche Entsprechung zweier Seiten. Noch in der En-
zyklopädie Zedlers heißt es im 18. Jahrhundert: «Symmetrie ... heisset in
seiner ursprünglichen Bedeutung eine jede geschickliche und bekomm-
liche Übereinstimmung der Theile eines gantzen«.[18] So ist der Symmetrie-
begriff eng mit dem der Proportion und der Harmonie verknüpft.
Dagegen wendet sich nun Hogarth: »Man könnte wohl glauben, daß die
Symmetrie eine der bedeutendsten Ursachen der Schönheit ist. Doch ich
bin fest überzeugt, es beweisen zu können, daß diese allgemeine Ansicht
nur wenig oder gar nicht begründet ist.« Er stellt fest, daß Symmetrie
nichts anderes als Gleichförmigkeit erzeuge, während doch Mannigfaltigkeit gefragt sei (siehe Pope). Die Veränderung im Objekt-Subjekt-
Verhältnis machen folgende Sätze von Hogarth deutlich: »Wenn wir ein
Gebäude oder einen Gegenstand sehen, steht es in unserer Macht, durch
die Veränderung unserer Stellung ihn von dem Punkte aus zu betrachten,
von wo aus er am besten gefällt, und folglich wählt der Maler, wenn man
es seiner Wahl überläßt, lieber den Winkel als die Vorderseite, da dieser
dem Auge angenehmer ist, denn die Regelmäßigkeit der Linien fällt
durch ihr perspektivisches Zusammenlaufen weg, ohne daß wir das
Gefühl der Zweckmäßigkeit verlieren. Und wenn er gezwungen ist, die
Vorderseite eines Gebäudes mit all seiner Gleichheit und seinen Parallel-
linien zu zeichnen, so unterbricht er meist solch ein unangenehmes Bild
durch einen Baum oder den Schatten einer eingebildeten Wolke oder
durch sonst etwas, das seiner Absicht, das Gemälde mannigfaltig zu
machen, entspricht.«

Einer der frühesten und auch epochemachenden Gärten war der von
Richard Boyle, drittem Grafen von Burlington, in Chiswick. Burlington
war reicher Grundbesitzer, gehörte der Whig-Partei an, hatte zahlreiche
öffentliche Ämter inne, stand als Freund von Pope der Country-Partei
nahe und war Freimaurer. Er war leidenschaftlicher Amateurarchitekt,
hatte auf dem Kontinent die Villen Palladios kennengelernt und einen Teil
von dessen Nachlaß aufgekauft, der jetzt noch in London liegt.
   1704 hatte er in Chiswick Haus und Grundstück geerbt. Nach einer
Italienreise 1714/15 baute er das kleine Schloß im palladianischen Stil
um, und nach einer weiteren Italienreise errichtete er schließlich den

Chiswick. Garten mit dem »Pantheon«

Neubau nach dem Muster von Palladios Villa Rotonda, damals wie heute aufsehenerregend. Gleichzeitig entstand der Garten, der wie die Villa wohl in allen wesentlichen Ideen auf den Bauherrn selbst zurückgeht. 1719 hatte Burlington William Kent im Burlington-Haus in London untergebracht, dem Palast, der heute der Royal Academy gehört. Seitdem war Kent für Burlington tätig und, bei aller eigenen Erfindungsgabe, Burlingtons ausführendes Organ.

Entlang der Themse, in Chiswick wie in Twickenham mit Popes Garten, gab es so etwas wie eine Villeggiatura, die Villen und Sommerschlösser der hohen und höchsten Gesellschaft. 1733 gab Burlington alle seine Ämter auf und zog mit seinen Bildern und den Büchern aus dem Burlington-Haus nach Chiswick. Die Villa sollte zum Ort einer Akademie werden, hier versammelten sich seine Künstlerfreunde. Nicht zufällig fand Georg Friedrich Händel hier Zuflucht, als er bei Hof in Ungnade gefallen war. Seine Oper »Alcina« (1735) wurde als Gleichnis wohlverstanden: Das hier geschilderte unterirdische Reich war das des erstarrten Hofes, die dem entgegengehaltene Natur garantierte freies Leben.[19]

Der Rückgriff auf das Ideal der italienischen Villa als Ort geistiger und künstlerischer Freiheit war demonstrativ: Die Architektur war palladianisch wie nie zuvor, ein kleiner Wassergraben im Garten, man kann ihn kaum Kanal nennen, wurde Brenta genannt – wie überhaupt das ganze

Ensemble von Garten und Häusern so etwas wie ein Freilichtmuseum (Buttlar) der palladianischen Villenkultur wurde. Palladio aber war derjenige Architekt der Renaissance, der – mit Goethe zu reden – in der Wiederbelebung der Antike von keinem anderen Architekten übertroffen wurde. Nicht nur in Chiswick, in fast allen frühen englischen Landschaftsgärten und darüber hinaus ist die architektonische Bestückung des jetzt asymmetrisch-freien Gartens eine palladianisch-antikische. Antikische Architektur war das Korrelat zum »natürlichen« Garten. Dem liegt eine Gleichsetzung von antiker Kunst, oder auch des Menschen, des griechischen Menschen, mit Natur oder dem Natürlichen schlechthin zugrunde. Daß in der griechischen Antike die Natur sich frei entfaltet habe, ist die klassizistische Prämisse schlechthin, und nicht erst seit Winckelmann gibt es die Gleichung: Antike = Natur.

Der neue Landschaftsgarten sollte den Zugang zu den heiligen Quellen der Alten freilegen. Im Garten von Stourhead wird das bei jedem Schritt deutlich.[20]

Der Bankier Henry Hoare (I.) hatte sich in Stourhead, Wiltshire, eine palladianische Villa bauen lassen. Sein Sohn, Henry Hoare II., in der Familie nach Florentiner Vorbild »The Magnificent« genannt, folgte zunächst seinem Vater im Geschäft als Bankier nach. Er heiratete reich, seine Frau starb im Kindbett, er heiratete ein zweitesmal reich; er residierte über seiner Bank in Londons Fleet Street, brachte aber auch viel

Stourhead. Ansicht von 1753 mit dem Flora-Tempel

Zeit auf dem Land zu, wo er, wie es heißt, jagte und mit anderen jungen Männern trank, bis er feststellte, daß dieser Lebensstil seine Gesundheit bedrohte. So ging er im März 1738 für drei Jahre auf die übliche Grand Tour nach Italien; er kehrte 1741 zurück, als seine Mutter in Stourhead starb. Ab 1744 begann er mit dem Architekten Henry Flitcroft, einem Schüler Burlingtons, seinen Landschaftsgarten einzurichten. Festzuhalten gilt, daß die Hoare erst in der dritten Generation am Stour ihre Ländereien hatten und sich jetzt an diesem kleinen Fluß eine ländliche Vergangenheit mit Hilfe Vergils und vieler Gärtner zurechtkonstruierten.

Ein vorhandener Wasserlauf wurde zu einer Folge von Seen aufgestaut, im Tal erschließt ein sogenannter »belt-walk«, ein an der Peripherie umlaufender Weg, die Landschaftsbilder. Das Herrenhaus, früher bestimmend für die Gartenanlage, ist vom Garten aus nicht mehr zu sehen, statt dessen finden sich architektonische Versatzstücke, darunter ein »Pantheon« und eine Kopie nach dem Sonnentempel in Baalbek, auf den Anhöhen über dem Wasser. Über Quellen am Rand des Sees wurden Grotten oder kleine Tempel errichtet; einer zeigt eine Widmung an die Erdmutter Ceres mit der Überschrift »procul, o procul este, profani« am Eingang, dem Ruf, mit dem im sechsten Buch der Aeneis die cumäische Sibylle den Unfrommen den Zugang zum heiligen Hain verwehrte. In einem anderen Grottenheiligtum gibt es Inschriften nach Pope, Vergil, Ovid, die das Geheiligte des Ortes unterstreichen. Von hier aus geht der Weg hinauf zum Tempel des Lichtgottes Apoll. Was in dem elysischen Tal von Stowe noch nicht so ausgeprägt war, ist hier sehr systematisch geworden: dieser Garten ist ein Weg, der Gang auf diesem Weg ist kontemplativ, er soll ad fontes führen, zu den Quellen des Lebens und hinauf zum Licht der Erkenntnis.

Allein die neue Form des »belt-walks« ist vielsagend. Der Garten erschließt sich nicht mehr vom Zentrum her, vom Haus aus, in einer Extraversion, sondern von außen her in einer Introversion. Er erschließt sich auf einem Weg, der nie das Ganze erkennen läßt, sondern immer neue Bilder bietet. Zu diesen Bildern gehört auch die Distanzierung der Gegenstände. Gerade in Stourhead wird es spürbar: Nie ist in einem solchen Garten ein Ziel endgültig erreicht, denn an einer gesuchten Stelle angelangt, eröffnet sich der Blick auf ein neues Ziel, auf das jedoch kein direkter Weg hinführt. Zwischen uns und den Tempeln über dem Ufer liegt das Wasser. »Das Wasser ist zwar in Ruhe. Allein die Unterbrechungen von Rasen und von Wasser, die verschiedenen Gestalten und Wendungen, die Abwechselung von dunklen und von hellen Stellen, die mannichfaltigen Einfälle des Lichts in den Schatten, die Zwischenräume und Durchsichten durch hin und her zerstreute Bäume und kleine

Stourhead. Ansicht von 1790

Stourhead. Ansicht von 1813

Gruppen, die hier die schönste Verzierung ausmachen, die Spiele der hie und da schwebenden Widerscheine: alles dieses vereinigt sich, um ein überaus frisches und anziehendes Gemälde zu liefern«, so nimmt Hirschfeld in seiner Gartentheorie die englischen Prinzipien auf.[21]

Es kommt nicht von ungefähr, daß von »Gemälden« die Rede ist. In seinem Lehrgedicht »The English Garden« von 1772 schreibt William Mason, mit den lebendigen Farben der Natur sei eine Szenerie gestaltet, die zu Ruisdael in Konkurrenz treten könne:

> »Sieh solche glühend' Szenen, die einst Claude gelehrt,
> die Leinwand mit südlichem Pinsel zu zieren!
> Und solche Szenen, eingegraben in Erinnerung
> Bring heim nach England. Gib dort den Motiven
> heimische Form, um, wenn Natur die Mittel hat
> für Katarakte, Felsen, Schattenzonen,
> manch neues Tivoli zu schaffen.«

Berühmt geworden ist zudem der Satz aus Popes Lehrgedicht: »T'is all painting«. Von Henry Hoare ist bekannt, und das ist nur ein Beispiel, daß er Kopien nach Claude Lorrain besaß, nach einem Maler also, der in seinen Ideallandschaften Muster des neuen Landschaftsgartens lieferte. Deshalb wurde derjenige, der mit dem Stoff der Natur solche Bilder herstellt, nicht mehr, wie im Barock etwa LeNôtre, als »Gartenarchitekt« bezeichnet, sondern als »Landschaftsgärtner«. 1763 taucht der Terminus erstmals bei Shenstone auf, der von einem »landskip-gardener« spricht: »Every good painter in landskip appears to me the most proper designer«.[22]

In der Kunst der neuen Gartengestaltung und in der Argumentation dazu gab es allerdings eine nicht ganz harmlose Klippe mit folgender Frage: Wie ließ sich das Eingreifen des gestaltenden Menschen in die Natur rechtfertigen, wenn diese selbst bereits als Begriff paradiesischer Natürlichkeit galt? Bei Pope ist die Rede von »Nature, but nature methodized«, also von Natur, die im Garten sozusagen methodisch aufbereitet ist.[23] In der Folge, etwa bei Capability Brown, ist immer wieder die Rede von improve, improvement, also von einer »Verbesserung« einer Landschaft hin zum Landschaftsgarten.

Mit Lancelot Brown, 1715 in Northumberland geboren, trat die neue Gartenkunst in ihre selbständige und pragmatische Phase. Das Künstliche der frühen Landschaftsgärten sollte einer »natürlichen« Einfachheit weichen und so die Eingriffe des Menschen, die »Verbesserungen«, unsichtbar machen. Lancelot Brown wurde später »Capability« Brown genannt, weil er jede Landschaft daraufhin betrachtete, ob sie »capable«, brauchbar, für die Verbesserung zum Landschaftsbild sei. Ab 1741 arbeitete er in Stowe, zunächst unter Kent. Bis zu seinem Lebensende waren es 211 Gärten, die er teilweise oder ganz gestaltete, darunter die von Blenheim Castle und Burghley House.

Browns Vorgehen unterschied sich von dem Kents dadurch, daß er nicht mehr Bildvorstellungen mit architektonischen Staffagen (nach Claude Lorrain etwa) im Garten realisierte, sondern Vorhandenes ergänzte und modifizierte, bis es »malerisch« wirkte. Übernahm er einen Auftrag, zeichnete er das Vorhandene und legte dann für den Auftraggeber seinen Entwurf als Tektur darüber.

Die größte Anlage Browns war die Umgestaltung des riesigen Geländes um Blenheim Castle. Königin Anne hatte dem Herzog von Marlborough die Mittel zum Schloßbau nach dem Sieg bei Hochstätt-Blindheim (gegen Franzosen und Bayern) geschenkt. Vanbrugh baute das Schloß mit einer großen Brücke als Zufahrt. Nachdem die Herzogin sich mit der Königin überworfen hatte und Marlborough 1722 gestorben war, blieb diese Brücke unfertig stehen. Ursprünglich hätten hier mehr als dreißig Zimmer eingebaut werden sollen. Jetzt legte Brown, der mit der Umgestaltung des Parks beauftragt worden war, hier ab 1764 einen künstlichen See an. Damit wurde die barocke Achse unterbrochen und die unfertige Brücke, weit unter Wasser gesetzt, als künstliche Ruine und ein »romantisches« Präparat zum Bildgegenstand. Ein Führer von 1789 beschreibt das ganze Ensemble Browns: Der Park ist eine laufende Folge von »charming (eigentlich unübersetzbar) prospects«, mit verschiedenartigen Szenerien; abgeschattete Ränder mit einem tiefliegenden Gürtel von verschiedenen Bäumen, Immergrün, Sträuchern in verschiedensten Abstufungen der »tints« (Lavierungen). Die Beschreibung schließt: »every change of a few Paces furnishes a new scene which forms a subject worthy of the sublimest pencil«.[24]

Da Brown sich auf einfache Kontraste, die Abwechslung von Freiflächen und Gehölzen, von kleinen Gruppen (clumps) und großen Wiesen oder Wasserflächen beschränkte und hier jeweils auf feine Abstufungen der »tints« und die »elegant shapes« Wert legte sowie auch bei der Wahl seiner Pflanzen auf relativ wenige Arten und Sorten zurückgriff, wurde ihm (von seinem Kontrahenten Chambers) der Vorwurf gemacht, seine Gärten seien wie die Natur selbst, man wisse nicht mehr, ob man sich in einem kostspieligen Garten oder im Freiland befinde. Dies bestätige allerdings auch sein Verständnis von der Gartenkunst, in der es gelte, das an sich bereits Vollendete nur soweit zu verändern, daß es auf jeden wirke. Obwohl nun erst, von der Mitte des 18. Jahrhunderts an, auch in anderen Ländern – Frankreich und Deutschland – die Geschichte des Landschaftsgartens begann, war in England mit Capability Brown die Enwicklung zunächst abgeschlossen.

1775 schrieb Brown seinem Freund Thomas Dyer auf die Anfrage, ob er für einen französischen Auftraggeber einen Plan machen wolle: »Ich habe einen Plan gemacht ... so gut ich konnte, nach der Übersicht und der Beschreibung, die Du mir geschickt hast ... . In Frankreich verstehen sie nicht so genau unsere Ideen vom Garten- und Landschaftsgestalten, die, wenn sie richtig verstanden sind, all die Eleganz und all die Vorteile unterstützen werden, die man auf dem Land haben will und die, wie ich hinzufüge, auch erreicht werden können für den Besitzer, den Dichter und den Maler. Um diese Effekte zu erreichen braucht es einen guten Plan, gute Ausführung, perfekte Kenntnis der Gegend und ihrer Gegenstände, natürlich oder artefiziell, große Einfühlung im Pflanzen etc., vieles in der Schönheit hängt von der Größe der Bäume ab, der Farbe des Laubs, um die Effekte von Licht und Schatten zu erzeugen, die so wichtig sind in einer perfekten Planung. Es geht darum, das, was nicht passt zu verbergen und das Schöne herauszustellen, von den großen Bäumen Schatten zu erhalten und von den kleineren Sorten der Sträucher den süßen Duft.«[25] Das hört sich heute nicht besonders originell an, es sind Maximen, die in fast jedem Buch für Hobbygärtner zu finden sind. Aber sie sind zu dem Zeitpunkt, da sie geschrieben wurden, nicht nur völlig neu, sondern auch revolutionär. Entsprechendes war weder bei Pope noch bei Kent zu lesen. Jetzt, mit Brown, begann die Moderne der Landschaftsgestaltung.

Brown war andererseits bald überholt. Wenn seine Prinzipien des – wie wir es heute nennen würden – »landschaftsgebundenen« Gestaltens von seinem Kollegen Chambers lächerlich gemacht wurden, dann geschah dies durch einen Vertreter der Richtung, die von nun an, also seit der Jahrhundertmitte, nicht nur in England, sondern auch in Frankreich und Deutschland Mode wurde. Bei Chambers war es die exotisch-chinoise Bestückung der Gärten, bei anderen, etwa bei Price, waren es gotische Ruinen oder wie in den Wörlitzer Gärten des Prinzen von Anhalt-Dessau ein künstlicher Vulkan oder ein Eremit in einer Eremitagenstaffage, die des Besuchers Empfindsamkeit beim Gang durch den Garten bis an die Grenze des Erträglichen strapazieren sollten. Niemand hat dies besser beschrieben als Goethe 1777 im »Triumph der Empfindsamkeit«. Nur ein Auszug sei zitiert:

»...
Denn in einem Park ist alles Prunk;
Verdorrt ein Baum und wird ein Strunk,
Ha, sagen sie, da seht die Spur,
Wie die Kunst auch hinterdrein der Natur
Im Dürren ist. – Ja leider stark!
Was ich sagen wollte: zum vollkommenen Park
Wird uns wenig mehr abgehn.
Wir haben Tiefen und Höhn,
Eine Musterkarte von allem Gesträuche,
Krumme Gänge, Wasserfälle, Teiche,
Pagoden, Höhlen, Wieschen, Felsen und Klüfte,
Eine Menge Reseda und andres Gedüfte,
Weimutsfichten, babylonischen Weiden, Ruinen,
Einsiedler in Löchern, Schäfer im Grünen,
Moscheen und Türme mit Kabinetten,
Von Moos sehr unbequeme Betten,
Obelisken, Labyrinthe, Triumphbogen, Arkaden,
Fischerhütten, Pavillons zum Baden,
Chinesisch-gotische Grotten, Kiosken, Tings,
Maurische Tempel und Monumente,
Gräber, ob wir gleich niemand begraben –
Man muß es alles zum Ganzen haben ...«

»Gräber, ob wir gleich niemand begraben« – Die Sinngebung des sentimentalen Landschaftsgartens ist mit dieser Zeile auf den Nenner gebracht. Die Bestückungen, die Monumente im Garten sind kein Appell an einen Adressaten in dem Sinn, daß dieser aufgefordert ist, konkret, etwa im Angedenken an jemanden oder in der Erinnerung Gedanken und Empfindungen an eine Person zu richten. Vielmehr geht es um die Tiefe der Empfindungen und der Gefühle und nicht so sehr um deren Ziel. »Gräber, ob wir gleich niemand begraben« – Nicht Trauer über einen Toten will hervorgerufen werden, sondern unser sublimes Gefühl, ausgelöst vom Begriff des Grabes als Mahnung an den Tod.

Was ist dieses »Sublime«? Am deutlichsten sagt es Edmund Burke in seiner »Philosophical Enquiry into the Origin of our Ideas of the Sublime and Beautiful« aus dem Jahr 1757: Das Sublime ist die Grundlage schlechthin von Schönheit und damit auch Kunst. Das Sublime, das Außergewöhnliche, Nicht-Alltägliche, liegt im Gefühl, in der Erlebnisfähigkeit des Menschen, begründet. In der Intensität des Gefühlserlebens entsteht Erkenntnis: »The passion caused by the sublime is astonishment.« »Weite«, »Größe« und »Unendlichkeit« sind dem Sublimen zugeordnet, all das, was uns erregt, wozu auch das absolute Schweigen oder der Schrecken gehören.[26]

Sublim und pittoresk sind jetzt geradezu synonym. Am Ende der Epoche, 1810, schrieb Uvedale Price in seinen »Essays on the Picturesque as compared with the Sublime and the Beautiful«: »The English word naturally draws the reader's mind towards pictures; and from that partial and confined view of the subject, what is in truth only an illustration of picturesqueness, becomes the foundation of it.« Wir werden daran erinnert, daß »pittoresk«, »picturesque«, nichts anderes bedeutet als eben »bildhaft«, »wie in einem Gemälde«. Der Landschaftsgarten, der bereits in seinen Anfängen als Kunstwerk angesehen wurde, in dem mit dem Stoff der Natur Bilder hergestellt wurden, mündet hier in einem Konzept von »pittoresken« Realisationen. Das heißt: Besonders pittoreske Gegenstände sind nicht nur in Bildern gemalt, sondern gebaut, gepflanzt, errichtet. Um pittoresk oder sublim zu wirken, sollten die Gegenstände gleichsam in ihrer Auseinandersetzung mit der Zeit erscheinen.

Hier finden wir die Begründung der vielen künstlichen Ruinen im Landschaftsgarten. Architektur, in ihrem Verfall gezeigt, wird zu einem intensiveren Erlebnis, wirkt sublim. »Time and decay convert a beautiful building into a picturesque one«.[27] Wenn die Wände ihre Stärke verlieren und das Gebäude seine ursprünglichen Funktionen verliert, entstehen neue Qualitäten, wie die von »utilitas« oder »firmitas« entbundene reine Schönheit des Pittoresken.

So ist es mit der großen Brücke Vanbrughs in Blenheim Castle. Ein Bau, der einst über die Zeiten hinweg den Ruhm des Erbauers verkünden sollte, ist durch das Fluten und die Erhöhung des Wasserspiegels dem Verfall in der Zeit anheimgegeben. Die Brücke ist pittoreskes Motiv eines Bildes geworden, in welchem an die Vergänglichkeit und den Verfall alles Irdischen gemahnt wird. So werden auch Baumstrünke, also Ruinen von einst lebenden Bäumen, interessant. Brown plante unter anderem das nahe Blenheim gelegene Bauerndorf Woodstock wie ein Castle zu ummauern und daneben eine Farm mit einer gotischen Fassade zu errichten. Gegenwart weicht der sublimen Erfahrung von Vergangenheit. Denn auch dies ist eine Folge der Verwandlung von Landschaft in Bilder von Landschaft: Die Gegenstände entfernen sich vom Betrachter. Waren die Gartenarchitekturen »eye-catcher« geworden ohne einen anderen Nutzen, als Gegenstand eines Bildes zu sein, so waren sie um so schöner, sublimer. Gelangt man auf einem Weg, wie etwa in Stourhead, an einen Tempel, ist dessen Reiz verflogen; doch schon bietet sich von hier wieder ein neues Bild in der Entfernung. Diese Distanzen in Zeit und Raum ergeben das Pittoreske.

Der berühmteste Garten wurde jetzt der von Kew, westlich von London, wo eine Villa des Kronprinzen Frederick Louis stand. 1750 machte William Chambers einen umfassenden Plan für das riesige Areal, dessen Gestaltung erst nach dem Tod des Kronprinzen in den sechziger Jahren als Sehenswürdigkeit vollendet wurde. Es gab mehrere antikische Tempel, aber auch einen exotischen Teil, der dann Ausgang für den späteren botanischen Garten wurde. 11000 Pflanzenspezies wurden eingesetzt – man denke hier an Brown, der mit einem Dutzend einheimischer Baumarten auskam. Da gab es ein Haus des Konfuzius, eine Moschee, eine gotische Kathedrale und die berühmte Pagode, die viele Nachahmungen erfuhr. Man sprach von einer »Welt auf einem Hektar«.

Die Nachahmungen solcher pittoresker wie sublimer Ensembles wurden nicht immer und überall begeistert aufgenommen. Justus Möser läßt eine junge Frau etwas verstört darüber schreiben, wie auch ihr Garten vom neuerungssüchtigen Gatten nach solchen Mustern umgebaut werden sollte:[28] »Von dem an der Bleiche angelegten Hügel kann man jetzt zwey Kirchthüme sehen, und man sitzt dort auf einem chinesischen Canape, worüber sich ein Sonnenschirm von verguldetem Bleche befindet. Gleich dabey soll jtzt auch eine chinesische Brücke, wozu mein Mann das neueste Modell aus England erhalten, angelegt, und ein eigener Fluß dazu ausgegraben werden, worin ein Dutzend Schildkröten, die bereits fertig sind, zu liegen kommen werden. Jenseits der Brücken, gerade, wo der Großmama ihre Bleichhütte war, kommt ein allerliebster kleiner gothischer Dom zu stehn.« Im fiktiven Brief an die Großmutter ist auch noch davon die Rede, daß man jetzt bald nach China fahren wird, um Pagoden, Brücken und die große Mauer direkt in Augenschein zu nehmen, die der Gatte jetzt hinten bei dem alten Stickbeerenbusche, wo auch einst die Krauseminze stand, anlegen will. Der Brief schließt mit der Bitte an die Großmutter, aus der Stadt beim nächsten Besuch doch etwas weißen Kohl mitzubringen, »denn wir haben hier keinen Platz mehr dafür«.

Karikiert wurde, was (positiv) gedacht war als ein umfassendes Sinnbild des Lebens, als »modèle parfaite«, wie es der Prinz von Ligne anhand des Gartens von Wörlitz nannte: ein Weltmodell, konstruiert von der Empfindsamkeit.[29]

Barbara Baumüller

Gartenbild und Baumporträt im Werk des Münchner Landschaftsmalers Johann Georg von Dillis (1759–1841)

Für die moderne Kunstwissenschaft nimmt das künstlerische Schaffen des Johann Georg von Dillis einen wichtigen Platz in der Geschichte der Landschaftsmalerei um 1800 ein. Unbestritten ist heute seine Bedeutung für die Entwicklung der Künste in einer Stadt wie München, die um die Jahrhundertwende und zu Beginn des 19. Jahrhunderts noch durchaus zur kunsthistorischen Provinz zu rechnen war.

Dies war jedoch nicht immer so! Noch bis in unser Jahrhundert hinein wurde sein Werk als »rückständig« und »zu sehr der Kunst des 17. Jahrhunderts verbunden« angesehen. Helmut Börsch-Supan empfand noch 1988 die Kunst der Münchner Maler des frühen 19. Jahrhunderts als »sympathisch«, »bescheiden« und »freundlich«, und er nahm Dillis aus dieser Allgemeincharakterisierung nicht heraus.[1]

Gegen solche Äußerungen argumentierte Barbara Hardtwig, eine der besten Kennerinnen des Dillisschen Werkes schon 1984: »Mit der Erfassung von Atmosphärischem durch Farbe und Licht kann er als Vorläufer impressionistischer Seh- und Gestaltungsweisen gelten.«[2]

Letztendlich fand Dillis unumwundene Anerkennung erst durch die 1991 groß angelegte und in München und Dresden präsentierte Ausstellung, bei der sein Werk mit dem von Corot und Turner verglichen wurde, deren hoher Rang für die Geschichte der Landschaftsmalerei vollkommen unbestritten ist.[3]

Vielleicht lag bislang in Dillis' beruflichem Werdegang selbst der Grund für die unzureichende Beurteilung seines künstlerischen Schaffens.

Johann Georg Dillis wurde am 26. Dezember 1759 als ältester Sohn des kurfürstlichen Revierförsters Wolfgang Dillis nahe der Stadt Wasserburg in Oberbayern geboren. Glücklicherweise übernahm Kurfürst Max III. Joseph die Patenschaft für den erst sechsjährigen Jungen und ermöglichte ihm damit den Besuch des kurfürstlichen Gymnasiums in München. Doch mit dem Tode des Kurfürsten endete die finanzielle Absicherung.

Der junge Johann Georg wählte nun den einzigen für ihn möglichen Weg und schrieb sich 1779 für die wissenschaftliche Laufbahn am Collegium Albertinum in Ingolstadt ein. Er erhielt 1782 die Priesterweihe und kehrte nach München zurück. Daß diese Berufswahl für den jungen Mann nur eine Notlösung darstellte, wurde schnell deutlich. 1786 ließ er sich von der Ausübung der Seelsorge und dem Antritt einer geistlichen Stelle dispendieren: von nun an unterrichtete er die kurfürstlichen Edelknaben in der Zeichenkunst und arbeitete als Zeichenlehrer in verschiedenen wohlhabenden Münchner Familien.[4]

Es war ein kunstsinniger und fortschrittlicher Kreis, in dem er sich nun bewegte. Hier sollte der junge Zeichenlehrer, der nebenbei die kurfürstliche Zeichenakademie besuchte, die für seinen weiteren Lebensweg bedeutendste Persönlichkeit kennenlernen: den Amerikaner Benjamin Thompson, der 1792 zum Reichsgrafen von Rumford ernannt wurde. Rumford hatte als Forscher und Erfinder, als Politiker und Philanthrop in Europa eine schnelle Karriere gemacht. Von 1784 bis 1798 entfaltete er im Dienste des bayerischen Kurfürsten Karl Theodor eine vor allem für München bedeutsame Tätigkeit. Zu seinen wichtigsten Leistungen gehörten eine Heeresreform, die Initiative für die Errichtung des Englischen Gartens, die Schaffung von Armenhäusern, die Resozialisierung der Bettler und Leistungen auf dem Gebiet der Ernährungskunde wie die Propagierung der Kartoffel als Grundnahrungsmittel.[5]

Rumford erkannte sehr schnell die künstlerische Begabung des jungen Dillis und förderte ihn entschlossen.[6] Im Zuge der Aufklärung hatte auch das Interesse für die regionale landschaftliche Umgebung eingesetzt. Diese modernen Intentionen konnten nur im Sinne Graf Rumfords liegen. Und so war es ein glückliches Zusammentreffen, daß er in Dillis einen hochbegabten Zeichner kennenlernte, dessen Können er sich schnell zu Diensten machte. Er gab ihm den Auftrag, während mehrerer gemeinsamer Reisen ins bayerische Voralpenland die interessantesten Gegenden zeichnerisch zu erfassen. Am folgenreichsten war jedoch Rumfords Empfehlung für die 1790 erfolgte Anstellung von Dillis zum Inspektor und Leiter der Hofgartengalerie in München, womit seine finanziellen Probleme ein Ende fanden.

Neben dem Grafen Rumford ist weiterhin Prinz Ludwig von Bayern, der spätere König Ludwig I., für die nun folgenden entscheidenden Schritte im Lebensweg des Georg Dillis zu nennen. Eine tiefe Freundschaft verband die beiden Männer, obwohl der junge König in Dillis wohl eher einen fähigen Museumsmann und Kunsthistoriker als einen Maler und Künstler voller schöpferischer Ambitionen sah. Es hat sich ein langer

Briefwechsel erhalten, der genaue Auskunft über die persönliche Bindung zwischen den Männern gibt.[7]

Dillis weiterer Berufsweg war nun vorgegeben und wurde von Ludwig stets gefördert. So war er entscheidend am Bau der Glyptothek und der Alten Pinakothek in München beteiligt. In enger Zusammenarbeit mit dem Architekten Leo von Klenze wurde das Baukonzept für die Pinakothek erstellt, und Dillis wurde die Aufgabe der Hängung der Gemälde in dieser bedeutendsten Kunstsammlung der damaligen Zeit übertragen. Vor allem die heute noch in allen modernen Museumsbauten anzutreffende Gestaltung des Oberlichts ging auf die Initiative von Dillis zurück.[8]

Dillis, der 1808 in den Adelsstand erhoben worden war, erhielt gleichzeitig die Professur für Landschaftsmalerei an der Akademie der Bildenden Künste in München. Jedoch schon 1814 ließ er sich von diesem Amt wieder entbinden. Der Grund für diesen Rücktritt lag vermutlich in einem lange schwelenden Streit um die Stellung der Landschaftsmalerei als Gattung innerhalb der Malerei. Schon seit dem 18. Jahrhundert hatte die internationale Kunstszene sich immer wieder mit diesem Streitpunkt befaßt. In der offiziellen Meinung der Akademien nahm die Landschaftsmalerei die unterste Stufe ein, wogegen der sogenannten »Historienmalerei« die höchste Stellung innerhalb der Malereigattungen zukam. Zugestanden wurde der Landschaftsmalerei lediglich eine positive Wirkung auf das Gemüt des Betrachters, wie sie zum Beispiel die Werke des Barockmalers Claude Lorrain bewirkten.

Dillis war aber einer derjenigen Landschaftsmaler, die sich von den akademischen Dogmen langsam emanzipierten. Um 1826 argumentierte noch Peter Cornelius bei seinem Vorschlag, den Lehrstuhl für Landschaftsmalerei gänzlich abzuschaffen: »Einen Lehrstuhl der Genre- und Landschaftsmalerei halte ich für überflüssig. Die wahre Kunst kennt kein abgesondertes Fach, sie umfaßt die ganze sichtbare Natur. Die Gattungsmalerei ist eine Art von Moos und Flechtgewächs am großen Stamme der Kunst.«[9] Dagegen versuchte Dillis gezielt, die Landschaftsmalerei vollkommen dem Einfluß der Akademie zu entziehen und sie von deren einengenden Normen zu befreien. Seinem Bemühen kam ein gewandeltes Bewußtsein des Kunsthandels entgegen, neue bürgerliche Käuferschichten förderten die Weiterentwicklung der Landschaftsmalerei.

Als Staatsbeamter war Dillis zudem unabhängig vom Kunstmarkt, was seine Bereitschaft förderte, künstlerische Experimente einzugehen – und dies nicht nur auf dem Gebiet der Landschaftsmalerei, denn wir kennen

40

von ihm eine ganze Reihe von sehr realistischen Bürgerporträts und sensible Studien des Menschenbildes.[10] Das Landschaftsgenre blieb jedoch sein Hauptanliegen. Während und nach seinen Italienreisen entstanden viele Landschaftsbildnisse, die vorwiegend in Aquarell ausgeführt sind. Über englische Kontakte muß er die moderne englische Naturauffassung eines David Hume oder Shaftesbury kennengelernt haben. Er notierte 1793 in ein Skizzenbuch: »Nature is but a name for an effect, whose chause is God.«[11]

Eine solche Sehweise ermöglichte dem Maler ein neuartiges Herangehen an die Landschaft. Die Landschaft sollte nun nicht mehr Anlaß für eine überhöhende Idealisierung, sondern als Abbild der Natur die unbeeinträchtigte Wiedergabe des Wahrnehmbaren sein. Selbst die schlichtesten und banalsten Gegenstände konnten von nun an bildwürdig werden.

Um 1795 war Dillis selbst jedoch noch ganz der malerischen Tradition des 18. Jahrhunderts verbunden. Eine aquarellierte Zeichnung aus diesem Entstehungsjahr trägt den Titel »Lago Pantano«. Sie entstand während seines ersten längeren Aufenthaltes in Rom und ist besonders detailreich ausgeführt. Die Bildkomposition mit antiken Bruchstücken im Vordergrund, einem freistehenden Eingangsportal und dem im Gebüsch sitzenden Zeichner erinnert stark an Vorbilder des in Rom

Johann Georg von Dillis, Lago Pantano, 1795

Johann Georg von Dillis, Et in Arcadia ego, um 1790/1800

lebenden englischen Landschafters Paul Sandby.[12] Das Bild ist nach beinahe formelhaften Kompositionsprinzipien aufgebaut, und diesen Eindruck verstärkt besonders der sich in den Bildhintergrund hineinstaffelnde Landschaftsraum. Es ging noch nicht um die Porträthaftigkeit eines Landschaftsausschnittes, sondern, wie auch im 17. und 18. Jahrhundert, um ein Idealbild einer arkadischen Situation, die sich bildmäßig immer wieder in der römischen Kulturlandschaft der Campagna manifestierte.[13]

Eine solche ideale Vorstellung von freier Natur, wie wir sie auch im Englischen Landschaftsgarten kunstvoll gestaltet antreffen, zeigt ein weiteres Aquarell, das um 1800 entstanden sein dürfte. Dillis führt den Betrachter in eine Gartenlandschaft englischen Stils mit einer die Bildmitte dominierenden Baumgruppe. Im Schatten des Baums lagern Hirtenjungen, rechts hinter den Bäumen erkennt man antike Architekturversatzstücke. Der Blick schweift weiter zum Hintergrund mit Pappeln in zartem Grün und einem Teich. Hier liegt keine reale Topographie zugrunde, ebensowenig ist die Baumgruppe eindeutig als Eichen- oder Ulmenbestand zu identifizieren. Fast altmeisterlich wirkt ein Blätterstill-leben am unteren mittleren Bildrand. Ganz am Rande teilt Dillis seine Bildidee mit. Am linken unteren Bildrand sehen wir ein Architektur-fragment mit der Aufschrift »Et in arcadia ego«: Arkadien in Griechen-land, eine Bergregion auf dem Peloponnes, wurde schon in der Antike wegen ihrer Unberührtheit und Entlegenheit sehnsuchtsvoll verklärt; spätestens seit Claude Lorrain wurde dieses Landschaftssujet mit Italien gleichgesetzt. Solch eine Inschrift findet sich häufig auf Grabmälern, sie versinnbildlicht ein »memento mori«: Der Tod verschont auch das Leben im paradiesischen Arkadien nicht. Diese Erinnerung an die Vergänglich-keit des Glücks ist bei Dillis jedoch nur ein Nebenthema. Ihm ging es hier eher um die bildmäßige Rezeption und Darstellung der Idee des Eng-lischen Landschaftsgartens, eine Idee, die schon der englische Theo-retiker Shaftesbury einerseits als das Streben nach dem untergegangenen Paradies und nach vollkommener Natur sowie andererseits als den idealen Wunschtraum des Menschen nach Liberalität und politischer Freiheit charakterisierte.[14]

Bei Dillis überwiegen eindeutig die paradiesischen Stimmungswerte. Solch ein bildmäßig ausgeführtes, mit ca. 54 x 43 cm verhältnismäßig großes Aquarell wurde aus verschiedenen Studien und Kompositionsele-menten im Atelier zusammengefügt und entstand vielleicht erst nach der Rückkunft von einer Reise. Es ist ein Kabinettstück, das als Geschenk oder zum Verkauf bestimmt war.[15]

Eine große Anzahl von Ölskizzen, Aquarellen und Zeichnungen entstand im Englischen Garten in München. Dieser Park in den Isarauen wurde ab 1789 auf Initiative des Kurfürsten Karl Theodor angelegt; ab 1804 oblag Friedrich Ludwig von Sckell die Planung und Leitung der Garten-anlage.[16] Durch Stiftungsurkunde war dieser Garten der Öffentlichkeit gewidmet, eine aufgeklärte, aber auch eine politische Entscheidung des Kurfürsten. Der aus Mannheim stammende Wittelsbacher mußte noch Mittel und Wege finden, um bei der Münchner Bevölkerung Anerken-nung und Akzeptanz zu gewinnen.[17]

Sckell schuf auf dem langgestreckten, relativ schmalen Areal Parkbilder voll Ruhe und klassischer Harmonie. Es entstand eine großartige Abfolge von malerischen und zugleich landschaftsbestimmenden Gartenbildern, die beim Durchwandern des Gartens als eine dem Ein- und Ausatmen vergleichbare Folge von Raumverengung und Raumdehnung zu emp-finden ist. Die Hölzer treten häufig als Haine auf, die aber immer wieder Durchblicke freilassen; ergänzend sind einige Wasserläufe gesetzt. Es ging

vor allem darum, eine Kleinteiligkeit in der szenischen Gestaltung zu vermeiden, um wenige große Bilder entstehen zu lassen, wobei auch die ferne
Stadtsilhouette Münchens mit in die Gesamtkomposition einbezogen
sein sollte.

In den »Beiträgen zur Bildenden Gartenkunst« beschrieb Sckell 1818,
wie durch verschiedene Motive, die im Landschaftsgarten kulissenartig
hintereinandergestaffelt werden, Kompositionen entstehen, die der Landschaftsmalerei entsprechen. »Ohne die sich hintereinander erhebenden
Gestalten, sie mögen aus Bäumen, Bergen oder Hügeln bestehen, würde
die Natur in sehr einfachen, einförmigen Umrissen erscheinen. Nur durch
diese sich gegeneinander herabneigenden Linien enthüllt sich ihr ganzer
Reichtume. Nur diese Linien sind es, die die Gartenkunst wie die Landschaftsmalerei am besten zu unterstützen vermögen«. Dabei berief sich
Sckell auf Claude Lorrain. Wie Adrian von Buttlar 1989 in seiner Grund-
lagenschrift zum Landschaftsgarten klar betonte, wäre es aber für den
heutigen Betrachter falsch, in zeitgenössischen Gartenveduten nach
direkten Vorbildern für die Gartenarchitekten des Klassizismus oder der
Romantik zu suchen, atmosphärisch aber könne eine Sckellsche Szenerie
durchaus an »Klaude und sein Liber Veritatis« (Sckell) erinnern.[18]

Neben seiner Bedeutung als »Volkspark« war der Englische Garten den
Münchnern durchaus auch als ein lebendiges Kunstwerk bewußt. Und
so war es selbstverständlich, daß neben Georg von Dillis noch weitere
Maler der Münchner Landschaftsschule in Sckells bildhaft arrangierter
Parklandschaft erste unmittelbare Naturstudien verfaßten. Neben den
Studien des Simon Warnberger, des Johann Jakob Dorner und des Max
Wagenbauer sind die Arbeiten von Dillis durch ihre Unmittelbarkeit und
Naturnähe als die qualitätvollsten anzusehen.

Zwischen 1800 und 1840 befaßte er sich immer wieder mit der Parkanlage, und sein Ansatz war bewußt realistisch. Das Ziel war einerseits eine inventarmäßige Aufnahme der Gartenbilder, andererseits ein
Erfassen der momentanen Stimmung und der Erhabenheit der ganzen
Anlage. Die 1830/35 entstandene »Parklandschaft mit Laubbäumen und
Teich« ist eine Ölstudie mit dem Charakter eines Gemäldes, das jedoch
nicht bis ins Detail ausgeführt wurde, wodurch die Frische des Natureindrucks besonders wirkungsvoll zutage tritt. Mit äußerst lockerer
Pinselschrift ist ein willkürlich gewählter Naturausschnitt aufs Blatt
gebracht, wobei auf jegliche Vorzeichnung verzichtet wurde. Der Standort der Bäume und Sträucher scheint frei und ungezwungen, offenbar
ganz der natürlichen Situation entsprechend. Die lichten, wie transparent
gemalten Laubbäume mit ihrem weit ausgreifenden Geäst, die Verteilung

von Licht und Schatten im Laubwerk, auf den Stämmen und am Boden, die Luftperspektive und auch die wie zufällig am seitlichen Bildrand angeschnittenen Bäume geben eine dichte atmosphärische Wirkung wieder und verleihen dem Werk eine überzeugende Realitätsnähe. Von entscheidender Bedeutung für die beschriebene Wirkung sind dabei Verwischungen der noch feuchten Farbe an der rechten Baumgruppe, die zusammen mit den frei ausgeführten Ast- und Blattformen zu einer vollkommenen Auflösung des Gegenständlichen führen.[19]

Eine im Herbst 1979 im Kunsthandel aufgetauchte Aquarellzeichnung mit dem Titel »Am Entenbach im Englischen Garten« gibt mit anderen technischen Mitteln den gleichen spontan-frischen Eindruck wieder: ein willkürlich gewählter Bildausschnitt, mit lockerer Feder, doch konzentriert hingeworfen, gezielte Betonung – mit Aquarell – einiger wichtiger Blickpunkte bei gleichzeitiger atmosphärischer Auflösung in die Bildtiefe hinein.[20]

Auch im Münchner Englischen Garten gab und gibt es bauliche Monumente, die als Sinnbild für die Inszenierung und Theatralik einer solchen Gartenlandschaft stehen.

Als eine die Landschaft auszeichnende Architekturstaffage wurde 1790 ein zehnsäuliger Monopteros mit hoher Rundkuppel aus Holz errichtet. Dieser kleine Tempietto diente als Aufstellungsort für eine hölzerne Apollostatue, die als Allegorie auf den Kunstsinn und das Mäzenatentum des Kurfürsten Karl Theodor auch einen herrschaftsikonographischen Zweck erfüllte.

Mit großer Genauigkeit nahm Dillis sich dieser Architektur und ihrer Widerspiegelung im Wasser des Teiches an. Doch die eng umgebende Vegetation faßte er viel großzügiger auf. Ein leichter Wind scheint sich in den Kronen der zarten Laubbäume verfangen zu haben. Die wolkige Federzeichnung des Blattwerks und die darüber gesetzten grau und silbern gehaltenen Aquarellflächen geben den Natureindruck wie flirrend und bewegt wieder. Dagegen steht ruhig und im gewissen Sinne monumental die antikische Architektur. Dieses um 1800 entstandene Aquarell dürfte direkt in der freien Natur entstanden sein und ist eines der frühesten Beispiele für »Plein-air-Malerei« überhaupt.[21]

Wie intensiv Dillis sich gleichzeitig mit den englischen Gartenbautheoretikern auseinandersetzte, beweisen seine Eintragungen in den Skizzenbüchern und auch einige Briefe an König Ludwig.

Dillis kannte die Veröffentlichungen William Gilpins (1724–1804), eines Pfarrers und Schriftstellers aus Hampshire, der 1791 seine

»Remarks on Forest Scenery, and other Woodland Views, chiefly to Pictouresque Beauty« publiziert hatte und sich darin systematisch über die
malerischen Eigenschaften der Bäume im allgemeinen, nach einzelnen
Arten und hinsichtlich ihrer Feinstruktur äußerte. Zudem berichtete er
von berühmten Baumindividuen aus aller Welt und beschrieb die
Gruppierung der Bäume in der Natur, der Malerei und im Park.[22] Seine
eigenhändigen Textillustrationen führte er in flächig angelegter
Aquatinta, einem grafischen Tiefdruckverfahren in Tuschmanier, aus; sie
sind kunsthistorisch von wenig Bedeutung, dafür aber informativ und
geben Kenntnis über seine Auffassung einer malerischen und pittoresken
Parkgestaltung. Einerseits konnte es um die falsche oder um die richtige
Bepflanzung eines Waldrandes, andererseits um die akzeptable Auffassung von Baumgruppen nach ästhetischen Gesichtspunkten gehen.
Gilpin war zum Vermittler einer ganz individuellen und sensitiven Land-
schaftserfahrung geworden, obwohl er sich selbst nicht gärtnerisch
betätigte. Sein Landschaftsbild entstand auf verschiedenen Reisen durch
Wales, Cornwall und Schottland, und in ausführlichen Reiseberichten
erläuterte er seine persönlichen Eindrücke des Landschaftsraumes nach
den bekannten Kriterien der Komposition in der Landschaftsmalerei, wie
sie durch Werke Poussins oder Lorrains bekannt waren.

Sicherlich unter dem Einfluß solcher theoretischer Schriften befaßte
sich Dillis mit dem Persönlichsten der Naturerscheinung, dem Baum-
individuum. Diesem Sujet widmete er zwischen 1820 und 1830 mehrere
porträthafte Einzelstudien, die unmittelbar am Ort entstanden sind. Hier
findet seine eigene Naturverbundenheit ihren schönsten Ausdruck. Den
Künstler faszinierte der Wildwuchs der Bäume, ihr Reichtum an Formen
und die malerische Qualität des einzelnen Naturmonuments. Seine
Studien sind autonome gültige Kunstwerke, sie sind um ihrer selbst
Willen entstanden und nicht als Vorstudien für große Bildkompositionen.
In diesen Naturbeobachtungen hat Dillis etwas Neuartiges und Einzig-
artiges geschaffen. Mit großer Sicherheit und untrüglichem Formge-
fühl setzte er das Bildmotiv in einem ersten Wurf, der kaum Korrekturen
zuließ, auf das Blatt, ganz dem eigenen Rhythmus der Bäume und ihrer
unverrückbaren Stellung im Raum verpflichtet. Seine Zeichnungen und
Aquarelle dieser Zeit sind frühe Beispiele für Freilichtmalerei und in
ihrem Kontext modern und zukunftweisend.
    »Die Weiden am Isarufer« wirken außerordentlich farbig, trotz spar-
samsten Farbeinsatzes. Dies resultiert aus der wohlüberlegten Kom-
bination einer farbigen Grundierung des Bildträgers, der eigentlichen
Motivzeichnung in schwarzer Kreide und gezielt gesetzten Weiß-

Johann Georg von Dillis,
Weiden am Isarufer, um
1820/30

Johann Georg von Dillis,
Absterbende Eiche im
Sonnenlicht, um 1820/25

höhungen für die Lichteffekte. Trotz der engen Gruppierung der Einzelbäume wird der Individualcharakter jedes einzelnen Baums deutlich. Die
Bildkonzentration liegt ganz auf der Weidengruppe, die übrige Landschaft löst sich im Bildhintergrund gänzlich auf.[23]

Daß Bäume sehr wohl auch ihre eigene Lebensgeschichte haben, verdeutlichen weitere Studien:

Knorrig, von Verfall, Wind und Wetter gezeichnet, steht eine schon
absterbende Eiche im hellen Sonnenlicht. Der Stamm des Baums ist durch
Furchen und Verwachsungen charakterisiert. Während einer der großen
gewundenen Äste bereits abgestorben ist und wie ein Gerippe wirkt, ist
die Baumkrone selbst noch voll von frischem, zartem Blattwerk. In
lichten Farben ist der Baumbestand des Bildhintergrundes nur angedeutet, ein grasendes Rind verfestigt die Proportionen im Bildmittelgrund.
Mit recht kräftigem Pinselduktus gemalt, steht der Baum mit seinen
bizarren Formen, die am rechten oberen Bildrand weit über die Bild-
begrenzung hinausgreifen, charaktervoll vor dem blauen Himmel eines
Frühsommertages und symbolisiert somit auch den Kreislauf der Natur.
»Wie immer interessiert den Maler Dillis hauptsächlich die besondere
Erscheinungsform des Gegenständlichen in seinem natürlichen Umfeld.
Die sinnliche Wahrnehmung ist ihm bei Auswahl und künstlerischer
Umsetzung der Naturmotive bestimmend – ohne Ansehen des traditio-
nellen Schönheitsbegriffs ...«[24] Diese schonungslose Konzentration
auf die vielfältigen Charakterzüge des Einzelbaums schließt eine Über-
bewertung von Bedeutungsinhalten, etwa im Sinne eines Caspar David
Friedrich, allein durch Malweise und Bildvermittlung aus.

1794 hatte Dillis die Gelegenheit zu einer Studienreise nach Rom und
Neapel erhalten. Schon während dieses ersten Italienaufenthaltes trat der
Künstler in eine wichtige Entwicklungsphase, die ihn später zum Weg-
bereiter moderner Landschaftsauffassung in Deutschland werden ließ.

Die Begegnung mit dem Engländer Sir Gilbert Elliot, dem späteren
Vizekönig von Korsika, brachte einige Aufträge für Landschaftsauf-
nahmen und ermöglichte den Verkauf seiner Blätter an weitere in Neapel
und Rom lebende Engländer. Es ist anzunehmen, daß Dillis seinerseits
wiederum in Rom Originale englischer Malerkollegen kennenlernen
konnte. Ebenso erhielt er im Salon von Angelika Kauffmann, die selbst
einige Jahre in England verbracht hatte, eine Menge Informationen über
englische Kunst und Kunsttheorie.[25]

Das sogenannte »Ansbacher Skizzenbuch« von 1801 ist weniger aufgrund seines zeichnerischen Inhalts als vielmehr wegen seiner schriftlichen Zeugnisse und Selbstreflexionen bemerkenswert, denn es belegt,

daß für Dillis die Denkweise der englischen Kunsttheorie stets Gültigkeit hatte. Ein in englischer Sprache im Skizzenbuch festgehaltener Satz spiegelt die Auffassungen von Dillis wider: »There is an Art, which does mend Nature – change it rather; but that Art itself is Nature!« Dieser Satz bezieht sich auf die ununterbrochene Diskussion um die Wiedergabe der Natur durch das Medium Malerei, wobei Dillis den künstlerischen Gestaltungsprozeß selbst als einen »natürlichen Vorgang« begriff. Hier sei wieder der Bogen zu Gilpins Publikationen gespannt, die Dillis gut kannte und mit denen er sich mit einer wissenschaftlich zu nennenden Gründlichkeit auseinandersetzte. So enthält das »Ansbacher Skizzenbuch« weitere schriftliche Eintragungen, die nur in diesem Zusammenhang zu verstehen sind:

»*The drawings, are of two kinds*
a) One Kind is meant to *illustrate and explain pitturesque ideas.*
b) The other sort of Drawings is meant to characterize the countries, through which the reader is carried. The ideas are taken from the General face of the country; not from any particulare scene.«[26]

Eine solche Forderung nach Unmittelbarkeit, künstlerischer Individualität und lokaler Unverfälschtheit findet ihren Ausdruck im grafischen und malerischen Schaffen von Dillis, dem es eben auch um das Zufällige, Unregelmäßige und damit spannungsvoll Neuartige bei seinen Darstellungen von topographisch erkennbaren Gegenden ging. Dies gilt in gleichem Maße für seine ungemein konzentrierten Baumporträts.

Zum einen prägten somit die Auseinandersetzung mit theoretischen Grundlagen, zum anderen die direkte Anschauung englischen Bildmaterials Dillis' schöpferisches Bewußtsein schon in den frühen Jahren während der ersten großen Italienexkursionen. Besonders das neue Thema der Regionallandschaft und der moderne Aquarellstil mit seinen feinen, transparent-farbigen Tonabstufungen, eine lebendige Pinselführung und eine klare Lichtbehandlung, die unmittelbar Tageszeiten und Wetterzustände charakterisieren konnte, kamen dem Kunstverständnis von Dillis entscheidend entgegen. Man wird bei ihm allerdings nie entsprechende Zitate oder wörtliche Übernahmen von Werken englischer oder französischer Kollegen finden, dazu waren Technik und Individualstil schon zu stark ausgeprägt. Das Gemeinsame bestand eher in der allgemeinen freien Auffassung des Naturerlebnisses, in der direkten Verwendung der Aquarellfarben, in der Wahl eines ungewöhnlichen Bildausschnittes und in der damals neuartigen Gestaltung von Licht, Farbe und Raum.

Besonders die namhaften englischen Aquarellisten des späten 18. und frühen 19. Jahrhunderts betätigten sich auf einem weiten Experimentierfeld, indem sie erstmals ohne Untermalung die Lokalfarben direkt auf das Papier brachten und damit den Aquarellen eine neuartige Frische und Lichtwirkung in der unmittelbaren Umsetzung des Natureindrucks verliehen. Beispielhaft seien hier nur die Namen Richard Wilson (1714–1782), William Pars (1742–1782), John »Warwick« Smith (1749–1831) und vor allem Joseph Mallord William Turner (1775–1851) genannt. Um die Jahrhundertwende waren sie alle selbst in Rom gewesen, und Dillis lernte ihre Werke unter Umständen durch Vermittlung Dritter kennen. Nie war jedoch Dillis von solchen »Vorbildern« abhängig; seine künstlerischen Fähigkeiten ermöglichten es ihm jedoch, deren Anregungen auf ganz eigenständige Weise zu verarbeiten und zu verwerten.[27]

Auf die künstlerische Nähe zwischen dem Barockmaler Claude Lorrain und Dillis' Frühwerk ist im Zusammenhang mit dem Bild »Et in arcadia ego« bereits verwiesen worden.

Claude Gellée, genannt Le Lorrain (1600–1682) lebte und arbeitete als Maler vorwiegend in Rom, wo er das Landschaftsgenre zu einer eigenständigen Kunstform erhob. Natur und Landschaft dienten in seinen oftmals großformatigen Ölgemälden als prachtvoller Rahmen für Themen aus der Geschichte der Mythologie, dem Leben der Heiligen oder einfach dem Dasein von Hirten. Stets sind seine Werke vom Gleichklang zwischen Natur und Mensch geprägt. Claude Lorrain gelang es, die vielfältige Wirkung von Licht und Atmosphäre mit malerischen Mitteln zum Ausdruck zu bringen, wobei er zum Beispiel die Sonne selbst als darstellungswürdiges Motiv erkannte. Die Kompositionen mit dem Bildgeschehen im Vordergrund und den in die Tiefe hinein gestaffelten Raumschichten geben seinen klassisch-idealen Landschaften große Ruhe und Harmonie.[28]

Mit dem sogenannten »Liber Veritatis« legte Claude Lorrain ab 1636 anhand von 195 lavierten Federzeichnungen und flüssigen Pinselskizzen eine Art illustriertes Inventar seiner fertigen Bilder an, um durch diese Maßnahme Fälschungen vorzubeugen. Diese Sammlung einzigartiger Originale kam etwa 1720 in den Besitz des Herzogs von Devonshire und wurde auf Schloß Chatsworth aufbewahrt. Bereits 1777 konnte sie publiziert und auch bald auf dem Kontinent verlegt werden. Die Reproduktion der Originalvorlagen hatte Richard Earlrom in der Aquatinta- oder Schabkunsttechnik übernommen. Vor allem in England war diese neuartige Möglichkeit der Aquatinta- und Mezzotintamanier entwickelt worden, die besonders für Pinselzeichnungen eine Qualität der Reproduktion erlaubte, wie sie für eine reine Linearzeichnung nicht vorstellbar war.[29]

Auf diesem Wege, aber auch über Kunstzeitschriften, konnten sich junge Maler in Deutschland über die neuesten Errungenschaften in England informieren. Daß Dillis eine der Reproduktionen des »Liber Veritatis« einmal in den Händen hielt und auch Originalgemälde von Lorrain selbst kannte, läßt sich durch einige Kopien belegen, die er nach Vorlagen Lorrains anfertigte.

Besonders in seiner frühen Schaffensphase ist eine allgemeine künstlerische Nähe zu Claude Lorrain unbestreitbar, jedoch ist diese Beziehung eher als eine geistige Auseinandersetzung zu verstehen. Dillis übernahm zwar in einigen Werken die Formen- und Kompositionssprache Lorrains – und wirkte gerade dann eher akademisch-traditionell und altertümlich –, doch erkennt man bald eine zunehmende Sensibilität für spezifische Lichtverhältnisse und zufällige Naturausschnitte. In vielen, oft auch für den persönlichen Bedarf gefertigten Naturstudien, sei es Aquarell oder Öltechnik, erhob er die Skizze zu einem völlig selbständigen Bildtypus. Dies ist der entscheidende Unterschied zu Lorrain, für den die Naturstudien »Vorstudien« und Elemente des Werkprozesses waren.

In diesem Zusammenhang sei an die »Ansicht von Grottaferrata« von 1795 erinnert, die stark an die Lorrainschen Pastorallandschaften angelehnt ist. Dieses Bild befand sich im Besitz Leo von Klenzes, der es 1841 an König Ludwig verkaufte.[30] Das Gemälde entstand nach Dillis' erstem Italienaufenthalt, und es ist eine stark dem Geiste Claudes angenäherte Atelierarbeit. Dem ausgeführten Gemälde liegt ein bildmäßig aufgefaßtes und künstlerisch bemerkenswertes Aquarell zugrunde, welches die riesige, auf einer Anhöhe gelagerte Klosteranlage Grottaferrata in subtilen Farbabstufungen und frischen atmosphärischen Stimmungswerten wiedergibt. Dillis hatte sich in den Jahren 1794/95 oft in der malerischen Landschaft südlich von Rom aufgehalten und während dieser Zeit auch diese Ansicht nach der Natur aufgenommen.

Bei der Betrachtung von Claude Lorrains Gesamtwerk kommt dem zeichnerischen Schaffen eine besondere Bedeutung zu. Vor allem seine Naturzeichnungen sind viel spontaner als alle seine ausgeführten Gemälde; sie ermöglichen es, den kreativen Arbeitsprozeß zu verfolgen, und man kann bei einer ganzen Anzahl von Zeichnungen und Lavierungen annehmen, daß sie in der Natur, direkt vor dem Motiv, entstanden sind. Besonders Bäume waren ihm ein unerschöpfliches Motiv. Er erfaßte sie in ihrem Wesen und nicht in ihrer botanischen Gattung, die man selten bestimmen kann. Lorrains Naturzeichnungen sind nicht als Vorzeichnungen für Gemälde entstanden, seine Naturbeobachtungen dienten eher dem Training der Vorstellungskraft.

Dillis kannte, wenn überhaupt, nur ganz wenige dieser Skizzen im Original; das grafische Werk Lorrains war zu diesem Zeitpunkt nur über Reproduktionsstiche erfahrbar.

In der Zartheit der Ausführung und Konzentriertheit auf das Motiv, vor allem aber in der Eigenart, verschiedene Techniken wie beispielsweise Feder, Blei und Lavierung auf ein und demselben Blatt zu vereinen und zu größter Ausdruckskraft zu bringen, liegen die Gemeinsamkeiten in Lorrains und in Dillis' grafischem Œuvre.

Lorrain entwickelte die sehr schwierige Technik der reinen Pinsellavierung (naß in naß) zu höchster Meisterschaft. Bei radikal sparsamer Anwendung der Mittel erkennt man die strenge Konzentration auf das Wesentliche. Neben der reinen, klaren Federzeichnung war gerade die Lavierung eine von Dillis besonders bevorzugte Technik, denn sie ermöglicht eine Betonung der Licht- und Farbkontraste, und ebenso wie Lorrain erkannte er die Ausdruckskraft der extremen malerischen Abstraktion.

Ein direkter Vergleich soll abschließend noch einmal die geistigen Zusammenhänge verdeutlichen: Eine Hirtenlandschaft von Claude Lorrain aus dem Jahre 1640 zeigt ebenso wie die Ansicht des Englischen Gartens von Dillis ganz ähnliche Kompositionsprinzipien. Während charaktervoll behandelte Baumgruppen den Bildmittelgrund eindeutig dominieren, finden im tief sich staffelnden Hintergrund die atmosphärischen Auflösungstendenzen statt. Das Dasein von Mensch und Tier belebt und harmonisiert zugleich das Bildgeschehen.

Dillis hatte hier zu keinem Zeitpunkt die Vorstellung einer Originalvorlage von Lorrain, aber der Stimmungsgehalt und der künstlerische Geist einer solch arkadischen Pastorallandschaft war in ihm ungebrochen präsent. Die Münchner Zeichnung läßt sich eindeutig lokalisieren: es handelt sich um eine Ansicht des Englischen Gartens über die große Wiese und den Eisbach hinweg, hinüber zur Stadt und ihren Erkennungsmerkmalen, den Türmen und der Kuppel der Theatinerkirche. Die eher kleinteilige Handhabung der Federzeichnung läßt an eine Entstehungszeit vor 1800 denken.[31]

Claude Lorrain, Landschaft

Johann Georg von Dillis, Ansicht des Englischen Gartens, vor 1800

Die Wirkung der Dillisschen Zeichnungen, Ölskizzen und Aquarelle, auch auf den heutigen Betrachter, liegt nicht zuletzt in der raffinierten Technik des Künstlers, mit der er ungewöhnliche Übergänge von Farbe und Zeichenstift erzielte. Dies begann schon bei jenen intimen Landschaften, die direkt vor der Natur entstanden. Hier sind die spontanen und leichten Bleistiftstriche der Unterzeichnung charakteristisch; nur umrißhaft wurden Landschaft, Vegetation oder Architektur auf dem Blatt festgehalten. Es ging um die reine Erfassung des Landschaftsausschnitts. Man spürt, daß der Maler sehr schnell gearbeitet hat, wobei bei den Ölskizzen und den Aquarellen die Technik des Farbauftrags recht ähnlich ist. Oft wurde die Wirkung auch durch nicht bemalte Flächen, also Freistellen auf dem Papier, erzielt.

Stellenweise scheint die Grundierung, zum Beispiel bei Ölskizzen, durch und versinnbildlicht Lichteffekte; dann sind wiederum auf bereits aufgetragene dunkle Farbschichten helle Lichtpunkte gesetzt. Die Farbe hatte stets Vorrang vor der Linie, und nachträglich wurden oft mit Kreide die kräftigen Akzente gesetzt. Die Spuren des schnellen Werkprozesses bleiben ablesbar und tragen zur Verlebendigung der Stücke bei. Im Material beschränkte sich Dillis fast ausschließlich auf die erlesenen englischen Aquarellfarben und auf hochwertiges hadernhaltiges und geschöpftes Papier. So sind seine Zeichnungen und Aquarelle im »Unvollendeten vollendet« und wurden als autonome Kunstwerke vom Künstler verstanden, die so von ihm auch verschenkt wurden.

Die wenigen Auftragsarbeiten, die wir kennen, sind bedeutend traditioneller – auch in der Technik konventioneller – behandelt und im Atelier fein ausgeführte und komponierte Arbeiten.[32]

Das malerische Werk des Künstlers Dillis durchzieht ein intimer Charakter, der für jeden erfahrbar ist. Auch wenn Dillis sich ganz allgemein an den großen Vorbildern der Landschaftsmalerei wie Lorrain und Turner orientierte, so zeichnen sich besonders seine Aquarelle durch eine außergewöhnliche Frische und Spontaneität aus. Sein Pinselduktus zeigt eine unverkrampfte Großzügigkeit und gleichzeitig ein empfindsames Einfühlungsvermögen in die Beschaffenheit des Naturausdrucks.

Seit der Wende des 18. zum 19. Jahrhundert erhielt die Landschaftsmalerei einen aufgewerteten Rang als selbständige Gattung der Malerei, und das Werk Dillis' nimmt hier wieder eine hervorgehobene Stellung ein. Dillis aber als einen Vorreiter des Impressionismus zu bezeichnen, würde etwas zu weit führen. Dagegen ist sein Werk für die Entwicklung der Landschaftsmalerei des frühen 19. Jahrhunderts beziehungsweise der Frühromantik von einer herausragenden Bedeutung.

Steffen Krestin

Erinnerungsbilder – Die Englandreise des Fürsten Pückler-Muskau

Heute und Gestern

Die Bewegung in den Föhren
Das langsame Wasser im Schlangensee
Englischblau die Weglichter
im Labyrinth der Gefäße
aus Kiesel und Holz und
einem Serum, dessen Name mir ewig
verborgen ist
Der schwefelfarbene Blütenstand
der Mahonie
Ein Zaunkönig, in der Kehle
das Insektenei
Das Piano im Raum
mit den Gebärden von Clara und Felix unter
dem Schleiflack der Töne
Geflügelte Löwen,
ohne Fessel stehen sie
wie das Komma im
Brief des Verstorbenen.

                         Klaus Trende

Während in den zahlreichen Beiträgen dieser Publikation der Landschaftsgarten und die gestaltete Natur im Mittelpunkt stehen, soll dieser
Beitrag einen kleinen Zeitabschnitt aus dem Lebens jenes Mannes vorstellen, der im vorigen Jahrhundert berühmte Landschaftsgärten anlegte
(Muskau, Babelsberg, Branitz) und andere Gartengestalter wesentlich
beeinflußte.

In jüngster Zeit sind zahlreiche Arbeiten zum Leben und Wirken des
Fürsten Pückler-Muskau erschienen,[1] ausgewählten Fragestellungen zum
literarischen Schaffen Pücklers widmeten sich einige Spezialarbeiten.[2]
Nur selten wurden bisher für diese Arbeiten die umfangreichen archiva-

lischen Quellen genutzt,[3] die zukünftig stärker im Mittelpunkt der weiteren Forschungen stehen werden.

Bezüglich des vorliegenden Beitrags sei bemerkt, daß es sich hierbei lediglich um eine erste Annäherung handelt, da zur Auswertung zunächst nur die Briefe und Tagebücher[4] als Quelle genutzt wurden. In diesem Sinne soll auf den nächsten Seiten der Versuch unternommen werden, sich mittels ausgewählter archivalischer Quellen und der literarischen Arbeit des Fürsten Pückler-Muskau einem fast dreijährigen Zeitabschnitt – der zweiten Englandreise des Fürsten zwischen 1826 und 1829 – zu widmen.

Ausgangspunkt für diese Forschungen war 1993 der Erwerb eines Autographen des Fürsten Pückler-Muskau für die Sammlungen des »Fürst-Pückler-Museums« in Branitz. Im Bestand des Museums befinden sich nunmehr zwei von mehreren Bänden,[5] die einen erstaunlichen Einblick in die Pücklersche Gedankenwelt während seiner Englandreise und der Zeit danach erlauben.

Hermann Fürst von Pückler-Muskau

Pückler-Muskau wird am 30. Oktober 1785 auf Schloß Muskau geboren. Mit der Heirat seiner Eltern, Klementine von Callenberg (1770–1850) und Reichsgraf Ludwig Erdmann von Pückler (1754–1811), im Jahr zuvor war der Grundstein für die Verbindung zweier adliger Familien der Lausitz gelegt worden. Während die Familie derer von Callenberg seit der Mitte des 17. Jahrhunderts im Besitz der Standesherrschaft Muskau[6] war, erwarb Sylvius Reichsgraf von Pückler (1657–1735) das Branitzer Gut.[7] Die Ehe der Eltern Pückler-Muskaus hat nur wenige Jahre Bestand, um 1800 erfolgt die Scheidung. Dabei verzichtet Pückler-Muskaus Mutter zugunsten ihres Sohnes auf ein weiteres Miteigentum an der Standesherrschaft und erhält dafür eine beträchtliche jährliche Leibrente ausgesetzt.[8]

Pückler-Muskaus Erziehung wird von Hauslehrern und dem Besuch protestantisch-pietistischer Bildungseinrichtungen geprägt.[9] Selbst unter dem Aspekt, daß Pückler-Muskau sich gerade über die Schulbesuche seiner frühen Jugend abfällig äußert, ist zu bemerken, daß es gerade die weitläufigen Vorstellungen und der freie Umgang mit der Natur auf diesen Schulen waren, die sein späteres Denken und Handeln wesentlich prägten. Nach einem kurzen studentischen Intermezzo in Leipzig tritt Pückler-Muskau 1802 in den militärischen Dienst des Kurfürsten von Sachsen.[10] Sein Aufenthalt in Dresden ist, wie auch später so oft, nur von kurzer Dauer. 1804 begibt er sich nach Wien; 1806 beginnt er seine erste große Reise – die Jugendwanderung.[11] Mit einfachsten Mitteln und unter dem Pseudonym eines »Secretair Hermann« reist er fast vier Jahre durch Europa und betrachtet die Folgen napoleonischer Expansion ebenso kritisch wie seine Auftritte in der gehobenen Gesellschaft.

Nach Muskau kehrt Pückler-Muskau nach dem Tod seines Vaters zurück und übernimmt 1811 eine der größten deutschen Standesherrschaften. In den folgenden Jahren beteiligt er sich am Kampf gegen Napoleon, und das, obwohl seine Muskauer Herrschaft sächsisches Territorium bildet. Pückler-Muskau ist an den militärischen Ereignissen beteiligt; 1814 verwaltet er das Departement Dyle in Belgien.

Noch im gleichen Jahr unternimmt er eine erste Reise nach England. Am 1. Mai 1815 verkündet er seine Absichten, den Muskauer Park anzulegen. Jahrzehnte wird er, trotz seiner häufigen Reisen, diese Anlagen gemeinsam mit seiner Frau Lucie[12] und seinem 1817 eingestellten Gärtner J. H. Rehder (1790–1852) gestalten und formen.[13] Durch den preußischen König Friedrich Wilhelm III. (1795–1840) wird Pückler-Muskau 1822 in den Fürstenstand erhoben. Vier Jahre später erfolgt die Scheidung der Ehe zwischen dem Fürsten und Lucie. Pückler-Muskaus Englandreise zwischen 1826 und 1829 prägt seine Lebensauffassungen und Parkgestaltungen wesentlich. Nach seiner Rückkehr wird Pückler-Muskau zum gefeierten Schriftsteller,[14] so daß wir seinen späteren Reisen durch Europa und den Orient (1834–1840) literarisch folgen können.[15]

Den Jahren der Reisen und der Parkgestaltung in Muskau und Babelsberg[16] folgt 1845 der Verkauf der Standesherrschaft. Nach längerem Zögern entscheidet sich Pückler-Muskau, insbesondere auf Drängen von Lucie, für den alten Familienbesitz Branitz. Im Jahre 1846 beginnt er mit umfangreichen Arbeiten zur Gestaltung der eigentlichen Schloßumgebung und mit Umbauten der vorhandenen Gebäude. Bis zu seinem Lebensende arbeitet er an der Vollendung des Branitzer Parks – die Fertigstellung erfolgt erst in den achtziger Jahren unter dem Parkdirektor Georg Bleyer (1837–1915).[17]

Hermann Fürst von Pückler-Muskau stirbt in der Nacht des 4. Februar 1871 auf Schloß Branitz und wird wenige Tage später in der Seepyramide beigesetzt. Es sind seine großartigen Parkanlagen, die immer noch Hunderte von Menschen in ihren Bann ziehen und die geniale Vorstellungswelt des gärtnernden Fürsten heute noch anschaulich werden lassen. Der Schriftsteller scheint dagegen nur noch wenigen bekannt zu sein und das, obwohl sich seine Werke durch eine glänzende Darstellung seiner Zeit auszeichnen.

Die »Briefe eines Verstorbenen« und die »Erinnerungsbilder« des Fürsten Pückler-Muskau

Im Herbst 1826 beginnt Pückler-Muskau eine längere Reise, die ihn durch Deutschland und Holland nach England, Wales und Irland und über Frankreich wieder zurück nach Muskau führt. Anlaß der Reise war der Versuch, eine reiche Surrogatfrau in jenem Land zu finden, dessen wirtschaftliche Prosperität den auch wirtschaftlich interessierten Pückler-Muskau[18] beeindruckte. Ein weiterer, sicher nicht unwesentlicher Grund für die Reise war Pückler-Muskaus Interesse, die englische Gartenbaukunst vor Ort zu studieren. Von ihr hatte er seit Beginn der Muskauer Anlagen 1815 wesentliche Impulse erfahren, obwohl er zudem auch über umfangreiche Kenntnisse der deutschen Gartenbaukunst und ihrer Vertreter verfügte. Den bedeutenden englischen Zeitgenossen, den Sohn Humphry Reptons (1752–1818),[19] John Adey Repton (1775–1860), lud er Anfang der zwanziger Jahre nach Muskau ein.[20]

Der Reise, die der Fürst im September 1826 antrat, können wir heute in den bereits erwähnten vier Bänden mit »Briefen eines Verstorbenen« folgen. Darüber hinaus gibt es einige wenige Passagen in den von Ludmilla Assing herausgegebenen Briefen und Tagebüchern, die sich auf diese Reise beziehen.[21] Als wichtige weitere Quelle für die Analyse der Pücklerschen Reise sind besonders die bereits erwähnten »Erinnerungsbilder« anzusehen. Die Alben müssen für den Fürsten besondere Bedeutung besessen haben, denn mehrfach finden sich in den »Briefen eines Verstorbenen«[22] entsprechende Formulierungen. So erwähnt er bereits in London unter dem 1. Dezember 1826 »mein Erinnerungsbuch«[23], in das er selbst die Abbildungen von der Königsparade aufgenommen habe. Als Erläuterung fügt der »Herausgeber« eine Anmerkung bei, die in ihrer Beschreibung exakt die großformatigen »Erinnerungsbilder« kennzeichnet und deren weitere Verwendung charakterisiert: »Mein Freund führte eine eigentümliche Idee aus, die seinen Hinterbliebenen noch jetzt ein wehmütiges Vergnügen gewährt. Er hatte nämlich große Foliobände mit Zeichnungen, Kupfern, Autographen, mitunter auch kleinen Broschüren angefüllt, aber nicht wie gewöhnlich alles durcheinander, sondern nur dasjenige, was er selbst erlebt und gesehen, in der selben Ordnung, *wie* er es gesehen, darin aufgenommen und jede Abbildung mit einer Note begleitet, deren Totalität zugleich einen kurzen, folgerechten Abriß seines Treibens gibt, also einen wahren Lebensatlas ...«[24] Unter dem 10. Februar 1828 schreibt Pückler an Lucie aus Brighton. Hier beschreibt er, welche Verwendung sein Lebensatlas, der viele Bände umfaßt, in späteren Jahren finden wird: »Ich bin sehr fleißig und benutze meine Muße, mehrere Bände meines Lebensatlasses in Ordnung zu bringen. Den ganzen Tag über hefte ich ein, beschneide, schreibe (denn Du weißt, unter jedes Bild kömmt ein Kommentar), was nur ein armer Kranker tun kann, um sich die Zeit zu vertreiben, und ich sehe jetzt schon im Geiste zwanzig Foliobände des klassischen Werks in unserer Bibliothek stehen und uns selbst, alt und gebückt geworden, davor sitzen, ein wenig radiotieren, aber triumphierend uns der alten Zeit erfreuen.«[25] Des Fürsten Reise nähert sich bereits ihrem Ende – er reist mit der Postchaise von Dublin in Richtung London –, als er unterwegs am 15. Dezember 1828 in Holyhead ein kurzes Resümee seines Aufenthalts zieht: »Ich rekapitulierte ein wenig die vergangenen zwei Jahre und ließ alles von neuem die Revue passieren. Das Resultat mißfiel mir nicht. Ich habe zwar hie und da geirrt, aber find mich im ganzen fester und klarer geworden. Im einzelnen habe ich auch einiges gewonnen und gelernt, meine physische Maschine dabei nicht verschlechtert und endlich im Lebensatlas eine Menge interessanter Erinnerungsbilder niedergelegt.«[26]

Für den reisenden Fürsten bildeten die großen Foliobände somit einen wesentlichen Bestandteil des Reisegepäcks. Zu vermuten ist, daß Pückler, der zudem nachweislich Tagebuch[27] führte und für London auch ein sogenanntes »visiting book«[28] angelegt hatte, die meisten Passagen in den Erinnerungsbänden im unmittelbaren Anschluß an das Erlebte gestaltete. Mitunter mußte er jedoch später noch einmal auf frühere Termine zurückgreifen, wenn er keine gefälligen Abbildungen zur Verfügung hatte.

Bemerkenswert bleibt, daß zwischen den Textpassagen in den »Erinnerungsbildern« und einzelnen Abschnitten in den »Briefen eines Verstorbenen« große Ähnlichkeiten bestehen, mitunter sind die Passagen sogar identisch. Zum gegenwärtigen Zeitpunkt läßt sich jedoch nicht exakt feststellen, ob die Briefe an seine Frau Lucie oder die Kommentare in den »Erinnerungsbildern« zuerst geschrieben wurden. Da mittlerweile als belegt gilt, daß vor dem Erscheinen der »Briefe eines Verstorbenen« die vorliegenden Texte ausgewählt und redigiert wurden, ist eine weitere Möglichkeit, daß bei der Abfassung der endgültigen Texte für die Drucklegung die verschiedenen Passagen der »Erinnerungsbilder« durch den Fürsten Pückler-Muskau genutzt wurden. Um diesbezüglich exakte Aussagen zu ermöglichen, ist zunächst die laufende Auswertung der beiden Branitzer Bände abzuschließen und darüber hinaus eine Bearbeitung weiterer bekannter Bände[29] erforderlich.

Im folgenden soll ein Eindruck von der Vielfalt der beiden im Branitzer Museum befindlichen Bände gegeben werden.[30] Die »Erinnerungsbilder« sind im Folioformat gebunden. Ein starker Pappeinband wurde mit Leder am Rücken und an den oberen und unteren Ecken verziert. Die Seiten sind relativ stark und mittelbraun gefärbt. Die Bücher scheinen extra für das Einkleben von Bildern angefertigt zu sein. Pückler hat sie vermutlich in London erworben, denn der erste Band trägt auf der Innenseite einen rosafarbenen Einkleber mit der Aufschrift »R. Ackermann. Regents street«. Dieser findet sich zudem auf einigen Broschüren, die Pückler-Muskau in die »Erinnerungsbilder« aufnahm.

Im wesentlichen sind die »Erinnerungsbilder«[31] chronologisch angelegt. Sie wurden, wie sich aus zahlreichen Textpassagen ergibt, zudem unter dem Aspekt gestaltet, Freunden und Bekannten später einen anschaulichen Bericht der Reise geben zu können. Die Texte besitzen eine Ursprünglichkeit, die mitunter noch unvermittelter ist, als dies in den »Briefen eines Verstorbenen« für breite Kreise nachvollziehbar wurde.

Einleitend stellt der Fürst sich selbst und seine Familie vor. Auf der Innenseite hat Pückler-Muskau eine handkolorierte Zeichnung aufgenommen, die das fürstliche Wappen zeigt, das Pückler seit seiner Erhebung in den Fürstenstand durch den preußischen König Friedrich Wilhelm III. 1822 führte. Dafür mußte sich der Standesherr allerdings mit 4000 Talern für die königliche Armenkasse revanchieren. Das Wappen, welches hier abgebildet ist, unterscheidet sich jedoch gegenüber jenem, welches im Fürstendiplom des Königs 1822 beschrieben wurde. In einem Brief an seine Frau Lucie vom 9. Juni 1822 beschreibt Pückler-Muskau sein zukünftiges Wappen, verbunden mit der Phantasie eines gebildeten Weltmannes: »Zu meinem alten Wappen also füge ich vier neue Schilder hinzu. Im oberen neuen, himmelblauen Felde eine Eiche als Symbol deutschen Ursprungs, und der schönen Natur, für die ich lebe. Im grünen Felde (der Farbe der Hoffnung) ein silbern Pferd, als Bild der Schnelligkeit und Stärke. Im purpurfarbenen (der Farbe des Glanzes, der Pracht und des Geheimnisses, wie Goethe sagt) ein golden Einhorn als Sinnbild der Schönheit und rätselhaften Phantasie, dem Reiche des Romantischen! Im weißen Feld das Schwert, Sinnbild der Tapferkeit mit reinem Zwecke und unschuldigem Herzen. Die romantischen vier Felder sind das alte Wappen mit der Alten Devise ›Amor et Virtus‹, welches die alten Fürsten von Muskau: ›Menschenliebe und Tugend‹, die jungen und hübschen ›Weiterliebe und Tapferkeit‹ (›Amor et aleur‹) übersetzen mögen. Ich stehe zwischen beiden Auslegungen in der Mitte.«[32] In den »Erinnerungsbildern« gibt Pückler-Muskau eine exakte heraldische

Analyse seines selbst gewählten Wappens: »Die vier Eckfelder sind das alte Pücklersche Wappen, wie es schon Pellegrim Bischof von Passau im 13. sec. führte. Das Mittelfeld wurde vom Kaiser hinzugefügt, als die Familie in den Grafenstand erhoben wurde; die anderen sind vom König von Preußen als die Erhebung in den Fürstenstand bewilligt, davon: das blaue Feld für die Herrschaft Branitz, das grüne Wappen der Mediatstadt Muskau für Muskau, das rothe für die Güter Jamlitz etc. und das weiße für Hermannsbad, alles noch aquirierte Besitzungen der Familie«.[33] Der geneigte Leser wird hiermit zunächst mit dem Besitz des Fürsten vertraut gemacht, um im folgenden ihm selbst zu begegnen. Im Gegensatz zu den veröffentlichten »Briefen eines Verstorbenen« ist ein Pseudonym für die »Erinnerungsbilder« nicht erforderlich, und so findet sich auf Seite zwei »Mein Bild, gezeichnet und in Steindruck besorgt von Krüger in Berlin, im Jahre 1826«.[34] Es ist hier nicht der Platz, die Pücklersche Familie vorzustellen, deshalb sei der Sprung nach Muskau gestattet.

Pückler greift hier eine Darstellungsweise auf, wie sie in den »Red Books« des Engländers Lancelot Brown (1715–1785) zu finden ist und wie Pückler-Muskau sie vier Jahre später in den »Andeutungen über Landschaftsgärtnerei« selbst verwendet.[35] Eine Tuschzeichnung des Muskauer Schlosses kommentiert der Fürst: »Vorderseite des Schlosses zu Muskau im Jahre 1826 nebst Mr. Reptons Projekt zur Veränderung im Style der Zeit in welcher es vor ohngefähr 200 Jahren nach einem Brand neu aufgebaut und seit dem wieder verändert wurde. Dieses Projekt wurde jedoch verworfen und dafür das obige gewählt.«[36] Hier nimmt Pückler-Muskau direkt Bezug auf die Arbeiten des jüngeren Repton, der 1821 in Muskau weilte. Zudem beweist er, daß er die Geschichte seiner Familie durchaus kennt, denn 1643 brannte das 1525 erbaute »Neue Schloß« nieder. Sein Bemerkung verweist auf eine Bleistiftzeichnung auf derselben Seite, welche »Das Schloß zu Muskau. Nach Schinkels Entwurf für das Muskauer Schloß gezeichnet von Buthke jun.« darstellt. Die Abbildung wird von Pückler kommentiert: »Schinkels Plan, nach dem das Ganze neu ausgeführt werden soll, jedoch mit Zustellung eines Theils des Wassers, so daß auf der Südseite ein Blumengarten unmittelbar unter den Fenstern gewonnen wird und mit Verbindung der Brücke in eine Straße und Wege, von der ganzen Breite des Schloßhofes, das fließende Wasser bildet nach diesem Plan einen See um das Schloß, während dieses selbst nur den halben Raum einer bebuschten Insel einnimmt.«[37] Interessenten mögen in Muskau selbst überprüfen, welche der beiden beschriebenen Positionen in ihrer Anlage heute noch erlebbar ist.

Nach der Vorstellung seiner Besitzungen beginnt Pückler-Muskau die Darstellung seiner Reise mit der Überfahrt von Rotterdam nach London. An seine zwar geschiedene, aber immer noch treue Weggefährtin Lucie schreibt er: »Morgen aber schon wird statt dieser Wärme das kalte nasse Meer um mich wogen ... En attendant schicke ich Dir beiliegend den Steindruck des Dampfschiffes, mit dem ich absegele.«[38] In seinen »Erinnerungsbildern« findet sich eine Tuschzeichnung des Dampfschiffes. Zugleich beschreibt Pückler-Muskau seine Überfahrt, die für ihn wenig erfreulich war: »Das Dampfschiff, in dem ich von Rotterdam nach London fuhr. Das Wetter war stürmisch und alle Passagiere ohne Ausnahme seekrank. In der Themse geriethen wir auf eine Sandbank, und wurden erst nach mehreren Stunden wieder flott, so daß wir im Ganzen eine sehr langsame und unangenehme Überfahrt hatten. Der üble Geruch und die doppelte Beladung macht überdieß Dampfboote unbequemer als andere Schiffe, dagegen würde die Schiffahrt von widrigen Winden nicht weiter aufgehalten werden können, was ein sehr beruhigendes Gefühl gibt.«[39]

Pückler-Muskau, der auf seinen vielen Reisen alle nur denkbaren Formen der Fortbewegung kennenlernt, beobachtet die technischen Entwicklungen seiner Zeit besonders aufmerksam. Mit dem Luftschiffer Reichhard unternimmt er Anfang Oktober 1816 eine Ballonfahrt über Berlin,[40] und auch die Eisenbahn wird er später immer wieder für seine Reisen nutzen, auch wenn er 1864 mit Unterstützung des preußischen Königs Wilhelm I. die Anlage einer Eisenbahntrasse quer durch seinen Park verhindert.

Der erste Eindruck, den Pückler-Muskau in London gewinnt, ist der Blick auf die alte Londoner Brücke: »Der Anblick, als ich von Rotterdam in London mit dem Dampfboot ankam den 28.ᵗ Sept. 1826«.[41] Die Unannehmlichkeiten der Überfahrt fanden ihre konsequente Fortsetzung in der exakten Dienstdurchführung der englischen Zollbeamten: »Mitten in der zweiten Nacht ankerten wir an der Londoner Brücke, der fatalste Umstand, der einem hier begegnen kann, weil man dann, wegen der Strenge der Douanen, vor der Visitation seiner Sachen nicht mit sich vom Schiffe nehmen darf, die Bureaux aber nicht vor zehn Uhr früh geöffnet werden.«[42] Pückler-Muskau logiert, wie bereits vor zwölf Jahren, im noblen Clarendon-Hotel.

In den folgenden Wochen besucht er die Sehenswürdigkeiten Londons. Immer wieder sind es die Parkanlagen und Gärten, die sich in seinen Beschreibungen, sowohl in den »Erinnerungsbildern« als auch in den »Briefen eines Verstorbenen«, wiederfinden. »Tadellos ist dagegen die, auch von Herrn Nash ausgehende ländliche Anlage in diesem Park, vorzüglich die Wasserpartie. Hier hat die Kunst das schwere Problem völlig gelöst, in scheinbar freiwirkender Natur nicht mehr bemerkt zu werden.«[43] Dieser Beschreibung in seinem Brief an Lucie stellt Pückler-Muskau in den »Erinnerungsbildern« die Abbildung »Plan of the Regents Hall« mit dem Kommentar: »Die Anlage des künstlichen Wassers ist meisterhaft, und macht Herrn Nash mehr Ehre als die meisten seiner Gebäude. Der Effekt ist überall der eines wirklichen Flusses, geschickt ist das Ende durch Pflanzungen verborgen und natürlich seine Ufer gezogen«[44] an die Seite. John Nash (1752–1835) galt als einer der bedeutendsten Baumeister im England des frühen 19. Jahrhunderts. Pückler-Muskau wird seinem Wirken während des Aufenthalts im Inselreich immer wieder begegnen, sowohl in den Bauten als auch in zahlreichen Karikaturen, die zum Teil Aufnahme in die »Erinnerungsbilder« finden. Unter dem 10. Oktober beschreibt Pückler-Muskau die Londoner Börse: »An anderen Orten hat die Börse gewöhnlich nur ein kaufmännisches Ansehen, hier durchaus ein historisches. Die imposanten Statuen englischer Herrscher rundumher, unter denen sich Heinrich VIII. und Elisabeth besonders auszeichnen, wie die altertümliche und würdige Bauart erwecken poetische Gefühle, denen der Gedanke eines so unermeßlichen Welthandels, dessen Hauptplatz London ist, eine noch tiefere Bedeutung gibt. Die Menschen jedoch, die das Gemälde beleben, ziehen einen bald wieder in das Reich des alltäglichen hinab, denn hier leuchtet Eigennutz und Interesse zu lebhaft aus jedem Auge, so daß in dieser Hinsicht der Ort, wie die ganze City, einen fast unheimlichen Anblick darbietet, der dem rast- und trostlosen Gewühle verdammter Geister nicht ganz unähnlich erscheint.«[45] Charakteristisch für Pückler-Muskau ist seine genaue Beobachtungsgabe. Einerseits beschreibt er anschaulich die Gebäude und Denkmale, andererseits vermittelt er auch einen Eindruck der Begleitumstände wirtschaftlicher Prosperität. Der hier angeführte Text stimmt fast wörtlich mit den handschriftlichen Notizen in den »Erinnerungsbildern« überein. Ebenso ist die Beschreibung des »Exegeter Change« fast identisch. Handschriftlich kommentiert Pückler die Abbildung eines zur damaligen Zeit weit gerühmten Löwen: »Von the Royal Exange begab ich mich nach Exegeter Change, wo man eine wilde Gesellschaft antrifft, nämlich Elephanten, Löwen, Tiger, Strauße, Condor, Thiere aller Climaten, und eine Auswahl der schönsten Pflanzen und Affen – alle nicht ebener Erde, sondern im zweiten und dritten Stock wohnend, auch eine originelle Einrichtung Englands. Die Thiere stehen sämtlich zum Verkauf, und die Preise sind billig. Ich bezahlte für den schönsten blauen Ara, der gut sprach, einen roten Dubo und einen großen Cacadou ... zusammen nicht mehr als 15 Pfund ... Gewissermaßen das merkwürdigste Thier, und der Doge der ganzen Gesellschaft ist der hier abgebildete Löwe Nero, welcher außer seiner Zahmheit, das in unserem Clima seltene Glück hat, bereits 6 Generationen junger Löwen geliefert zu haben. Er ist von ungewöhnlicher Größe und sehr würdig anzusehen, ruht jetzt aber auf seinen Lorbeeren aus und schläft fast den ganzen Tag.«[46] Pückler-Muskau besaß zeitlebens ein besonderes Verhältnis zu Tieren und nahm in seine Besitzungen einheimische und fremdländische Tiere auf. So ist zum Beispiel überliefert, daß er von seiner Orientreise nicht nur Pferde mitbrachte, sondern auch in Begleitung von Kamelen und Krokodilen reiste. Das Branitzer Foyer bildete zudem Wohnplatz für zwei Papageien, andere Tiere fanden eine würdige Begräbnisstelle im Branitzer Park.

Seinen Londoner Aufenthalt nutzt Pückler-Muskau auch, um die Theater der Stadt zu besuchen. Abbildungen der Schauspieler finden dann auch Aufnahme in die »Erinnerungsbilder«. So beschreibt er Mr. Cooke als einen »... vollendeten Melodram Schauspieler, den ich oft in Frankenstein, den Vampir und flying Dutchman bewunderte«.[47] Die erwähnten Stücke wurden seinerzeit viel gespielt. Frankenstein war ein Theaterstück nach dem Roman von Mary Wollstonecraft Shelley, der 1818 erschien. Der Vampir war ein Melodram in drei Akten, das 1820 von P. F. A. Carmouche, A. de Joufreoy und C. Nodier auf die Bühnen Europas gebracht wurde. In den »Briefen eines Verstorbenen« berichtet Pückler-Muskau immer wieder von seinen sehr unterschiedlichen Theater-besuchen, wobei er sich sowohl als Kenner der zeitgenössischen Literatur als auch als exzellenter Rezensent erweist. Neben den vielen Gärten, Schlössern und Anlagen faszinieren den reisenden Fürsten auch die Menschen, mit denen er zusammentrifft. Eine Abbildung der »Sarah Sophie Coumtess of Jersey« kommentiert er sarkastisch, Seitenhiebe auf die eleganten Damen der Londoner Gesellschaft werfend: »Diese Dame, welche als die Königin der eleganten Welt in London anerkannt wird, ist unter allen mehr denn weniger den Ton angebenden die einzige, welche folgende Eigenschaften in sich vereinigt: Schönheit, gute Sitten, aber zugleich von verbindlichem Wesen ... Mit ihr teilen den Einfluß im Reich der Mode, außer den beyden schon genannten Fürstinnen drey sehr untergeordnete Geschöpfe: Lady Geviddyr, Mistress Hope und Lady Tanterville. Alle drey haben kein imponierendes Ansehen, und nichts weniger als ausgezeichneten Anstand, welchen Mangel die erste jedoch mit gutem Erfolg durch Impertinenz zu ersetzen sucht, und da sie vornehm und reich, ihr Haus dabei geschmackvoll ... ist, so haben diese Mittel hingereicht, ihr die jetzt habende Stellung zu verschaffen.«[48]

Während Pückler-Muskau in den handschriftlichen Kommentaren keine Zurückhaltung übt, verzichtet er in den »Briefen eines Verstorbenen« weitestgehend auf die genaue Nennung der Personen. Zeitgenossen der Gesellschaft werden wohl zumeist geahnt haben, auf wen die Beschreibungen zielten, anderen blieben die sarkastischen Bemerkungen bis heute meist ein Rätsel.

Im Dezember 1826 läßt Pückler-Muskau seinen Gärtner Rehder nach London kommen. Innerhalb weniger Tage unternehmen die beiden eine ausgedehnte Rundreise, um die in unmittelbarer Nähe Londons liegenden Schlösser und Gärten zu besichtigen. Pückler-Muskau bewahrt eine Abbildung des Parkeingangs von Sion House in den »Erinnerungsbildern« auf: »Hiermit beginnt meine Reise in Gesellschaft meines Gärtners, die ein Engländer Park hunting nennen würde. Ihr Zweck war allerdings nur, zu unser beyderseitigen Instruktion, mehrere der vorzüglichsten Anlagen dieser Art zu sehen, wozu die Monate Dezember und Januar die entscheidensten scheinen, weil im Winter, wenn man hier wenig Schnee zu befürchten hat, wegen der Durchsichtigkeit der Parthien das Ganze nicht besser beurtheilt werden kann und der Mann vom Fach sich leicht den Eindruck im Sommer hinzuzudenken weiß. Sion house ist noch eine Anlage von Brown, besonders merkwürdig aber durch die wertvollen alten Exemplare ausländischer Bäume, die bey uns nur im Gewächshaus fortzubringen sind. Auch die warmen Pflanzen und Treibhäuser, die letzteren ganz von Stein, Glas und Eisen sind ausgezeichnet.«[49] Deutlich wird, daß Pückler-Muskau sowohl die gärtnerischen Anlagen bewundert und von ihnen lernt, aber auch die Gebäude genau betrachtet. Manches Detail wird ihm später in Muskau und Branitz von Nutzen sein, denn Gewächshäuser bildeten in beiden Anlagen wesentliche Bereiche seiner Tätigkeit, waren unverzichtbar für die Pflege und Erhaltung der nicht winterfesten Pflanzen.[50] Im Gegensatz zu den vielen beeindruckenden Parkanlagen beschreibt Pückler im Dezember 1826 Wimbledon Park: »Ebenfalls ein schöner, in der Nähe Londons gelegener Park, der jedoch etwas Monotones und Einsames hat, das einmal gesehen, keinen Wunsch erzeugt wiederzukehren. Es ist nur Einsamkeit ohne Heimlichkeit, und seine Ausdehnung nur Größe.«[51]

Zunehmend interessiert sich Pückler-Muskau auch für einzelne Kunstwerke, die er bei seinen Gastgebern kennenlernt. Besonders die berühmte Vase in Warwick Castle[52] hatte es ihm angetan. Viele Jahre später wird er eine Kopie dieser Vase in Branitz in unmittelbarer Nähe des Schlosses als Grabstein für seine Hündin Nini aufstellen. Den Abschluß des ersten

Bandes der »Erinnerungsbilder« bildet eine Ansicht von Brighton, wo Pückler-Muskau sich im Februar 1827 einige Tage aufhielt: »Von Cobham Hall nahm ich meinen Weg nach Brighton, ein Badeort, der nach und nach zu einer großen Stadt geworden ist. Er hat alles, nur keine Bäume, eine Stunde ringsumher, und dies ist ein großer Mangel.«[53] Diesen Ort wird Pückler-Muskau mehrmals aufsuchen, allerdings fehlen die folgenden Aufzeichnungen. Der erste Band schließt offiziell mit dem Datum des 4. April 1827; in den »Briefen eines Verstorbenen« finden wir die entsprechenden Beschreibungen im 12. Brief.

Der folgende Band der »Erinnerungsbilder« wurde von Pückler-Muskau nicht datiert. Auf der ersten Innenseite befindet sich die Abbildung »This View of Pentry Fellin near Llangollen«. Dort hält sich Pückler im Juli 1828 auf. Er schreibt allerdings: »Diese und die zwey folgenden Bilder habe ich noch aus dem Thal von Llangollen und den See von Killarney, da sie eine sehr schöne Darstellung der Gegenden sind, und ich mir früher keine so guten verschaffen konnte.«[54] Damit wird deutlich, daß Pückler-Muskau die »Erinnerungsbilder« beständig ergänzte; fehlten ihm unterwegs die Möglichkeiten, so versuchte er später die Lücken zu füllen.

Gelegentlich verweist Pückler-Muskau in den handschriftlichen Notizen auch auf seine Berichte. Allerdings ist bisher nicht zu klären gewesen, ob er damit die Briefe an seine Frau Lucie oder andere Aufzeichnungen meint. Sein Aufenthalt im Dezember 1828 in Shrewsbury kommentiert er: »Shrewsbury ist besonders seiner alten Bauart und verschiedener seltsamer Häuser wegen merkwürdig, von denen einige hier aufgeführt sind. Im Uebrigen verweise ich auf meine Berichte. Winter 1828.«[55] Pückler-Muskau führt im 44. »Brief eines Verstorbenen« fast wörtlich aus, nachdem er bereits seine Besichtigungstour durch die Stadt beschrieben hat: »Die Stadt ist sehr merkwürdig wegen der Menge ihrer alten Privathäuser, alle von der seltsamsten Form und Bauart. Ich blieb oft in den Straßen stehen, um einige von ihnen auf meiner Schreibtafel abzuzeichnen, was immer eine Menge Volks um mich versammelte, das mir verwundert zusah – und mich nicht selten störte.«[56] Leider sind von den Pücklerschen Skizzen keine überliefert; seine bildhaften Beschreibungen lassen jedoch einen genauen Beobachter vermuten, der durchaus mit wachen Augen durch die Welt reist.

Sein Aufenthalt in Irland beginnt etwa Mitte August des Jahres 1828. Pückler-Muskaus Reise führt ohne großen Aufenthalt über die Insel. Die Reihenfolge der Abbildungen in den »Erinnerungsbildern« stimmt jedoch kaum noch mit der in den »Briefen eines Verstorbenen« veröffentlichten Route überein. Damit ist zumindest eine Schwierigkeit bei der Auswertung der beiden Quellen angedeutet, die weiterer Untersuchungen bedürfen.

Die Anordnung der Abbildungen und die zugehörigen handschriftlichen Aufzeichnungen, in diesem Band der »Erinnerungsbilder« zumeist nur knapp und kurz gefaßt und häufig wohl auch nicht mit der Leichtigkeit des unmittelbar Erlebten formuliert, lassen den Eindruck entstehen, daß das Führen des eigenwilligen Reisetagebuches ihm immer schwerer fiel; vielleicht hat er es auch unterwegs aufgegeben und erst später vervollständigt. Mittlerweile sehnt sich Pückler-Muskau wohl zurück – auch die längste Reise geht einmal ihrem Ende entgegen. Zielstrebig reist er in Richtung der englischen Hauptstadt, nicht ohne unterwegs die Sehenswürdigkeiten aufzusuchen und zu beschreiben und mit den Menschen der Region Kontakt zu suchen. Dabei sind es nicht nur die Angehörigen des Adels oder reichen Bürgertums, auch die politischen Führer wie Daniel O'Connell (1775–1847) sucht Pückler auf.[57] Stationen seiner Reise sind zum Beispiel Tintern Abbey[58], Cheastow Castle[59], Bristol[60], Bath[61] und Salisbury[62].

»Den 16. November begann ich, von Shrewsbury aus, die Tour nach dem River Wye, eine der schönsten Gegenden Englands.«[63] Der kurzen, skizzenhaften Beschreibung in den handschriftlichen Aufzeichnungen steht in den »Briefen eines Verstorbenen« der ausführliche Bericht des Landschaftsbeobachter gegenüber. Pückler-Muskau, dessen Blick besonders für die Natur geschärft war, beweist einmal mehr seine Intuition als Landschaftsgestalter, als Künstler, dessen ureigenstes Metier die Natur ist: »Wenn ich in der Erinnerung aufsuche, was den River Wye so schön macht und vor so vielen anderen Flüssen den Vorzug gibt, so finde ich, daß es vorzüglich seine bestimmt gezeichneten Ufer sind, die sich nie in undeutlichen Linien verflachen noch eine nichtssagende Mannigfaltigkeit ohne Charakter darbieten, ferner, daß ihn fast immer Wald, Felsen oder Wiesen, durch Gebäude belebt, selten nur Felder und bebaute Fluren begrenzen, denn diese letzteren sind zwar eine nützliche Sache, aber nicht malerisch. Die vielen und kühnen Krümmungen machen, daß auch die Ufer sich unaufhörlich verschieben und so aus denselben Gegenständen hundert verschiedne Schönheiten sich entfalten, wie die Stimme, nach mehreren Seiten gewandt, ein vielfaches Echo hervorruft. Beiläufig gesagt, ist dies auch der Hauptgrund, warum Landschaftsgärtner gekrümmte Wege den graden vorzogen. Diesen Gedanken hatten die *Maler*, nur die *Pinsel* machten gewundene Korkenzieher daraus. Da die Gegenstände, die sich den River Wye entlang darbieten, fast immer nur wenige in großen Massen sind, so bilden sie schöne *Gemälde*, weil Gemälde eine kürzere Abgrenzung verlangt. Die Natur schafft nach ihrem Maßstabe, den wir, in seinem Totaleffekt, gar nicht beurteilen können, dessen *höchste Harmonie* uns daher verlorengehen muß – die Kunst also strebt danach, nur einen *Teil* derselben als ein für Menschen verständliches *Ganzes* zu formen, und dies ist meines Erachtens die auch der Landschaftsgärtnerei zum Grunde liegende Idee.«[64] Aus diesen Worten spricht der Landschaftsgärtner, der sein Leben ganz in den Dienst gestalteter Natur stellte. Dabei war er sich durchaus der Grenzen bewußt, da alles menschliche Schaffen niemals die Natur in ihrer Vollkommenheit wird nachahmen können. Der Landschaftsgärtner versteht sich zudem als Künstler, in seinem Streben durchaus dem Maler vergleichbar. Pückler-Muskau ist damit durchaus in einer Tradition zu sehen, die mit dem geistigen Aufbruch in der Aufklärung in Verbindung steht, ihre Fortsetzung in einer zunehmenden Hinwendung zur Natürlichkeit des 18. Jahrhunderts findet und sich in allen künstlerischen Ausdrucksformen widerspiegelt.[65] In knapper Form hat der reisende und gärtnernde Fürst hier seine Lebensmaxime zusammengefaßt, der er bis ins hohe Alter treu blieb. Ausführlich wird er sich vier Jahre später mit Landschaftsgärtnerei beschäftigen und seine Überlegungen veröffentlichen.

Es folgt noch einmal ein bemerkenswerter Ausflug in das Reich der Tiere: Pückler-Muskau, selbst ein vorzüglicher Reiter, besucht ein »Steeple Chase«. In den »Erinnerungsbildern« fand ein gedrucktes Blatt mit ausführlicher Beschreibung des englischen »Hindernisrennens« Aufnahme. In den »Briefen eines Verstorbenen« beschreibt Pückler-Muskau mehrfach englische Pferderennen, u. a. in Newmarket[66], Doncaster[67] und Galway[68]. Besonders interessant sind die folgenden Abbildungen, die von Henry Alken (nach 1785–um 1850) geschaffen wurden. Bereits im ersten Band der »Erinnerungsbilder« kommentiert Pückler-Muskau eine Zeichnung: »Alken, den ich persönlich kennen lernte, ist selbst ein renommierter foxhunter und daher doppelt compotent in seinen Darstellungen.«[69]

Den Pferdedarstellungen schließen sich vier vorzüglich gezeichnete und farbenprächtig illustrierte Schmetterlinge an, von Pückler-Muskau eher erheiternd als ernst, zugleich auf den späteren Zweck einer allgemeinen Besichtigung der umfangreichen Foliobände abzielend, kommentiert: »Um auch noch für die Damen etwas interessantes beyzufügen, habe ich den Heldentaten der Rosse diesen Schmetterlingen eine Platz unter ihnen angewiesen.«[70]

Pückler-Muskau verläßt England mit dem Schiff am 1. Januar 1829. Unkommentiert belegt er dies mit einer Abbildung des Shakespeare Cliff von Dover.[71] Seine Reise mit der Diligence führt ihn auf dem kürzesten Weg über Calais nach Paris, wo er bereits am 5. Januar ankommt. »Nach sieben Jahren fand ich Paris moralisch sehr, äußerlich wenig verändert ... Die Jugend war ernster, die Tänzer älter, die Schauspieler schlechter und die restaurateurs ganz erbärmlich geworden. Desto mehr aber florierte die Restauration.«[72] Die französische Hauptstadt besuchte Pückler-Muskau häufig. Bereits auf der Rückkehr von seiner Jugendwanderung weilt er 1810 hier, vier Jahre später nach der Niederlage Napoleons ist er erneut in der Stadt. Auch auf seinen späteren Reisen macht er in Paris Station. Während der Pariser Weltausstellung 1867 wird er sogar zum Vizepräsidenten der Sektion Gartenbau gewählt, kann aber aus gesundheitlichen Gründen die Reise nicht antreten.

Er beabsichtigt, nur wenige Tage zu bleiben: »Ein paar Tage will ich hier ausruhen und meine Empletten machen, dann eile ich in Deine Arme, ohne womöglich hier auch nur einen Bekannten zu sehen.«[73] Auf den folgenden Seiten präsentiert Pückler-Muskau die Sehenswürdigkeiten der Stadt und die Pariser Theater mit ihren Schauspielern. Die Schauspieler und Tänzer werden mit kleinen kolorierten Abbildungen in ihren Rollen dem Publikum vorgestellt, Pücklers Kommentare sind kurz und treffend. »Die Ultras in der Musik mögen sagen was sie wollen – nicht ohne Grund bleibt Rossini der Liebling des Publikums. Für die große Oper in Paris hat er aber sich wirklich verdient gemacht.«[74] Wiederum erweist sich Pückler als Rezensent und Kenner der Theaterlandschaft. »Sehr überrascht wurde ich abends in der französischen Oper, die ich noch als eine Art Tollhaus verlassen hatte, wo einige Rasende in Verzuckungen schrien, als wenn sie am Spieße steckten – und jetzt dort süßen Gesang, die beste italienische Methode und schöne Stimmen mit sehr gutem Spiel vereinigt fand.«[75] Den Abschluß seiner Reise dokumentiert Pückler-Muskau mit einer Ansicht der Kathedrale in Metz. »Ich verließ Paris bey tiefem Schnee und empfindlicher Kälte in der Delingence mit einigen liebenswürdigen Damen, wovon die eine jedoch mit einem Arm geboren war. In Metz besuchte ich die herrliche Cathedrale ...«[76] Am 10. Februar des Jahres 1829 trifft Pückler-Muskau wieder in Muskau ein – eine mehr als zweijährige Reise findet damit ihren Abschluß.
Die »Erinnerungsbilder« werden jedoch in lockerer Form von ihm weitergeführt: seltene Ansichten von Glienicke, die ihm Prinz Carl von Preußen schenkte[77], politische Tagesereignisse wie die Polenfeldzüge der preußischen Truppe 1830, die eher sarkastisch kommentiert werden.

»Der große Sabalkansky, sehr ähnlich, oben im Antlitz … Als ihn unser Kronprinz drey mal umarmte, alle Hofdamen ihm zärtlich die Hand drückten, und er abzog, die leichte Züchtigung der Polen zu unternehmen, ahndete er nicht was ihm bevorstand. Der Mensch denkt und Gott lenkt.«[78] Im November 1830 begann mit einem Aufstand in Warschau der Kampf polnischer Patrioten zur Wiederherstellung eines unabhängigen Nationalstaats. Mit der Einnahme Warschaus durch russische Truppen im September 1831 findet diese von der französischen Julirevolution inspirierte nationale Bewegung ihr vorläufiges Ende. Wesentlichen Anteil an der Niederschlagung des polnischen Aufstands hatte Graf Diebitsch-Sabalkansky (1785–1831). Dieser war bereits 1828/29 wesentlich am russisch-türkischen Krieg beteiligt, in dem Rußland weite Teile des Donaugebiets eroberte. Auf diese Ereignisse nimmt Pückler in seinen »Erinnerungsbildern« ebenfalls mit zahlreichen Abbildungen Bezug.[79]

Pückler-Muskaus Humor, der auch vor der eigenen Person nicht halt machte, spiegelt sich in einer kleinen Bleistiftzeichnung wider. Sie stellt eine Karikatur des Fürsten dar: »Fürst Pückler 1818 als Sänger (genau von Könnewitz gezeichnet).«[80] Pückler, der während seines Aufenthaltes in Dresden und seiner Werbungen um Lucie auch als Schauspieler und Sänger in der Gesellschaft auftrat, hält auf dieser kleinen Skizze ein Notenblatt mit dem italienischen Text »Non passa cantare«[81].

Den Abschluß dieses kleinen Exkurses bildet eine kolorierte Zeichnung, die eine große Überraschung war. Die farbenprächtige Gouache beschreibt Pückler-Muskau mit den Worten: »Meine Stube im Muskauer Schlosse im Jahre 1832, das ich fast ganz in Muskau zubrachte und darin mein Gartenwerk und ›Tutti Frutti‹ schrieb.«[82] Beide Bücher erschienen 1834. Die »Andeutungen über Landschaftsgärtnerei« sind, im Unterschied zu den meisten anderen Werken Pücklers, ein heute noch in Fachkreisen weit verbreitetes Fachbuch zur Landschaftsgestaltung.[83]

Auch wenn die Bearbeitung der beiden umfangreichen Bände noch nicht abgeschlossen ist, so lassen sich doch bereits erste zusammenfassende Überlegungen formulieren. Die Reise des Fürsten, die ihn zweieinhalb Jahre von Muskau fernhielt, spiegelt sich sowohl in den anonym publizierten vier Bänden der »Briefe eines Verstorbenen« als auch in den handschriftlich kommentierten »Erinnerungsbildern« wider. Während die für eine breite Leserschaft bearbeiteten Briefe an seine Frau zahlreiche Passagen enthalten, die sich nur dem kundigen Zeitgenossen erschließen, mußte Pückler in den Foliobänden kaum Rücksicht auf gesellschaftliche Belange nehmen. Hier sprach er meist offen und direkt aus, was ihn bewegte. Zudem ist festzustellen, daß manche Passagen in beiden Werken fast wörtlich identisch sind. Vermutlich nutzte Pückler eine vorliegende Textfassung, um die zweite fertigzustellen. Die Rang- und Reihenfolge der Bearbeitung der Texte kann zum gegenwärtigen Zeitpunkt jedoch nicht festgestellt werden. Aus diesem Grund ist es zukünftig sicher notwendig, beide Texte als Quelle für den Lebensabschnitt zwischen 1826 und 1832 zu nutzen. Schwierigkeiten bereitet die zeitliche Abfolge, da die umfangreichen Foliobände kein Tagebuch im eigentlichen Sinne sind. Nur selten sind Datierungen von Pücklers Hand beigefügt, auch die Datierung der Abbildungen ist nur bedingt nutzbar. Wir finden sowohl Bilder, die Jahre vor der Pücklerschen Reise, aber auch einige wenige, die erst nach Pücklers Rückkehr 1829 angefertigt wurden. Zudem ist festzuhalten, daß der Vielfalt der Erzählebenen in den 48 Briefen und der Einbettung der sachlichen Information in Rahmenhandlungen oder spezielle Schilderungen in den »Erinnerungsbildern« eine zumeist einfache sachliche Schilderung gegenübersteht. Besonders ausführlich sind die zahlreichen Landschaftsbeschreibungen in den publizierten vier Bänden, mit denen Pückler-Muskau sich als exzellenter Beobachter erweist. Demgegenüber hat er in den »Erinnerungsbildern« auf langwierige Beschreibungen meist verzichtet, allerdings finden sich zahlreiche Belege für eine Wertung des Gesehenen. Da er die großen Folioseiten zudem illustrierte, konnte sich der Betrachter selbst ein Bild des von Pückler-Muskau Gesehenen machen. In beiden Büchern finden sich zahlreiche Beispiele für Pückler-Muskaus Vorliebe, fremdsprachige Begriffe in seine Alltagssprache aufzunehmen. Ausgangspunkt dieser Überlegung ist wohl weniger der Wunsch, ständig etwas exaltiert zu erscheinen, vielmehr schreibt er selbst davon, daß manches Wort sich in seiner Bedeutung kaum in die deutsche Sprache übertragen läßt.

Der vorliegende Beitrag versteht sich als ein erster Versuch, die umfangreichen Materialien einem breiten Interessentenkreis zugänglich zu machen. Da die Auswertung der beiden vorliegenden Foliobände noch nicht abgeschlossen und zudem mittlerweile bekannt ist, daß sich zwei weitere Bände noch in Privatbesitz befinden, ist eine abschließende Analyse zur Zeit nicht möglich. Insgesamt läßt sich jedoch bereits heute feststellen, daß weitere Untersuchungen zum Wirken des Fürsten Pückler-Muskau an diesen hervorragenden Quellen nicht vorbeigehen können.

Helmut Rippl

Pückler-Muskaus Umgang mit Bäumen – der Schlüssel zu seiner Weltsicht

Heute ist der Streit entschieden, den namhafte Kunsthistoriker wie August Grisebach und Wilhelm Pinder noch bis in die ersten Dezennien unseres Jahrhunderts führten, ob der Landschaftsgarten überhaupt zur Kunst gerechnet werden kann.[1] Sie stießen sich daran, daß sich ein derartiger Garten infolge seines Wachstums ständig verändert und demnach seine ursprüngliche Form verliert. Dem steht als unleugbare Tatsache gegenüber, daß selbst nach 140- bis 170jährigem Baumwachstum, trotz des Ausfalls sehr vieler Bäume, ja ganzer Baumarten, und des nicht berechenbaren Wütens von Stürmen und anderer Katastrophen die Pücklerschen Landschaftsparks noch immer eine faszinierende Raumwirkung haben. Daß die Landschaftsparks von den Kunstgeschichtlern lange Zeit nicht ernstgenommen wurden, beruht auf statischen Formbegriffen. Diese mußten aber bei der Beurteilung lebender Kunstwerke versagen, denn eines der wesentlichen Merkmale des Landschaftsparks ist, daß sein Hauptbaumaterial – die Bäume – nicht statischer, sondern dynamischer Natur ist und sein muß, um den ihm innewohnenden Naturgesetzen gerecht zu werden.

Daraus wird erkennbar, daß das Hauptgestaltungsmaterial Baum im Landschaftspark nicht als toter Baustoff analog dem Stein verwendet werden kann, wie dies in der früheren Stilphase, dem französischen Barockgarten, in geschnittener Form geschah. Mit diesem verglichen Kunsthistoriker den Landschaftspark, was zu keinem befriedigenden Ergebnis führen konnte.

Bei Gartenkünstlern wie Camillo Schneider und Silva Tarouca fanden die Pücklerschen Parkschöpfungen um die Wende zum 20. Jahrhundert größte Anerkennung und Nachahmung (siehe Pruhonitz bei Prag).[2] Das ist aber keineswegs die allgemeine Auffassung der Gartenkünstler jener Zeit gewesen, in der mit dem Jugendstil geometrische Formen wieder Einzug in die Gartenkunst fanden und man den sogenannten Landschaftsstil als überlebt ablehnte.

Herbe Kritik erfuhr der Branitzer Park durch den schreibfreudigen

*Porträt Hermann
Fürst von Pückler-Muskau*

Gartenfachmann Hermann Jäger Mitte der achtziger Jahre des 19. Jahrhunderts in seinem Buch »Gartenkunst einst und jetzt« mit der Begründung, daß Pückler viel zu viel Bäume gepflanzt habe und man keine überzeugenden Räume erkennen könne. Wie ist ein solches Fehlurteil zu erklären?

Beim Vergleich der Branitzer Parkpläne kann man sehr gut nachweisen, wie Pückler beim Pflanzen vorging. Wurden zuerst die großen Baummassen gepflanzt, die heute noch das Raumgefüge bestimmen, so erfolgte danach die Feinausstattung. Dabei wurde eine große Anzahl einzelner Bäume und kleiner Gruppen gepflanzt. Im Laufe der Zeit verringerte sich aber wieder deren Anzahl, weil – bedingt durch das Breitenwachstum – die zu dicht stehenden Bäume ausgelichtet und störende Exemplare entfernt werden mußten. Daß dieses Verfahren in der gärtnerischen Nachfolgezeit ganz im Sinne des Parkschöpfers stattfand, belegt ein Ausspruch Pücklers gegenüber seinem Meisterschüler Eduard Petzold: »Wenn ich mir denke, daß ich zum Beispiel den Muskauer Schöpfungen hundert Jahre vorstände, so bin ich überzeugt, daß am Ende dieses Saeculums ein

Parklandschaft (oben) und Baumgruppierungen (unten)

von dem jetzigen total verschiedenes Bild, eine gänzlich veränderte Anlage da sein würde, und schon im Übergang jährlich andere Nuancen, dennoch aber zu jeder Zeit ein vollständiges, harmonisches Ganzes.«[3] Dieses Zeugnis verneint damit auch die oft zu hörende Frage, ob der Parkschöpfer das gegenwärtige Aussehen seiner Parks schon vorhergesehen habe. Aber um so vehementer drängt sich die Frage auf, wie es möglich ist, daß uns im Branitzer Park nach drei Menschengenerationen immer noch eine solche Fülle stimmiger Bilder begeistert. Das ist nur erklärbar anhand des von Pückler-Muskau verfolgten Prinzips der Dauerhaftigkeit. Dabei handelt es sich nicht nur um die Langlebigkeit der besonders geförderten Solitärs, sondern vor allem um die Dauerhaftigkeit des Parkganzen, dem nach meinem jahrzehntelangen Beobachten und Forschen Pücklers politische Ideen zugrunde liegen müssen. Maßgeblich sind für uns dabei seine 1831 erst als Rundbriefe und dann 1834 in Buchform veröffentlichten »Politischen Ansichten eines Dilettanten«[4]. Diese Idee ist bei Pückler nicht von Anfang an vorgebildet, sie wird erst in Branitz, seinem Alterswerk, in einer äußerst diffizilen Pflanzweise der Bäume, die das Ziel einer Inhalts- und Formbeständigkeit trotz ständigem Gestaltwandel verfolgt, voll sichtbar.

Zum Verständnis muß etwas weiter ausgeholt werden. Um die lange Zeit des Wartens auf heranwachsende große Bäume zu verkürzen, wendete Pückler-Muskau zwei Mittel an: die Verwendung von schnellwüchsigen, spitz- und breitkronigen Pappeln und das zwar kostspielige, aber eine Zeitlang wirksame Mittel des Verpflanzens dreißig- bis vierzigjähriger Bäume. Beide Methoden sind folgendermaßen – nach Angabe seines Meisterschülers Eduard Petzold – angewendet worden:

Methode 1:
»Als Kern größerer Pflanzungen wurden eine Anzahl größerer Exemplare passender Baumarten gruppenweise in mehr oder weniger mannigfaltiger Mischung, bald näher, bald entfernter, bald in größeren, bald in kleineren Gruppen so ungezwungen und leicht wie möglich geordnet, stets so, daß nie drei derselben in eine Linie kommen durften.« Letzteres darf nicht verwechselt werden mit der berühmten typisch Pücklerschen Dreierpflanzung, wobei immer zwei Bäume enger, der dritte etwas weiter entfernt stehen und damit jenes unvergleichlich spannungsreiche asymmetrische, ungleichschenklige Dreieck mit äußerst engen Pflanzabständen entsteht. Derartige Dreiergruppen haben Abstände von Mitte Stamm zu Mitte Stamm von 0,75 bis 1,5 zu 2 bis 3 Meter und folgen somit dem »Goldenen Schnitt«.

BEISPIELE VERSCHIEDENER DREIECKSVERBÄNDE IN ÜBERLAGERUNG – BRANITZER PARK – 1970

🏛 Der raumbestimmende Dreiecksverband von der linken Ecke der Branitzer Schlossterrasse

○ Das Graupappel-Dreieck des Schloßwiesenraumes

● Das Blutbuchen-Dreieck -"-   -"-   . Eine 4. Blutbuche ist erst bei Wechsel des Blickstandpunktes sichtbar, wobei die 3. Blutbuche dann verdeckt wird.

◉ Die das Schloß umschreibenden ehemaligen 3 Platanen

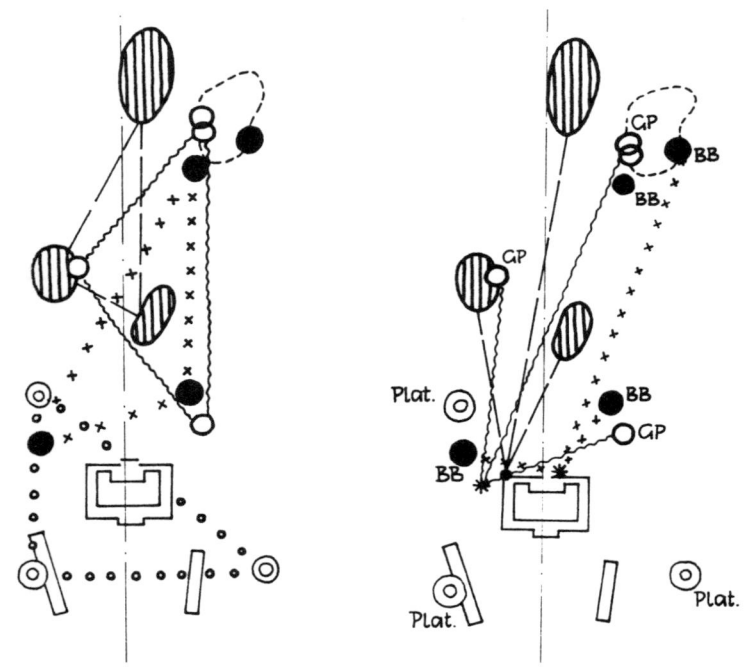

Dreieckssysteme und ihre Sehstrahlen

Beispiele verschiedener Dreiecksverbände (oben) und Baumgruppierungen (linke Seite)

Oft wiederkehrende Art der Baumgruppierung sowie ihre Mengenverhältnisse

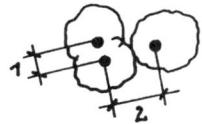

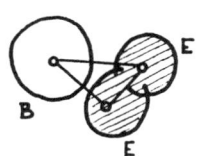

Methode 2:
Petzold fährt fort: »Besondere Bedeutung wurde ferner den kanadischen Pappeln beigemessen, die, wenn sie ihren Zweck erfüllt hatten, größtenteils wieder entfernt wurden.«[5]

Damit spricht Petzold seine Muskauer Erfahrungen an. Aus Fotografien des Branitzer Parks wissen wir, daß Pückler im Laufe der Zeit gelernt hatte, solche schnellwüchsigen Pappeln – die er vermutlich anfangs in die Baumgruppen pflanzen ließ, wo sie dann weggenommen werden mußten, wenn sie ihren älterwerdenden Nachbarn zuviel Nahrung wegnahmen – später an Stellen zu pflanzen, wo sie lange stehen konnten. In Branitz kommen drei von ihnen heute noch als bedeutende Exponenten sehr wirkungsvoll zur Geltung, da sie immer noch die höchsten Kronen aufweisen. Die kurz vor der Jahrhundertwende entstandenen Fotografien ergeben mit ihren vielen Pappelstandorten deshalb für uns so bedeutende Parkzustandsbilder, da diese Pappeln optisch überall dort stehen, wo heute 30 Meter hohe Eichen das Bild prägen. Somit haben bei gleichbleibender Raumkomposition die Eichen die Pappeln als Gründergeneration abgelöst – eine enorm weitreichende Entdeckung, die nicht nur den Künstler, sondern nach unserer Meinung auch den politisch und staatsmännisch denkenden Pückler erkennbar werden läßt.

Doch bevor wir diese Andeutung weiter ausführen, muß noch stärker die einzigartige Fähigkeit Pücklers beleuchtet werden, viele verschiedenartige Einzelbäume so zu pflanzen, daß sie sich weder gegenseitig noch das Gesamtbild stören.

In der speziellen Art, wie Pückler Bäume pflanzte, unterscheidet er sich von seinen großen Lehrmeistern Repton und Brown.[6] Auch unter den weiteren deutschen Gartenschöpfern des 19. Jahrhunderts besitzt keiner jene Gabe, so viele Einzelbäume zu höchster individueller Wirkung zu bringen und dabei nicht die große Form des Ganzen zu vernachlässigen. In Wegeführung und Teichgestaltung, ja selbst in der Bodenmodellierung gibt es nur wenige Unterschiede zwischen dem Potsdamer Gartenkünstler Lenné und dem Lausitzer Pückler. Doch wenn man die Baumpflanzungen beider vergleicht, liegen die Unterschiede klar auf der Hand. Lenné pflanzte Bäume in weiten, fast gleichen Abständen, so daß seine Gruppen und Massive einen Auencharakter verkörpern.[7] Die großen Gehölzränder lockerte er – ähnlich Pückler – durch davor gesetzte Einzelbäume auf, nur mit dem Unterschied, daß alles einen epischen Charakter besitzt, während Pücklers Pflanzart als dramatisch zu bezeichnen ist. Durch das Engpflanzen kleiner Baumgruppen, die zudem meist noch aus unterschiedlichen Arten bestehen und in ihren Mengenanteilen wieder dem ehernen Gesetz des »Goldenen Schnitts« unterworfen sind, werden stark differierende Pflanzfiguren erzeugt. Zusammen mit hellaubigeren und starkfarbigen Baumakzenten, wie Silber- und Graupappeln, gelbgrünen Platanen und Tulpenbäumen, Silberahorn, Blutbuchen und Blutahorn, ergeben sich unerschöpflich mannigfaltige Parkbilder, die sich beim Gehen dem aufmerksamen Auge eröffnen. Die Anzahl jener auffallenden Bäume ist sehr gering; um so erstaunlicher, wie immer neue und andersartig wirkende Bilder beim Gehen entstehen. So werden aus dominanten Bäumen des einen Bildes dienende Teile in einem zweiten, und bisher versteckt stehende Solitärs, Gruppen oder Baummassive avancieren zu bildbestimmenden Elementen. Doch das Frappierendste sind in Branitz die vielen noch immer stimmigen Raumproportionen trotz erheblicher Baumverluste nach fünf Menschengenerationen. Die Gründe hierfür sind so einfach wie kompliziert darstellbar.

An erster Stelle stehen die Ordnungsfaktoren:
– der Sichtfächer, von einem Punkt ausgehend,
– die Gerade, auf der Solitärs und Gruppen stehen – meist nur drei an der Zahl.

Sie erzeugen jene oft gerühmte Ruhe und klassische Größe und »die Entschiedenheit in der Form«[8].

Diesen statischen stehen dynamische Elemente gegenüber, indem der Geraden der weit ausschwingende Bogen mit locker gruppierten Bäumen entgegengesetzt wird.

Weitere dynamische Elemente sind:
– das Akzentuieren bedeutender Punkte wie Brücken, Hügel, Gebäude mit besonders auffallenden Baumarten als Form- oder Farbakzente (Pyramidenpappeln – Blutbuchen),
– die raumschaffende wie auch den Raum bezwingende Pflanzweise auffallender Baumarten an drei Punkten in Form ungleichschenkliger Dreiecke,
– das Setzen eines Solitärs oder einer Gruppe ans Ende einer Sicht als Point de vue.

Doch all diese statischen und dynamischen Gestaltungselemente sind im Parkplan nicht erkennbar, da im Landschaftspark das Prinzip der Asymmetrie angewandt wird. Erst genaues Hinsehen erschließt uns die oben genannten Ergebnisse. Das Pittoreske herrscht vor und war immer Ziel der Landschaftsparkkünstler. Die hier dargelegten weiterführenden Gestaltungsregeln konnten nur in den Pücklerschen Parks entdeckt werden.

Die Quintessenz der Baumverwendung Pückler-Muskaus könnte man wie folgt definieren:

Alle Baumarten sind so verwendet, daß jede einzelne zu ihrer Zeit zu besonderer Wirkung gelangt – zur Blütezeit, während der Herbstfärbung, durch ihre besondere Kronenform oder ihre artspezifische Blattfarbe –, ohne die Harmonie des Gesamten zu verletzen. Diese wird im Gegenteil sogar noch gesteigert.[9] In dieser Haltung des Parkkünstlers steckt aber noch eine weitere Grundauffassung Pückler-Muskaus, die man den ideologischen Aspekt nennen könnte; denn allen Baumarten das gleiche Recht einzuräumen heißt nichts anderes, als eine demokratische Auffassung zu vertreten.[10]

Die revolutionäre Tat der Verfechter des frühen englischen Landschaftsgartens bestand darin, die Reglementierung des Gartens, wie sie im Barock oberstes Gebot war, zu verdammen und dafür die freie Landschaft mit ihren schlängelnden Bächen, natürlichen Teichen und vor allem den sich frei entfaltenden Bäumen und Sträuchern als Ideal zu propagieren. In einem sehr differenzierten Läuterungsprozeß wandelte sich während einer Zeit von 150 Jahren das noch nicht gereifte, ungelenke frühe Produkt des »Natürlichen Gartens« über die neue Formfindung beim großen englischen Gartenkünstler Brown und über Repton hin zu der subtilen Gestaltungsart Pücklers. Bei ihm genießt der Baum höchste Wertschätzung, und dennoch bleiben alle bevorzugt plazierten Einzelbäume immer eingebunden in eine alles beherrschende Raumordnung: was für ein harmonisches Gesellschaftsmodell. Denn in den Pücklerschen Parks stehen die vielen einzeln gesetzten Bäume nicht nur jeder für sich, wie in den meisten Stadtparks, sondern alle sind Diener der Gesamtidee. Diese Gesamtidee, die Pückler immer als erstes fordert, wird in seiner letzten Schöpfung, in Branitz, nicht mehr wie noch in Muskau aus der landschaftlichen Gegebenheit abgeleitet, sondern einzig und allein aus der Summe seiner künstlerischen Erfahrungen und durchdrungen von seinen Vorstellungen einer deutschen Staatsverfassung, die Revolutionen erübrigt, weil allen »vorwärtsdrängenden« Persönlichkeiten ein sie ausfüllender Wirkungskreis geboten wird.

Nicht von ungefähr bekennt Pückler in seinem prächtig illustrierten Parkbuch »Andeutungen über Landschaftsgärtnerei«: »Es ist die Freiheit der Bäume, nach der wir uns ebensosehr sehnen«.[11] Daß diese Freiheit der Individuen einer Bindung bedarf, ist in noch heute überzeugender Weise in der Standortverteilung und Mischung der Baumarten in Branitz und Muskau zu sehen. Trotz größter Mannigfaltigkeit der Baumverteilung herrscht überall eine große Entschiedenheit der Raumkomposition und Ausgewogenheit. Es ist jene immer wieder herbeigesehnte Harmonie, nach der unsere unruhige und gestreßte menschliche Seele verlangt, die uns in Pücklers Parks zuteil wird.

Diese offensichtlich therapeutische Komponente ist dem Schöpfer selbst bewußt gewesen, was mehrere Briefstellen bezeugen. Bisher nicht belegbar ist, ob auch der zuvor genannte politische Aspekt, der in seinen Anfang der dreißiger Jahre gedruckten, aber nur einem kleinen Kreis zugesandten »Ansichten eines Dilettanten« und im letzten Band der Schriften »Tutti frutti«, den 1834 öffentlich gedruckten »Politischen Ansichten eines Dilettanten«, zutage tritt, Pückler bei der Gestaltung seiner Parks voll bewußt war.[12]

Durch vergleichende Forschungen in deutschen, böhmischen, mährischen und österreichischen Landschaftsparks ist der politische Aspekt in Pücklers Parks immer deutlicher geworden. Damit wäre Branitz ein weiteres Utopia, diesmal nicht mit den Mitteln des Wortes wie bei Campanella und Thomas Morus, Saint Simon und anderen evoziert, sondern mit den Mitteln lebendiger Naturkinder – den Bäumen.[13]

Michael Lissok

Die Klosterruine Eldena und ihr ehemaliger Park

Zur Präsentation eines mittelalterlichen Baudenkmals in einem gartenkünstlerisch gestalteten Umfeld

Es war im Jahr 1830, als Magnus af Pontin (1781–1851), Leibarzt des schwedischen Königs, die baulichen Reste des ehemaligen Zisterzienserklosters Eldena bei Greifswald besuchte. Seine dabei gewonnenen Eindrücke faßte der Arzt unter anderem mit folgenden Worten zusammen: »Zuerst wurde die Ruine Eldena besucht als merkwürdiger Überrest aus der Vorzeit, welche vor ferneren Zerstörungen zu sichern sich eine spätere Zeit alle Mühe gibt. Um ihre Mauern herum ist gerodet und eingeebnet, Hecken von blühenden Gebüschen, abwechselnd mit Blumeneinfassungen, sind in dem Schutt angelegt und führen durch sauber gehaltene Gänge hinein in die Ruine.«[1]

Af Pontins Schilderung gehört zu den frühesten schriftlichen Überlieferungen, die davon Kunde geben, wie sich den Besuchern seit etwa 1830 bis weit ins 20. Jahrhundert hinein das Erscheinungsbild der Eldenaer Klosterruine ins Gedächtnis prägte, und zwar innerhalb eines gestalterischen Arrangements, im atmosphärisch-stimmungsvollen Zusammenklang mit einer Parkanlage. Viele weitere Notate und Textpassagen könnten hier, neben den oben zitierten Sätzen, angeführt werden, welche bezeugen, daß Erlebnis und Rezeption dieses mittelalterlichen Baudenkmals einstmals mit den Eindrücken eines gartenkünstlerischen Ambientes verbunden waren.[2] Meist noch aussagekräftiger als die schriftlichen Äußerungen sind in dieser Hinsicht eine Reihe bildkünstlerischer Darstellungen und historischer Fotoaufnahmen, die das Monument inmitten des Parks zeigen. Gerade das kontrastierende, malerische Mit- und Nebeneinander von ruinöser Architektur und (gestalteter) Natur hat Eldena in der Vergangenheit für viele Künstler zu einem begehrten Motiv werden lassen.[3]

Heute bietet Eldena wesentlich andere Ansichten als auf den alten Grafiken und Postkarten, und dies vor allem deshalb, weil von einem Park dort seit nunmehr rund fünfzig Jahren kaum mehr die Rede sein kann, dieser nur noch in Rudimenten erkennbar ist. Von dessen ursprünglicher Bepflanzung haben sich vielleicht zwanzig bis fünfund-

Ruine Eldena von Westen.
Farbig lavierter Stahlstich von Johann Friedrich Rosmäsler, 1838

zwanzig hochstämmige Bäume erhalten, die, einzeln oder in kleinsten Gruppierungen stehend, keinen gestalterischen Zusammenhang mehr bilden. Die Wege zur und in die Ruine sind schlecht geführt und befestigt; sie ähneln eigentlich mehr Trampelpfaden. Der Grasbewuchs auf dem einstigen Parkgelände zeigt ein äußerstes Minimum an Pflege. Die aufgestellten Bänke und Abfallkörbe sowie die wenigen Neuanpflanzungen von Bäumen können nicht darüber hinwegtäuschen, daß man sich von verantwortlicher Seite schon vor längerer Zeit vom Park in Eldena verabschiedet hat, womit ein wesentlicher Aspekt der fast 200jährigen Rezeptionsgeschichte der Klosterruine getilgt wurde.

Dabei gehören die ursprüngliche Idee zur Einrichtung des Parks sowie seine Planung und Gestaltung untrennbar zu den ersten administrativen, konservatorischen und bauarchäologischen Maßnahmen, denen die Rettung, Erhaltung und touristische Erschließung der Klosterruine Eldena zu verdanken ist. Zudem war die Anlage des Parks Ausdruck einer romantischen Geisteshaltung, einer durch die Romantik geprägten Kunst- und Geschichtsauffassung, durch die sich eine weitere signifikante Verbindung ergab zwischen Eldena und dem Schaffen Caspar David Friedrichs (1774–1840). Friedrich gilt als »Entdecker« der Klosterruine.[4] Aus ihrer Darstellung in einigen der bedeutendsten Werken dieses Malers leitet sich im wesentlichen der heutige hohe Bekanntheitsgrad Eldenas her. Seinen populären Ruf, eine der »berühmten Ruinen« Deutschlands

Die Klosterruine zu Eldena mit Blick von Nordwesten.
Litographie von Friedrich Sanne, Stettin, um 1860

zu sein, besitzt das Kloster weniger als herausragendes Denkmal mittelalterlicher Backsteinarchitektur, sondern als ein Denkmal der Romantik.

Die Gründung der Zisterzienserabtei Eldena wird in das Jahr 1199
datiert.[5] Sie wurde von Mönchen vorgenommen, die aus dem zeitweilig
aufgegebenen Kloster Dargun im östlichsten Mecklenburg in das damals
kaum besiedelte Gebiet an der Mündung des Flusses Ryck in die Ostsee
kamen. Dort wählten die Ordensbrüder als Standort für ihre neue Abtei
einen Platz in der Nähe des südlichen Flußufers, etwa vier Kilometer öst-
lich vom heutigen Stadtzentrum Greifswalds. Die Errichtung der Ostpar-
tien von Klosterkirche und Klausur erfolgte sicherlich schon in der ersten
Hälfte des 13. Jahrhunderts. Vollendet war die Klosteranlage mit Abschluß der letzten größeren Bauarbeiten an den Westteilen der Kirche um
1400.[6] Damit stand eine überaus stattliche Pfeilerbasilika auf kreuz-
förmigem Grundriß, turmlos nach den Bauregeln der Zisterzienser, aus
Backstein gefügt und dezent mit Dekor aus glasierten Formsteinen
geschmückt. Südlich der Kirche erhoben sich drei zweigeschossige
Klausurflügel, die gemeinsam mit dem Gotteshaus ein Geviert bildeten,
das den Klosterhof umschloß.[7] Mit Einführung der Reformation wurde
das güterreiche Kloster 1535 von den Pommernherzögen aufgehoben
und in ein Amt umgewandelt. Dieses Amt ging dann 1634 durch eine
großzügige Schenkung des letzten Herzogs von Pommern an die Univer-

sität, die es bis 1937 besaß.[8] Während des Dreißigjährigen Krieges wurden die klösterlichen Bauten bereits beschädigt; ihr etappenweiser Abbruch setzte schließlich in den sechziger Jahren des 17. Jahrhunderts massiv ein. Das Zerstörungswerk durch königlich-schwedische Militär- und Universitätsadministration zur Gewinnung billigen Baumaterials ging dann bis 1735 fort. Seither sind von der ehemaligen Klosterkirche an aufgehendem Mauerwerk nur noch Teile erhalten geblieben: so Partien des südlichen Querhausarms und der Chorsüdwand, Reste von Pfeilern, Arkaturen und der Westfassade des Langhauses sowie die Umfassungsmauern des östlichen Klausurflügels.[9]

Die erste größere Initiative, wenigstens die ruinösen Überbleibsel des Klosters vor dem weiteren Verfall oder sogar latent drohender gänzlicher Abtragung zu retten, kam 1824 vom akademischen Registraturbeamten Julius Heinrich Biesner. Dieser (lokal-)patriotische, geschichtsbewußte Verwaltungsangestellte der Greifswalder Universität[10] sandte eine Eingabe an den Kurator der Hochschule, Fürst Wilhelm Malte I. zu Putbus. In seinem Schreiben machte Biesner den Fürsten mit fast beschwörenden Worten auf die hohe Bedeutung der Ruine als historisches Denkmal aufmerksam und empfahl deshalb dringend deren Pflege und Erhaltung, wozu von ihm auch entsprechende Vorschläge unterbreitet wurden. Friedrich Möbius hat in seiner grundlegenden Abhandlung über Caspar David Friedrichs berühmtes Gemälde »Abtei im Eichwald« und zur frühen Wirkungsgeschichte der Klosterruine Eldena auch die ersten Kapitel der Denkmalpflege in Eldena behandelt und sich dabei auch als erster ausführlich mit der Einrichtung des dortigen Parks beschäftigt.[11] Dazu wurde von ihm ein Teil des Quellenmaterials im Greifswalder Universitätsarchiv ausgewertet. Aus mehreren Dokumenten zitierte Möbius in seiner Studie ausgiebig, einige davon wurden in weiten Passagen oder sogar komplett abgedruckt, darunter auch das Schreiben Biesners.[12] Die Dringlichkeit, mit der Biesner seinen Antrag formulierte, war durchaus begründet, denn der Zustand der Klosterruine und des Geländes um sie herum war einem derart geschichtsträchtigen, wertvollen Baudenkmal kaum angemessen. Darüber können mehrere der Zeichnungen und Aquarelle Caspar David Friedrichs bestens Auskunft geben.[13] Auf einigen von ihnen erscheinen die zwei niedrigen, strohgedeckten Katen, welche sich noch bis 1827 an die Außen- beziehungsweise Innenwand der hohen Westpartie der Kirchenruine lehnten. Andere Blätter des Künstlers, mit Blick von Südwesten auf die östlichen Teile des Baus, vermitteln den Eindruck von Ödnis und Verwahrlosung, die damals dort herrschten. So lassen sich Schutthalden ausmachen, welche das Ergebnis von Abriß und Verfall waren. Dazu kam noch Abfall, der jahrzehntelang auf das Klostergelände geschafft worden war. Dies alles wollte Biesner gern korrigiert wissen, und so lauteten dann seine Vorschläge: Entfernung der ärmlichen Katen an der Ruine sowie des Schutts, Umzäunung des Terrains und seine Bepflanzung mit Bäumen.[14] Fürst Malte gab hierfür seine Zustimmung, jedoch geschah erst einmal nichts. Grund hierfür war, daß sich der akademische Amtshauptmann von Eldena gegen jedes noch so bescheidene Aufräumungs- und Sanierungsprogramm sträubte. Vielmehr hätte er am liebsten die Ruine völlig abgetragen.[15] Es bedurfte erst eines Machtworts von allerhöchster Stelle – des preußischen Kronprinzen Friedrich Wilhelm –, damit die Dinge in Eldena wirklich in Bewegung kamen. Der Kronprinz hatte auf Reisen im Juni 1827 die Ruine besucht und war über deren Zustand zutiefst empört. Er bezeichnete das, was er in Eldena zu sehen bekam, als »skandalös« und verlangte energisch von der Universitätsleitung, etwas dagegen zu unternehmen.[16]

Zwei namhafte Professoren der Hochschule, der Orientalist, Theologe und Historiker Johann Gottfried Ludwig Kosegarten (1791–1860)[17] und der Botaniker, Zoologe und Mineraloge Christian Friedrich Hornschuch (1793–1850)[18] griffen die Forderung des Kronprinzen – welche ganz in ihrem Sinne war – enthusiastisch auf und leiteten sie prompt an den Kurator Fürst Malte weiter. Daraufhin begannen in Eldena noch im Herbst 1827 die Arbeiten, für welche die engagierten Professoren Hornschuch und Kosegarten von universitärer Seite die Verantwortung übernahmen. Nun fielen die beiden Katen an der Ruine, der Schutt, welcher an manchen Stellen mehrere Meter hoch lag, wurde weggekarrt, das Gelände gesäubert und planiert. Man führte Reparaturen am Mauerwerk der Klosterkirche durch und sicherte instabile Stellen. Auch erste Bauuntersuchungen und Grabungen fanden statt, wobei die erhaltenen Fundamente des Westflügels der Klausur entdeckt und vollständig freigelegt wurden.

Seit dem Frühjahr 1828 leitete und koordinierte Dr. Wilhelm Schilling sämtliche Arbeiten in Eldena. Schilling, ein enger Mitarbeiter von Professor Hornschuch, war hauptberuflich Präparator am Botanisch-Zoologischen Museum der Universität Greifswald.

Schuttbeseitigung, Säuberung und Planierung des Terrains waren auch notwendige Vorarbeiten für die Anlage eines Parks, dessen Einrichtung von Anfang an Teil des Projekts zur »Denkmalwerdung« der Klosterruine Eldena war. Die Voraussetzungen dazu waren nicht gerade die besten. Das Areal, welches für die Anlegung des Parks zur Verfügung

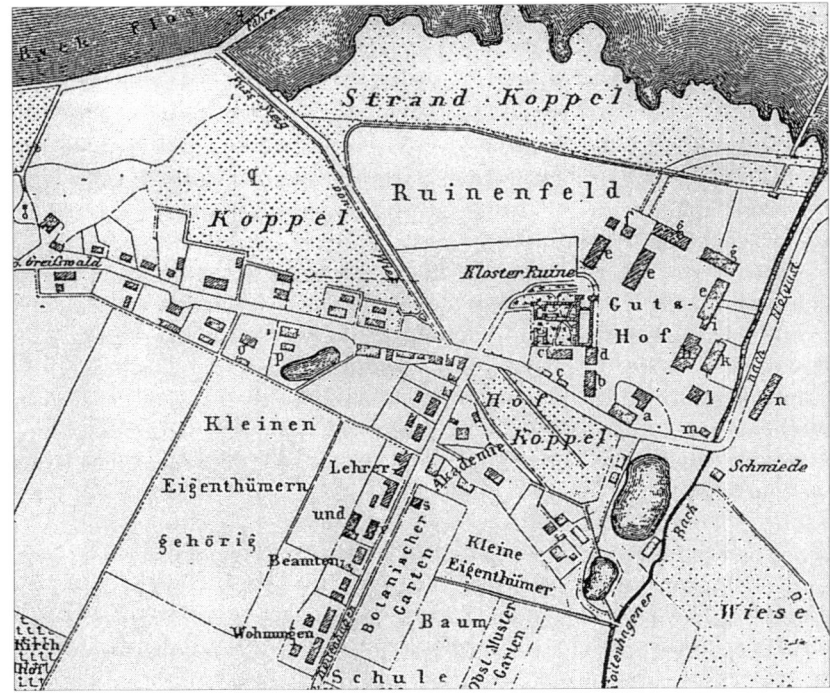

Der Ort Eldena um 1870.

stand, war mit etwa 1700 m² recht knapp bemessen. Dazu kam, daß der gartenkünstlerischen Gestaltung nach allen Himmelsrichtungen von vornherein enge Grenzen gesetzt waren: Im Süden verlief die Landstraße Greifswald–Wolgast, die 1840/41 zur Chaussee ausgebaut wurde. Zwischen Straße und Parkgelände gab es einen Landstreifen, den weiterhin Universitätsgut und Pächter für sich beanspruchten und nutzten und wo noch bis 1945 Ställe und Schuppen standen. Im Osten schloß sich nahtlos der landwirtschaftliche Großbetrieb des universitären Amtsguts mit einigen Wohn- und Ökonomiebauten in unmittelbarer Nähe der Ruine an. Der östliche Klausurflügel des ehemaligen Klosters war sogar noch bis 1837 in den Gutskomplex miteinbezogen und diente als Kornspeicher und Scheune.

Nach Westen und Norden dehnten sich auf ebenem Gelände seit Jahrhunderten agrarisch intensiv genutzte Flächen aus; hier befanden sich Äcker, Weiden, Koppeln und Naßwiesen. Bis dicht an die Ruine wurde gepflügt und gemäht, weideten Kühe, Schafe und Pferde. Unter diesen Bedingungen war es nicht einfach, eine gartenkünstlerisch anspruchsvolle Gestaltung zu schaffen, die dann auch optimal zur Geltung kommen sollte. Nicht ein einziger Quadratmeter des knapp bemessenen Geländes war zu verschenken, wobei die Parkanlage aber keineswegs zu kleinteilig, überladen, zusammengedrängt oder hermetisch ausfallen durfte. Der Park mußte so angelegt werden, daß er die Klosterruine von ihrer allzu profanen Umgebung, besonders vom Amtsgut, absonderte. Zugleich war aber aus guten Gründen eine völlige Isolation des Denkmals zu vermeiden.

Da der Park selbst nur relativ klein dimensioniert ausfallen konnte, gab es eine Erweiterung und Ausdehnung durch Sichtbezüge, die vom Park und der Ruine Ausblicke ins weite, flache Umland boten, auf die Wiesen, Obst- und Gemüsegärten des Dorfes Eldena, auf den Fischerort Wieck im Norden, auf die Mündung des Ryckflusses und natürlich auf das nahe Meer. Die wichtigsten Aufgaben, welche mit Errichtung des Parks erfüllt werden mußten, waren von diffiziler Art. Zuallererst hatte der Park die Ruine in Übereinstimmung mit dem ideellen wie praktischen Hauptziel des 1827 begonnenen Projekts, der Transformation der Klosterruine vom Steinbruch und Schuttplatz zum Denkmal mittelalterlicher Geschichte und Baukunst, wirksam in Szene zu setzen. Damit verband sich die Aufgabe, dieses Denkmal für Besucher zu erschließen, worin eine der zentralen Funktionen des Parks bestand. Über seine Wege sollten die Besucher zu den Gemäuern der Ruine und durch sie hindurch geleitet werden und zu einer Vielzahl arrangierter, dreidimensionaler Einzelbilder sowie eingerichteten oder markierten Stand- und Ruheplätzen, An- und Aussichtspunkten gelangen. Mit dem Park wollte man die Besucher im wahrsten Sinne des Wortes auf die Sehenswürdigkeit der Ruine einstimmen und ihre Phantasie bei der Betrachtung der Ruine noch zusätzlich anregen. Als im Frühherbst 1828 die eigentlichen Arbeiten am Park einsetzten, gab es mancherlei Anregungen und Vorstellungen zu dessen Gestaltung, die sich aber untereinander oftmals widersprachen. Diese kamen von Professor Hornschuch, Dr. Schilling und sogar von Fürst Malte und Kronprinz Friedrich Wilhelm.[19] Schilling hatte zum Beispiel die bemerkenswerte Idee, durch Bepflanzung den Grundriß der Klosteranlage nachzugestalten, also mittels Vegetation die zerstörte Architektur zu »rekonstruieren«: ein höchst innovativer Gedanke, der aber nicht realisiert wurde.[20] Vielmehr erhielt Schilling im Juli 1828 einen Plan, dessen Ausführung Fürst Malte wünschte und den dieser von seinem Hofgärtner Christian Friedrich Halliger (1791–1866) hatte anfertigen lassen. Halliger war ein versierter Gartenfachmann, zu dessen bedeutendsten Schöpfungen der englische Park in Putbus und die Landschaftsgestaltung weiterer Gebiete des umfänglichen Grundbesitzes Fürst Maltes auf der Insel Rügen gehören.[21]

Hornschuch und Schilling waren aber mit dem Entwurf Halligers für Eldena überhaupt nicht einverstanden, und zurecht wurde dieser auf sehr konstruktive, sachverständige Weise durch Hornschuch einer harschen Kritik unterzogen.[22] Hornschuch unterbreitete den (Kompromiß-)Vorschlag, Halligers Plan einer führenden Autorität in der Gartenkunst vorzulegen, und zwar keinem geringeren als dem königlich-preußischen Gartendirektor Peter Joseph Lenné (1789–1866). Über Eldena konferierte Hornschuch mit Lenné sogar persönlich in Potsdam. Lenné gab daraufhin nicht nur Hinweise für etwaige Verbesserungen an Halligers Plan, sondern fertigte selbst einen Alternativentwurf an. Im Mai 1829 lag Lennés »Plan zur Verschönerung der Ruine Eldena« vor.[23] Doch auch diese Planung stieß bei Hornschuch und Schilling weitgehend auf Ablehnung, denn Lenné hatte seinen Entwurf ohne genaue Lokalkenntnis anfertigen müssen, wodurch die von ihm vorgeschlagenen Wegführungen oft ins Leere liefen oder auf Hindernisse stießen. Auch ging Lennés Konzeption um einiges über die Grenzen des für den zukünftigen kleinen Park zur Verfügung stehenden Geländes hinaus.[24]

Lediglich den im Lennéschen Plan enthaltenen Gedanken, südlich der Kirchenruine eine etwas dichtere Anpflanzung hochstämmiger Eichen vorzunehmen und einen kleinen Eichenhain zu schaffen, sollte Schilling aufgreifen und umsetzen lassen.[25] Eichen gerade an diesem Ort rufen natürlich Assoziationen an Friedrichs berühmtes Gemälde »Abtei im Eichwald« hervor und werfen die berechtigte Frage auf, ob ihre Anpflanzung in Eldena sich unmittelbar oder zumindest mittelbar auf dieses Bild beziehen könnte. Hier ist nicht der Raum, um darauf näher einzugehen, weshalb nochmals auf die Abhandlung von Friedrich Möbius verwiesen wird, in welcher sich der Autor mit dieser interessanten Thematik ausführlich beschäftigt hat.[26] Ein direkter Bezug zu Friedrichs Gemälde scheint durchaus möglich.

Meines Erachtens war jedoch ein anderer Beweggrund ausschlaggebend dafür, daß Schilling und Hornschuch von der Idee des Eichenhains an der Klosterruine eingenommen waren, welchen auch Möbius bereits in seinem Text kurz angedeutet hat.[27] Dieser hängt mehr mit der Topographie des Gebiets entlang der Ufer des Ryckflusses zusammen, in dem Eldena liegt. Dort gab es seit Jahrtausenden und gibt es noch heute prächtige Laubwälder, zu deren Hauptgewächsen die Eiche gehört(e). Somit ist die Eiche seit altersher ein Baum dieser Region. Und was lag näher, als diesen auch in größerer Zahl auf dem Parkgelände zu Eldena anzupflanzen? Ein historisch determinierter Gedankengang kann dabei im Kontext mit dem ehemaligen Kloster auch motivierend gewirkt haben. Vielleicht sollte mit den Eichen im Park gezeigt werden, wie dieses Land in grauer Vorzeit bis weit ins Mittelalter hinein, als die Mönche die Abtei gründeten und mit ihrem Kultivierungswerk begannen, einmal beschaffen war, als sich noch dichte Wälder fast über das gesamte Land ausbreiteten. Denkbar wäre also, daß hier im Komplex mit einem Baudenkmal der »Vorzeit« durch die Eichenanpflanzung eine »Urlandschaft« in Miniaturformat, ein Stück historischer Topographie, nachgestaltet wurde.[28]

Halligers und Lennés Originalentwürfe stehen uns heute für die Rekonstruktion des Ruinenparks in Eldena nicht mehr zur Verfügung. Um so wertvoller sind zwei Pläne, die Schilling seinem Abschlußbericht beigab, welchen er im Januar 1832 an Fürst Malte sandte. In dem Schreiben legte Schilling nochmals umfassend Rechenschaft ab über die in fast vier Jahren geleisteten Arbeiten. Insgesamt wurden nach diesem Bericht für den Park 7842 Pflänzlinge an Buschwerk, Sträuchern und Bäumen in die Erde gebracht, dabei 1500 Bäumchen mit Pfählen versehen, etwa 330 Meter Weißbuchenhecke als »grüner und lebender Zaun« eingepflanzt sowie ca. 680 Meter Weg angelegt und mit festgestampftem Schutt befestigt.[29] Der Eingang zum Park bekam ein hölzernes Tor und eine Brücke. Weiterhin wurden sechs steinerne Ruhesitze und eine Rasenbank im Parkgelände installiert. Die Anzahl der Pflänzlinge läßt vermuten, daß mit dem An- und Auswuchs von grob geschätzt 150 bis 200 hochstämmigen Bäumen gerechnet wurde. Bis auf einige Pappeln können sämtliche Gehölzarten des Parks als heimisch bezeichnet werden: Eichen, Eschen, Lärchen, Linden, Tannen und Trauerweiden. Nach den beiden Plänen, die den aktuellen Zustand des Parks mit Abschluß der Arbeiten im Winter 1831 zeigen, läßt sich die Anlage in sechs größere Bereiche unterteilen. Erster Bereich war ein schmaler, gekrümmter Geländestreifen, welcher den Hauptweg aufnahm, der vom Parkeingang an der Landstraße in eleganter Kurvung nach Nordwesten bis vor die Westpartie der Kirchenruine lief, wo sich der Parkbereich etwas verbreiterte. Dichtes Gebüsch, durchsetzt von hochstämmigen Bäumen, begleitete den Hauptweg. Dieses Grün war auch Teil der Grenzbepflanzung, die den ganzen Denkmalbereich umschloß. Direkt am Hauptweg entlang, auf dem Rasen, standen einige wenige Solitärbäume und kleine Baumgruppen. Verfolgen wir auf den Plänen den Hauptweg weiter, so lief dieser durch das von Schilling wieder geöffnete Westportal ins Mittelschiff der Kirchenruine und damit in den zweiten Parkbereich. Der Weg war hier gerade geführt, analog zur Längsachse des Sakralbaus.

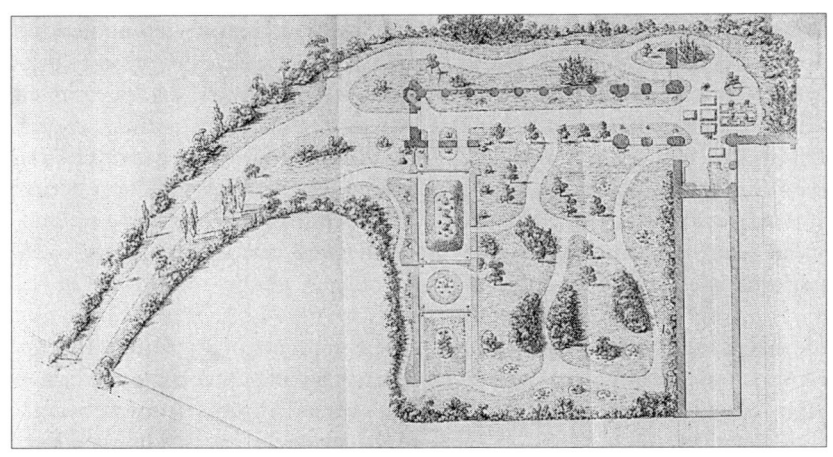

Plan vom Ruinenpark in Eldena, der die Situation etwa um 1831 zeigt

Unter den wenigen Anpflanzungen fällt sofort die Reihe von fünf hochstämmigen Bäumen auf – es handelt sich um Eichen –, die genau in Linie
des südlichen Arkadenzugs standen, dort etwa, wo sich ehemals die acht-
eckigen Langhauspfeiler erhoben. Damit wurde zumindest ansatzweise
Schillings Idee der Sichtbarmachung des Klostergrundrisses durch
Bepflanzung verwirklicht. Bestockung und Begrünung im Mittelschiff-
bereich waren ansonsten sehr zurückhaltend. Sie beschränkten sich auf
einzelne Sträucher und kleine ovale Pflanzinseln im Rasenplan links und
rechts vom Hauptweg. Dieser führte weiter nach Osten zum dritten
Bereich in der Zone von Vierung, Querhaus und Chorquadrat. Besonders
die Gestaltung dort sollte mit dem gebotenen Ernst Besuchern die
Geschichtsträchtigkeit dieser Stätte veranschaulichen und ihnen deutlich
machen, daß sie inmitten von altehrwürdigen Resten einer ehemaligen
geweihten Klosterkirche standen. Dazu wurde in diesem Bereich ein sym-
bolträchtiges, dreidimensionales Bild mit sepulkralen, sakralen und
historischen Bezügen geschaffen. In kreuzförmiger Gruppierung lagen
hier zehn große mittelalterliche Grabsteinplatten beziehungsweise deren
Bruchstücke, eingebettet in Rasengrün und umgeben von Rosenstöcken
und Trauerweiden.[30] Um dieses zum Nachsinnen herausfordernde
Szenarium in Ruhe betrachten zu können, waren zwei steinerne Bänke
aufgestellt. Nach Osten hin, zum Wirtschaftstrakt des Universitätsguts,
war dieser Bereich durch eine hohe, dichte Bepflanzung abgegrenzt.

Kehren wir zurück in den Parkbereich vor der Kirchenwestfassade.
Hier teilten sich zwei schmalere Pfade vom Hauptweg ab. Der in östliche
Richtung laufende und sich nach Süden hin verzweigende Weg erschloß

90

den vierten Bereich des Ruinenparks mit den freigelegten Fundamenten des westlichen Klausurflügels. Die gärtnerische Gestaltung erfolgte dort in klarer Orientierung auf die architektonische Struktur der ergrabenen Mauerzüge, also regulär-symmetrisch. Jeder der drei Klausurräume erhielt ein eigenes geometrisch umrissenes und durch Aufschüttung erhöhtes Quartier mit symmetrisch angeordneten Beeten, Baum- und Strauchanpflanzungen. Dieser Bereich besaß am eindeutigsten den Charakter eines archäologischen Parks oder Freilichtmuseums. Der fünfte Parkbereich war jenes rechteckige Areal, das im Osten und Westen durch die Klausurflügel, im Norden von den Resten der Langhausarkaden und im Süden von der die Gesamtanlage umfassenden Abpflanzung begrenzt wurde. Ein Netz geschlängelter Wege unterteilte diesen Parkraum in sechs größere Rasenflächen. Auf diesen waren Solitärbäume gepflanzt sowie kleinere ovale oder kreisförmige Baum- und Strauchinseln angelegt worden. Dazu kamen noch vier kompaktere Anpflanzungen, aus denen wohl im Laufe der Jahre die hochstämmigen Eichen emporwuchsen, die gemeinsam mit den Einzelbäumen jenen von Lenné angeregten Hain bilden sollten. Drei steinerne Ruhesitze hatten in diesem Bereich ihren

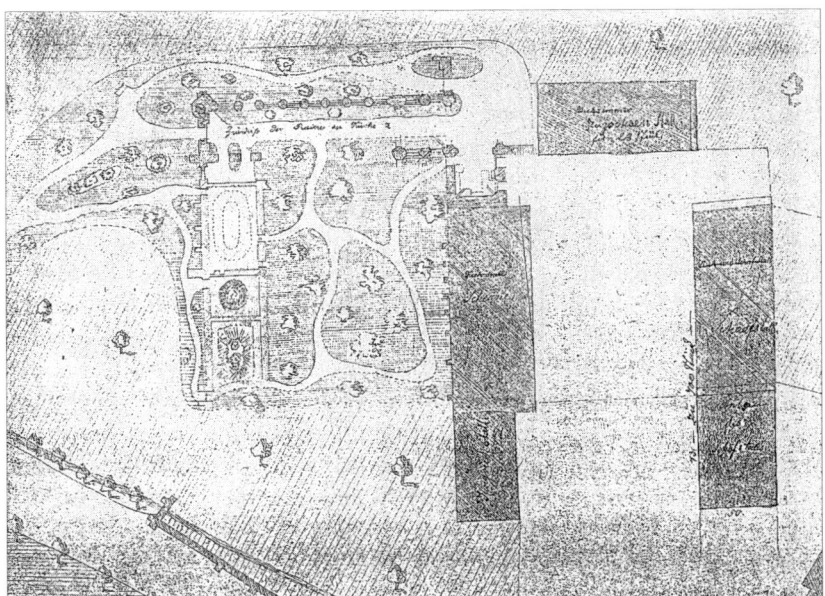

Zustandsplan (Ausschnitt) vom Akademiegut in Eldena mit vereinfachter Wiedergabe des Grundrisses von Klosterruine und Park. Zeichnung des Greifswalder Universitätsbaumeisters Carl August Peter Menzel, 1842.

Platz, zwei davon in der südöstlichen Ecke des Areals. Die untere Zone der zum Park gewandten Mauer des östlichen Klausurflügels, welcher zu der Zeit noch nicht zum Denkmalensemble gehörte, wurde durch dichte Abpflanzungen verdeckt. Der sechste Bereich schließlich flankierte mit seinem Grün einen Pfad, der vor der Kirchenwestfassade vom Hauptweg in nördliche Richtung abzweigte und in geschlängelter Linie zwischen Kirchenschiff und der den Park nach Norden hin abgrenzenden Randbepflanzung verlief, um sich kurz vor den Bauresten des Querhausflügels nochmals zu gabeln. In diesem Bereich gab es nur eine punktuelle Bepflanzung mit wenigen Solitärbäumen und Büschen. Hier befand sich auch die einzige Rasenbank. Von hier aus war die Sicht frontal nach Süden auf die Ruine durch ein dichtes, ausladendes Nadelgehölz versperrt. Auf der Rasenbank sitzend, sollten die Besucher hauptsächlich ihren Blick in Richtung Norden und Nordosten schweifen lassen, über die niedrig gehaltene Randbepflanzung hinweg auf die weitere Umgebung bis hin zur Mündung des Ryckflusses und zum Meer.

In und um die noch erhaltenen Gemäuer des ehemaligen Zisterzienserklosters Eldena war somit von 1828 bis 1831 eine zwar kleinflächige, aber wohldurchdachte, sorgfältig komponierte und arrangierte Parkanlage entstanden, deren anspruchsvolle Gestaltung bestens mit der Umgebung abgestimmt worden war. Für dieses gartenkünstlerische Werk einen einzelnen Hauptschöpfer benennen zu wollen, bereitet Probleme. Erwiesenermaßen hatte Lenné 1828 einen Entwurf für Eldena angefertigt. Obwohl dieser nicht ausgeführt wurde, hält sich bis heute hartnäckig die Auffassung, der Park zu Eldena wäre nach Planung Lennés entstanden.[31] Die Anlage wiederum allein oder vorrangig dem fürstlichen Hofgärtner Halliger zuzusprechen, geht meines Erachtens ebenso an den Tatsachen vorbei.[32] Zwar sollte Halligers Plan nach Anweisung Fürst Maltes verbindlich sein, Professor Hornschuch und Dr. Schilling, die sich vor Ort zusammen mit Professor Kosegarten am meisten für das Denkmalprojekt engagiert hatten, unterzogen den Entwurf von Halliger jedoch einer gründlichen Revision, verwarfen und veränderten vieles an ihm noch vor und während der Arbeiten am Park. Programm und Gestaltung des Parks wurden letztendlich von den Intentionen und Konzepten dieser beiden Universitätsgelehrten bestimmt.[33] So wie die Anlage in Eldena unter der Regie Schillings entstand, fand sie auch den Beifall ihrer hochrangigsten Protektoren. Davon zeugen die Berichte von einer Visite des preußischen Kronprinzenpaars in Begleitung Fürst Maltes und Mitgliedern des Senats der Greifswalder Universität im August 1830 in Eldena.[34] Bei dieser Gelegenheit stieg

Kronprinzessin Elisabeth die Stufen des Treppenturms der Kirchenwest-fassade empor und weihte den zusammen mit der Sanierung der Ruine erschlossenen Aussichtspunkt offiziell ein.[35] Von der Plattform des Turms genoß man einen herrlichen Blick auf die Ostsee. Bei guten Sichtverhält-nissen war von dort aus sogar ein Teil der rund zwanzig Kilometer ent-fernten Südküste Rügens zu erspähen. Fernsichten und Blickbezüge von Ruine und Park in die Landschaft wie von der Umgebung auf das Baudenkmal hatten bei Anlegung des Parks große Relevanz. Wie diesbezüglich mit Bedacht in die Zukunft geplant wurde, zeigt sich daran, daß die Verantwortlichen vom Greifswalder Architekten und Maler Christian Johann Gottlieb Giese (1787–1838) eine Serie von Zeich-nungen anfertigen ließen, die Ansichten von der Ruine und dem Park so wiedergeben sollten, als wären die Anpflanzungen schon mehrere Jahre emporgewachsen.[36]

Nachdem Denkmalbereich und Parkareal 1843 durch Einbeziehung des westlichen Klausurflügels erweitert wurden, blieben die Grenzen des Ruinenparks in Eldena bis ins 20. Jahrhundert hinein weitgehend kon-stant. Die Leitung der Greifswalder Universität berief seit 1855 aus den Reihen ihrer Akademiker einen ehrenamtlichen Konservator für die Ruine. Als von 1834 bis 1876 in Eldena eine Staats- und Landwirt-schaftsakademie bestand, wurde zudem durch diese Bildungseinrichtung mit Sorge für den guten Zustand des Parks getragen. Dadurch verbindet sich die Geschichte des Ruinenparks Eldena mit dem Namen eines wei-teren bedeutenden Gartengestalters, Ferdinand Jühlke (1815–1893), bekannt als Nachfolger Lennés im Amt des königlich-preußischen Gartendirektors in Potsdam.[37] Jühlke war von 1834 bis 1858 aka-demischer Gärtner und Lehrer an der Landwirtschaftshochschule Eldena.

Selbstverständlich ist der Eldenaer Ruinenpark kein statisches Gebilde gewesen. Während der rund 120 Jahre seines Bestehens hat er mancherlei Veränderungen und Modifikationen erfahren. Doch die gestalterische Kernsubstanz blieb dabei im wesentlichen bestehen, so daß von einer starken Reduzierung oder gar Aufgabe zentraler Bereiche des Parks nicht die Rede sein konnte. Es war also kein Euphemismus, wenn noch um 1930 Otto Schmitt schrieb, »inmitten eines sorgfältig gepflegten Parkes« träfe der Besucher auf die Reste von Kloster Eldena.[38] Und im Januar 1933 inspizierte der namhafte Potsdamer Hofgärtner und Garten-direktor Georg Potente (1876–1945) während einer Dienstreise nach Greifswald auch den Eldenaer Park, weil sein fachmännischer Rat beim weiteren Umgang mit dem dortigen wertvollen, inzwischen historischen Baumbestand gefragt war.[39]

Die etappenweise Zerstörung und allmähliche Auflösung des Parks begann 1945 und ging in den nachfolgenden Jahren rasch voran, was, bedingt durch das Desinteresse und die mangelnde Bereitschaft, ihn weiterhin erhalten zu wollen, schließlich das Ende des Parks bedeutete. Ein Bericht vom März 1947 zum Zustand der Ruine und des Parkgeländes spricht von Schäden, Verwahrlosung und Verwilderung und erinnert damit fatal an die Situation vor 1827.[40] Priorität hatten demnach bei den um 1950 einsetzenden denkmalpflegerischen Maßnahmen die Reparaturen an der Ruine und der Schutz des Mauerwerks vor weiteren Verlusten. Seit durch Tausch das universitäre Amtsgut Eldena 1937 an die Kommune Greifswald überging, trägt die Stadt die Hauptverantwortung für das Baudenkmal zusammen mit der obersten Denkmalschutzbehörde des Landes. Von dort kamen auch die wenigen Initiativen und zaghaften Aktivitäten zur Sanierung des Geländes um die Klosterruine in den vergangenen vier Jahrzehnten. Doch diese brachten wenig Positives.

Das Thema Ruinenpark ist nun wieder aktuell geworden, denn 1995 wurde mit einem komplexen und aufwendigen Sanierungsprojekt in Eldena begonnen, das 1999 zum 800. Jahrestag der Gründung des Klosters weitestgehend abgeschlossen sein soll. In dem von der Stadt Greifswald in Auftrag gegebenen Vorbericht für die noch zu erstellende ausführliche und verbindliche Sanierungs- und Nutzungskonzeption wird unter anderem die Neuschaffung einer Grünanlage empfohlen, über deren Gestaltung es bisher keine konkreten Pläne gibt. Die Arbeiten werden voraussichtlich 1997 einsetzen. Es dürfte meines Erachtens nun keineswegs dazu kommen, daß um die Ruine herum lediglich eine jener nichtssagenden, sattsam bekannten »Grünzonen« entsteht, bei der das Terrain durch »Pflanzeinheiten« vordergründig »aufgelockert« und mit Bänken »möbliert« wird. Ein wirklicher Park müßte wieder geschaffen werden, für dessen Gestaltung die alte Anlage Maßstab sein sollte, in dem wertvolle Anregungen und Orientierungen aufgegriffen werden könnten. Nicht eine getreue Rekonstruktion des Parks von um 1830 kann das Ziel sein; vielmehr sollte, in Anknüpfung an diese bedeutende Schöpfung romantischer Gartenkunst, etwas ebenso anspruchsvolles, beispielhaft Neues entstehen, ein Park des 21. Jahrhunderts, damit in Zukunft Architektur und Natur in Eldena wieder ein freundliches, sinnlich erfahrbares Ganzes bilden. Wie vor 160 Jahren wäre die Verschönerung der

Klosterruine durch Anpflanzung von Bäumen und Sträuchern ein probates Mittel, um den Erlebniswert dieses Denkmals zu erhöhen. Damit würde auch wieder ein vegetabiler Kordon der Achtung um die mittelalterlichen Baureste gezogen, erhielten diese ihren grünen Schutzschild zurück. Dieser erweist sich angesichts der durch Zersiedelung und hohes Verkehrsaufkommen mittlerweile tristen, ästhetisch völlig entwerteten Umgebung dringender denn je als notwendig.

Adrian von Buttlar

Revival des Landschaftsgartens?
Zu aktuellen Tendenzen der Gartenkunst

1993 wurde in einem romantisch-pittoresken Waldstück des Habichts-
walds am Rande des Bergparks von Kassel-Wilhelmshöhe der Sarkophag
des Bildhauers Fritz Schwegler aufgestellt, in dem der Künstler dereinst
bestattet werden wird. Die Inschrift in makelloser Antiqua gibt sich als
exklamatorisches Zwiegespräch mit dem empfindsamen Du – und damit
ist wohl der Tod gemeint – ganz im Geiste des 18. Jahrhunderts: »Weiszt
Du, weil ich hier bin und Du bist auch hier« und auf der anderen Seite
verrätselt: »Lebensmüde? – Abulvenz«; letzteres eine Wortschöpfung,
die an den medizinischen Begriff der Abulie (krankhafte Willens-
schwächung), aber auch an das lateinische »avolere« (wegfliegen,
sterben) erinnert. Das Monument aus matt poliertem italienischen Granit
funktioniert gleicherweise auf der Basis der Assoziationstheorie wie über
die sensualistische Ästhetik des 18. Jahrhunderts: es ruft einerseits

Schweglers Sarkophag in der Künstlernekropole am Blauen See,
Kassel 1993

Gedankenketten und Vorstellungsbilder von arkadischen Gartengräbern im Sinne Poussins wach, andererseits wirkt es als Element einer stimmungsgeladenen Naturszenerie – steil über einem geheimnisvollen Kratersee am Rande eines alten Steinbruchs gelegen – unmittelbar auf das Gemüt des überraschten Spaziergängers.

Der Sarkophag Schweglers ist – nach den Gräbern von Rune Mields und Timm Ulrichs – das dritte Grabmonument in einer insgesamt auf vierzig Gräber projektierten »Künstlernekropole«, die der in Kassel lehrende Bildhauer Harry Kramer 1981 angeregt und im Kampf mit den Behörden durchgesetzt hat.[1] Drei Argumente bestimmen Kramers zugegebenermaßen »elitäre« Vision: zum einen das Unbehagen an den mehr oder minder mißglückten Versuchen einer »Kunst im öffentlichen Raum«, der überwiegend eine Feigenblattfunktion zur Kaschierung phantasieloser Planung zukommt, zweitens die Rückwendung schöpferischer Kreativität auf das Thema des Todes und der Unsterblichkeit und damit auf ein Urmotiv künstlerischen Schaffens und drittens die Auseinandersetzung mit dem gewählten Ort, einem in hohem Maße stimulierenden Schauplatz der Natur.

Die Auseinandersetzung mit dem Thema Natur hat in den letzten Jahrzehnten der bewußt werdenden Ökosystem-Gefährdung und der fast täglich nachzuvollziehenden Ökokatastrophen in vielfältiger Weise die Kunst bestimmt. Mehr noch als in den »musealen« Kunstmanifestationen drückt sich dies in Tendenzen der Land Art und in neuen Ansätzen zur Gartenkunst aus. Dabei sind zahlreiche Rückgriffe auf die Anfänge der Moderne in jenem 18. Jahrhundert zu registrieren, auf dessen ethisch-politischem Fundament unsere freiheitlichen Gesellschafts- und Glückseligkeitsvisionen letztlich noch immer basieren. Doch gilt es beim Revival des Landschaftsgartens die Differenz zu verstehen, die diese gartenkünstlerischen Schöpfungen unmißverständlich zu Manifestationen des späten 20. Jahrhunderts macht. Ich möchte im folgenden einige neuere Garten- und Landschaftsgestaltungen seit den sechziger Jahren vorstellen, die für ihre jeweilige Richtung repräsentativ erscheinen. Dabei geht es auch darum, ihr Verhältnis zur Arkadien-Tradition anzudeuten, die als postmodernes Sehnsuchtsmotiv eine eindrucksvolle, zuweilen auch peinlich-naive Auferstehung feiern konnte.

Die Münchner Olympiaanlagen

1968 bis 1972 entstanden auf dem Oberwiesenfeld in München die Olympiaanlagen auf einer Fläche, die so groß ist wie die Münchner Innenstadt. Von den insgesamt 280 ha der Gesamtanlage wurden 160 ha dem öffentlichen Grün vorbehalten. Im Olympiastadion hatten Günter Behnisch und Partner, vor allem mittels der freitragenden Glas- und Zelt-dachkonstruktion Frei Ottos, einen völlig neuen, leichten und heiteren Typus von Massensportanlagen geschaffen. Sie fanden in Günther Grzimek einen kongenialen Landschaftsarchitekten. Grzimek plante eine frei fließende und zu Hügeln aufgipfelnde Landschaft, die nahtlos aus den architektonischen Gebilden hervorzugehen oder in diese über-zugehen scheint. Im Wortsinne entstand dieser moderne Landschaftspark auf dem Trümmerschutt des Zweiten Weltkriegs. Anläßlich der Verlei-hung des Sckell-Rings der Bayerischen Akademie der Schönen Künste 1973 hat Grzimek sich ausführlich zu seinem Olympiapark und zu den zukünftigen Aufgaben öffentlicher Grünplanung geäußert:[2] Es war mehr als ein willkommener Anknüpfungspunkt an den Patron der Aus-zeichnung, Friedrich Ludwig von Sckell, wenn er sich dabei auch auf den Englischen Garten in München (1789 ff.) und die Idee des »demokratischen Grüns« berief. Er würdigte nicht nur Sckells damals noch vergessene Verdienste um Gartenkunst, Stadt- und Landschafts-planung, sondern knüpfte unmittelbar an die aufklärerische Definition des landschaftlichen Gartenstils als des Gartens der »Freiheit« und an Sckells Umsetzung des Volksparkgedankens an; und dies vor dem Hinter-grund der ersten Olympiade in Deutschland 1936 mit ihren martia-lischen und totalitären ästhetischen Strukturen: »Der Olympiapark München 1972 ist in seiner Zielsetzung Kontrast gegen Geist und Architektur der Olympiaanlagen, die in Berlin für die Olympischen Spiele 1936 in der Ära Hitler geschaffen wurden. Er sollte ein anderes Deutsch-land repräsentieren, ein tolerantes, freiheitliches Land.« Es ist im nach-hinein – wenn man einmal von dem terroristischen Anschlag auf die israelischen Sportler absehen kann – erstaunlich, wie stark Architektur und Landschaft die Stimmung dieser Olympiade prägten, indem sie auf einer neuen Ebene die Revitalisierung der alten Freiheitsmetapher bewirkten: durch Ausschaltung von Symmetrie, Hierarchie und stei-nerner Monumentalität zugunsten von Licht, Leichtigkeit, natürlicher Kurvatur und heiterer Bepflanzung. Erneut schwingen die Uferlinien nach Hogarth' »Line of Beauty«, formt sich das Terrain wie Capability Browns »undulating ground« und staffeln sich »clumps« und »belts« im Sinne Kents und Sckells.[3]

In zweifacher Hinsicht setzt sich Grzimek, ein Anti-Romantiker, jedoch vom Vorbild des Englischen Gartens ab: Zum einen zieht er die »alar-mierenden Feststellungen« des Club of Rome in seine Planung ein: »Gemeint ist die Gefährdung des Lebens auf der Welt durch Über-forderung eines begrenzten Potentials«. Er berücksichtigt ökologische

Günther Grzimek, Olympiaanlagen München 1972

Gesichtspunkte bereits bei der Gestaltung und Bepflanzung des Olympiaparks, der zwar typische Landschaftsformationen und Landschaftselemente wie Fläche, Gipfel, Hang, Mulde reproduziert, aber für Veränderungen offenbleiben soll. Grzimek sieht in der Berücksichtigung der Ökologie nicht nur unter therapeutischen, sondern auch unter gestaltpsychologischen Kriterien die größte Herausforderung für die Landschaftsplanung der Zukunft: »Die Gestaltung von Landschaften, wie sie sich durch Aufgabe agrarischer Nutzflächen ergeben, stellt eine noch nie gewesene Aufgabe für Kultur dar. Es kommt darauf an, eine Vielfalt von Ökosystemen in mosaikartigem Wechsel zu erhalten oder entstehen zu lassen.«

Zum anderen versteht sich Grzimek als strenger Funktionalist, der die künstliche Landschaft auf Bedürfnisse und Freizeitverhalten der Besucher – ermittelt über sozialempirische Forschungen – ausrichten will: »Die Benutzbarkeit der Grünflächen ist unter Berücksichtigung der Qualitäten der Betätigung (Arbeit, Spiel, Sport, Gehen, Liegen, Sonnen, Sitzen) oft auf das Mehrfache zu steigern. Dadurch sind ihre therapeutischen Qualitäten (Bodenkontakt, Luft, Licht, Ruhe) einer möglichst großen Wirkung zugeführt.« So unterscheidet sich auch sein moderner Freiheitsbegriff von dem des 18. Jahrhunderts, und das hat seine Rückwirkung auf die Definition des Aufforderungscharakters einer solchen Anlage: »Ist der Englische Garten auf eine vorbestimmte Benutzung wie Gehen,

Schauen, Sitzen auf vorbestimmten Wegen, Plätzen und Bänken mit vorbestimmten Ausblicken komponiert und das in grünen, wohlpro-
portionierten Räumen, so ist der Olympiapark für Nutzungen bestimmt,
die weitgehend vom Besucher selbst bestimmt werden.« Hier manifestiert
sich eine Vorstellung von Autonomie, die der Überwindung der Nach-
ahmungs- und Abbildtheorie in der abstrakten Kunst entspricht. Sinnset-
zungen werden nicht vorgegeben, sondern dem Parkbenutzer abverlangt.
Es stimmt nachdenklich, daß der zweihundertjährige Englische Garten
mit seinen stimulierenden Kultur- und Naturbildern noch heute als
sozialer und kommunikativer Raum besser funktioniert als die gleichsam
neutrale Landschaftskomposition Grzimeks.

Le Roys Ökokathedrale

Einen gesteigerten ökologischen Freiheitsbegriff propagierte wenig später
der niederländische Gartenarchitekt Louis Guillaume Le Roy in seinem
1973 erschienenen Buch »Natur ausschalten – Natur einschalten«.[4] Das
allerdings kontrollierte ökologische System steht nun über jeder sozialen,
ästhetischen oder semantischen Nutzung, Freiheit ist die Freiheit der
Natur selbst. Unkräuter verlieren ihren diskriminierenden Begriff, die
Artenvielfalt nimmt zu. In der Wahrnehmung der natürlichen Entwick-
lungsprozesse soll der Garten zum »Ort ökologischer Erkenntnis«
werden. Unschwer ist in der Eliminierung der Kunst das harmonistische
Modell der »chain of being« und ihrer natürlichen »balance«, das Leitbild des Garten Eden als unberührte »wilderness« wiederzuerkennen.
Die Erfahrung lehrt jedoch, daß es Aggression auch in den natürlichen
Prozessen gibt, daß diese ohne den menschlichen Eingriff zu Mono-
kultur, Verödung und Brache führen können. Seit fast dreißig Jahren
arbeitet Le Roy an seiner »Ökokathedrale« von Mildam/Heerenveen,
einem vier Hektar großen Naturgarten, der ehemals Brache war. Ihm
kommt es auf die stetige Steigerung der Komplexität in einem pro-
zessualen Wechselspiel zwischen Selbstreproduktion der Natur und den
eher willkürlichen Setzungen seiner »freien Energie« an, etwa des Auf-
bringens von 6000 Tonnen Trümmerschutt.

Daß der Garten stets nur ein künstliches Modell von Natur verkörpern
kann, hatte schon das 18. Jahrhundert erkannt. Insofern verwundert es
nicht, daß der Gedanke des reinen Ökogartens sich nicht recht durchgesetzt hat, sondern sich in der Folgezeit mit neuen Formen der künstlerischen Symbolisierung und Visualisierung, häufig im Rückgriff auf
uralte mystische und naturphilosophische Überlieferungen, verbinden
sollte.

Die Insel Hombroich

Ein überregional bekannter Makler, der auf dem Immobilienmarkt ein
Vermögen erworben hatte, investierte in ein beispielloses Projekt nahe
Krefeld, die Museumsinsel Hombroich. Sein Konzept hatte zweifache
Wurzeln: Zum einen ging es um die Unterbringung umfangreicher und
relativ inhomogener Kunstsammlungen – altchinesische und altindische
Werke, volkskundliche Objekte sowie Gemälde und Plastiken von Künstlern wie Paul Cézanne bis hin zu Gotthard Graubner. Für ihre
Präsentation inmitten der Natur konnte man auf die Vorbilder von
Museumslandschaften wie das Ryksmuseum Kröller-Müller bei Otterlo
oder Louisiana bei Kopenhagen zurückgreifen. Zum anderen aber stand
der Gedanke der Renaturierung einer einmaligen Auenlandschaft in Verbindung mit einem historischen Landschaftsgarten des frühen 19. Jahrhunderts im Vordergrund. Beide Stränge, Kunstpräsentation und
biotopische Landschaft, sind in Hombroich zu einer neuen Qualität verbunden, die sich dem Besucher als ein positives, fast sakral überhöhtes
Erleben einer untrennbaren Einheit atmosphärisch mitteilt: »Kunst
parallel zur Natur« hieß das Motto.[5]
1982 erwarb der Makler Karl Heinrich Müller das Terrain mit dem

Insel Hombroich,
Blick aus einem
Pavillon von Erwin
Heerich

Gutshaus, dem Park und die von der Erft umschlossene Aue. Der Landschaftsarchitekt Bernhard Korte stellte den historischen Park mit seinen seltenen Spezies seit 1984 wieder her und arbeitete seine Verbindung mit der historischen Urlandschaft heraus. Die Auenlandschaft wurde durch eine sorgfältige Regulierung des Wassersystems als Ökosystem renaturiert, die ursprüngliche Flora wurde aufgesiedelt. Das Bild der Natur verdichtete sich bald auch in charakteristischen Gerüchen und Lauten.

Der Architekt Erwin Heerich fügte in diesen landschaftlichen Rahmen eine Reihe von Pavillonbauten ein, die sich zwar einerseits in ihrer weißen kubischen Gestalt bewußt absetzen, andererseits die Natursphäre einfangen und überhöhen. Im Zentrum steht als größtes Gebäude der große quadratische Ausstellungspavillon, der in seinem Grundriß die Idee des Labyrinths aufgreift. Er dient der sparsamen Ausstellung von Werken der Ming-Zeit und der meditativ-monochromen Farbkissen Graubners. Junge Musiker spielen dort gelegentlich – Bach, Henze und Milhaud, was auch immer. Ein anderer Pavillon wirkt durch langgestreckte Oberlichträume, deren verglaste Pultdächer verschiedenen Himmelsrichtungen zugewandt sind und kontrastierende Lichtwirkungen einfangen. Ein weiterer, kubischer Pavillon ist auf verschiedene Landschaftausblicke orientiert und völlig leer. Schließlich ist ein Pavillon mit einem verglasten Rundraum ganz auf die Kontemplation des Naturbilds ausgerichtet, Kissen laden zum Lagern ein. Eine völlig veränderte Rezeption von Kunst ist die Folge.

Nur sehr wenige Werke sind ausgestellt, sie stehen für sich und stammen aus unterschiedlichen Kulturkreisen. Durch das Fehlen von Beschriftungen wird jedem klassifizierenden Schubladendenken der Boden entzogen. Schließlich gibt es das Haus des Künstlers Anatol Herzfeld, der die alte Rolle des Parkeremiten neu interpretiert und seine Holzskulpturen in einem schöpferischen Prozeß vor den Augen der Besucher fortproduziert.

Die hinter diesem Gesamtkunstwerk stehende Philosophie übersetzt nicht nur viele Gedanken und Motive des 18. Jahrhunderts in unsere Gegenwart, sondern greift auch die hermetische Idee des sakralen Naturbezirks wieder auf: Hermes, der die Seelen in die elysischen Gefilde geleitet, ist nach Paul Good der Schutzpatron der Insellandschaft Hombroich, die vor allem die unmerklichen Grenzüberschreitungen thematisiert: von der Industrierand-Landschaft zur ästhetisierten Öko-Urlandschaft, vom menschlichen zum kreatürlichen und pflanzlichen Leben, vom Leben zur Kunst, von der Prähistorie zur Moderne der Gegenwart – und nicht zuletzt zwischen gegensätzlichen und doch verwandten Kulturen.

Das »Modell« Schloß Türnich

Das ökologische Modell wurde seit 1986 im Park des westfälischen Wasserschlosses Türnich von dem 1944 geborenen slowenischen Künstler Marko Pogacnik zu einer esoterisch-theosophisch geprägten Sakrallandschaft überhöht.[6] Godehard Graf Hoensbroich hatte vier Jahre zuvor mit der Sanierung des um 1850 angelegten Landschaftsparks begonnen, als er mit Pogacniks Ideenwelt in Berührung kam. Derzufolge waren Schloßkapelle und Park auf einem sogenannten »Ort der Kraft« angelegt, einem Platz, an dem kosmische Energien miteinander in Resonanz treten – analog zu den Gründungsmythen vieler großer Heiligtümer der Kulturgeschichte. Vergleichbar einer Therapie der Akupunktur hat Pogacnik Quellen, Schnittpunkte und Spannungsfelder kosmischer Strahlungen durch Male und Zeichen markiert, die sie ins Bewußtsein vermitteln und auch die Seele des Menschen von Störungen »heilen« sollen.

Schloß Türnich,
Steinsetzung an der
Allee

Ausgangspunkt des komplizierten Beziehungsgeflechts war das Fußbodenmosaik der Schloßkapelle aus dem 19. Jahrhundert, das in einem Vierpaß das kosmologische System des Sonnen- und Mondzyklus mit den Tierkreiszeichen des Jahreskreislaufs, den Jahreszeiten und zugleich den Lebensaltern des Menschen verbindet und mit Christus als Sonne in Bezug setzt. Pogacnik erkennt in der Kapelle das ganzheitliche Abbild eines im Sinne des Tao auf den Prinzipien von Yin und Yang beruhenden Universums und bekennt bei dieser Auslegung: »Ich vertraue meiner Intuition, ich lausche auf die Zeichen, die mir aus der Umwelt entgegen treten möchten, ich suche durch inneres Betrachten zu erfahren. Dabei leugne ich keineswegs, daß die verstandesmäßige linke Gehirnhälfte mit der Fähigkeit, die Welterscheinungen zu beschreiben, einzuordnen und zu verstehen, auch für mich ein wichtiges Werkzeug darstellt – aber nur, wenn sie in Beziehung zur intuitiven Hälfte steht.«

Auf dieser Basis suchte Pogacnik jahrelang die energetische Gestalt und die Schwingungen der Parklandschaft mit Hilfe von RadiästhesieInstrumenten wie Pendel, Drehwinkelsonden und Wünschelrute zu entschlüsseln. Einmal als Naturheiligtum gelesen, offenbaren sich ihm schwerlich nachvollziehbare esoterische und zahlenmystische Zusammenhänge der Gestaltungselemente des Parks, der Bäume und Freiflächen, ihrer Wachstumsformen und Kraftfelder. Ein Beispiel: Die 111 Linden der Lindenallee summiert er mit einer als neun gelesenen Form zweier Wiesenmulden zur Zahl 1119, dem Jahr, in dem der Templerorden entstand, dessen weise und geheime Nachfahren er als Schöpfer des Parks der 1893 fertiggestellten Schloßkapelle vermutet. Wie immer man Pogacniks antirationale Lesart und seine sogenannte »Lithopunktur« durch ergänzende Steinsetzungen mit esoterischen Zeichenkombinationen – sogenannten Kosmogrammen – beurteilen mag, sicher ist, daß sie einen hohen Grad spezifischer Aufmerksamkeit und einfühlender Naturwahrnehmung erzeugen können, die selbst den Skeptiker über die physisch-ästhetische Präsenz der Natur hinausführt.

Niki de Saint Phalles Tarotgarten

Einen völlig anderen Charakter des Rückgriffs in die ältere GartenKunstgeschichte stellt der Tarotgarten der französischen Bildhauerin Niki de Saint Phalle nördlich von Civitavecchia an der Grenze zwischen Toskana und Latium dar, den Stefan Tischer 1993 in der Zeitschrift »Die Gartenkunst« vorstellte.[7] Niki de Saint Phalle (geboren 1930 in Paris) wurde durch ihre überdimensionalen, zunächst aus Polyester hergestellten weiblichen Figuren, die sogenannten »Nanas«, berühmt.

Tarotgarten von Niki de Saint Phalle: Hohepriesterin, Fallender Turm, Herrscherin

Formale Einflüsse der Volkskunst, des Surrealismus, südamerikanischer und fernöstlicher Kulturen, aber auch Picassos, Miros und Légers verbinden sich in ihrer bunten Figurenwelt mit dem Stoff der Fabeln und Mythen und den Offenbarungen von Psychoanalyse, Archetypik und Esoterik. Doch verleugnet sie auch ihre Erziehung in einem katholischen Internat des »Sacre Cœur« keineswegs.

Seit 1979 arbeitete sie, zunächst mit ihrem 1991 verstorbenen Lebensgefährten Jean Tinguely, an ihrem künstlerischen Hauptwerk, dem Tarotgarten. Vor allem das Werk Antonio Gaudís, sein Park Güell in Barcelona, beeinflußte diese gigantische Skulpturenanlage. Die zweite wichtige Inspirationsquelle war der »Sacro Bosco«, der Heilige Wald des Fürsten Vicino Orsini im nahen Bomarzo aus dem letzten Drittel des 16. Jahrhunderts.[8] Nikis Tarotgarten ist nach diesem Vorbild, aus dem sie auch direkt zitiert, in einem natürlichen »Bosco« aus Eichen und Olivenbäumen in der Hügellandschaft plaziert, und er verkörpert in vergleichbarer Weise eine geheimnisvolle, verschiedene Stationen menschlicher Entwicklung und mystischer Erkenntnis darstellende Lebensreise. Name und Programm leiten sich von den 22 Stationen des seit dem Mittelalter bekannten Kartenspiels Tarot ab, über dessen Entstehung und Bedeutung diverse Spekulationen bestehen. Jedenfalls verkörpern die

Karten des Tarots als sogenannte »Große Arkana« Archetypisches, das sich mit Elementen der jüdischen Geheimlehre Kabbala einerseits, aber auch der christlichen Allegorik vergleichen läßt.

Die Hauptszenen des Gartens sind im Sinne eines barocken »teatro« auf engem Raum um den Teich gruppiert, während sich einzelne weitere Monumente im Unteren und Oberen Bosco verstreuen. Mit einem Blick erfassen wir die märchenhaften Gestalten der Hohepriesterin mit der blauen Maske und die darüber angeordnete Gestalt des Magiers, aus dessen verspiegeltem Kopf eine silberne Hand emporragt, die die Sonnenstrahlen weit in die Landschaft reflektiert. Gleichfalls verspiegelt ist der schräg dahinterliegende Turm, dessen vom Blitz getroffene Spitze abgeknickt ist. Er ist mit der Figur des Herrschers unmittelbar verbunden. Zur Linken blicken wir auf die monumentale Sphinx mit ihren prallen Brüsten, die die Herrscherin verkörpert und in deren Innerem die Künstlerin ihr Atelier eingerichtet hatte. Im Vordergrund sehen wir den Teich, in dem das Glücksrad (von Jean Tinguely) und die Figur des Narren stehen. Der Narr, durch Stab, Bündel und Schrittstellung als wandernder Pilger interpretiert, ist der Archetyp des Kindes, voller Unwissenheit und Unbekümmertheit. Er ist auch die Identifikationsfigur des Besuchers, der von hier aus seine wundersame Reise antritt.

Die Hohepriesterin entspricht dem Archetypus der jungfräulichen Göttin und erinnert an Isis oder an die Jungfrau Maria. Ihr Wesen ist lunar, ihre Farbe blau. Sie ist ganz Intuition und herrscht über unsere Seele, über unser Unterbewußtes. Sie ist die Quelle des Lebenswassers, das sich aus ihrem Mund in den Teich ergießt. Schlangen bilden ihre Haare und umfassen den Teichrand. Der Kopf der Hohepriesterin lehnt sich an das Höllenmaul des Sacro Bosco von Bomarzo an, in dem Kardinal Orsini mit seinen Freunden zu speisen pflegte. Der Magier als Sinnbild der männlichen Schöpferkraft ist so über der Hohepriesterin angeordnet, daß er sie zu beherrschen scheint, und doch sind beide als ein Doppelwesen aufgefaßt. Darauf verweist auch das Zeichen des chinesischen Yin-Yang. Eine Treppe führt durch ihren Kopf in ein Geheimzimmer in seinem Kopf. Die Idee des Kopfzimmers findet sich schon im »Apennin«, der Monumentalstatue im Renaissancegarten von Pratolino. Zusammen veranschaulichen beide die Spannung zwischen Erde und Himmel, zwischen Weiblichem und Männlichem.

Die Herrscherin, personifiziert durch die Sphinx, entspricht dem Archetypus der Urmutter, fruchtbar, beschützend, aber auch zerstörerisch und rätselhaft. Ihre Haare sind von einem blauen Spiegelnetz umgeben, in dem silberne Sterne und Monde funkeln: eine Königin der Nacht. Ihre Herrschaft drückt sich in den Pranken, ihre Fruchtbarkeit in den Brüsten aus. An ihrer Flanke sind weibliche Idolbilder eingelassen: die Venus von Milo, Botticellis Venus, die Diana von Ephesos. Ihr Gegenstück bildet das Castell des Herrschers (Archetyp Vater). Nach innen ist die Burg mit einem Säulenhof und Wehrgang ausgestattet, von denen letzterer auf die damit verbundene Bedrohung und Abschottung von der Natur hinweist. Unmittelbar mit dem Herrscherkastell ist das Motiv des Turms verbunden, das wir gleichfalls aus der älteren Gartenkunst kennen, etwa als Refugium einer »Turmgesellschaft«. Hier symbolisiert der Turm männliche Hybris und Macht (Babylon), aber auch Vanitas. Assoziiert wird die Vergeblichkeit des Fortschritts durch menschliche Erfindungskraft: Die abgeknickte Spitze steht dabei in Analogie zum alten Symbol der abgebrochenen Säule.

Die Gruppe der Liebenden beim Picknick, von hinten bereits von der Schlange bedroht, repräsentiert die Ursituation des Menschen am Scheideweg: in sinnlicher Lust und Materialität aufgehen oder die Wahrheit suchen und dem tiefer im Walde angesiedelten Eremiten folgen? Die beiden haben einen Apfel aufgeschnitten, aus dem ihnen der Totenkopf entgegenblickt. Der Einsiedler, hinreichend bekannt durch die Eremitageszenen des Landschaftsgartens, verkörpert den Rückzug in die Natur und die Hinwendung zu Gott. Er ist der Weise und hat im wahrsten Sinne des Wortes das Herz auf dem rechten Fleck. Er ist ähnlich gestaltet wie der Narr zu Beginn der Wanderung, oder hat sich der Narr inzwischen zum Einsiedler geläutert? So gesehen gewinnt er Eigenschaften, mit denen er alle Anfechtungen des vor ihm liegenden Prüfungswegs bestehen kann.

Nun kann der Wanderer auch getrost dem Tod begegnen, der als Apokalyptischer Reiter erscheint und alles Lebendige unter seinen Hufen zermalmt, oder dem Teufel als dem großen Versucher, der seine kleinen gesichtslosen Sklaven an unsichtbaren Fäden zu führen scheint. Hat er all die Prüfungen bestanden, so trifft er am Ende auf die letzte Karte des Tarotspiels, die die Antwort auf die Fragen der Sphinx darstellt: auf die Welt oder den Archetyp des wiedergewonnenen Paradieses. Eine von Nikis Nanas im leichten goldenen Gewand tanzt fröhlich auf dem goldenen Ei, dem Sinnbild der Wiedergeburt, das von einer Schlange umwunden ist, der Urschlange Ouroboros. Man kann darin auch die Weltkugel sehen, die stets bedroht ist. Die Grazie nicht zu verlieren, mit der man darauf balanciert und tanzt, darin liegt das Geheimnis! Ob allerdings die recht drastischen Wiederbelebungsversuche solcher Archetypik und ihrer künstlerischen Muster eine überzeugende Antwort auf die aktuelle moralische, ökologische und ästhetische Bewußtseinslage darstellen, mag offenbleiben.

James Turrells Projekt eines »Irish-Sky-Garden«

Im Südwesten Irlands, nahe der Hafenstadt Skibbereen, liegt das Herren-
haus Liss Ard aus dem 19. Jahrhundert, das der Züricher Galerist Veith
Turske 1989 mitsamt 75 ha Land als Sommer- und Alterssitz erwarb.
Schon im folgenden Jahr brachte er den Großteil des Parks und Weideland in eine Stiftung ein, die sich die Verwirklichung eines modernen
Landschaftsgarten-Projekts zum Ziel setzte. Ausschlaggebend war die
Freundschaft des Ehepaars Turske mit dem amerikanischen Licht- und
Raumkünstler James Turrell, der, begeistert vom irischen Licht, ein Konzept für einen »Himmels-Garten« entwickelte, mit dessen Realisierung
1990 begonnen wurde. Ergänzend trat die Idee eines irischen Ökogartens
hinzu. Der Gärtner Hayer begann den pflanzlichen Bestand zu sanieren
und ergänzte die Flora der älteren Parkteile um fehlende Spezies mit dem
Ziel, ein Mikromodell der altirischen Pflanzenwelt zurückzugewinnen.

James Turrell (geboren 1943 in Los Angeles) war zu diesem Zeitpunkt
bereits ein international beachteter Raum- und Lichtkünstler. Turrell geht
es nicht um den Raum an sich, sondern um die suggestive Gestaltung von

James Turrell, der Krater im Irish-Sky-Garden im County Cork

Farblichtatmosphären, die sich nur über den Raum entfalten und unmerklich verändern können. Die Wahrnehmung seitens des Betrachters bleibt dabei jedoch in der Regel auf ein zweidimensionales Blickfeld beschränkt, sein leiblicher Raumbezug wird absichtlich völlig abgeschnitten. Mit besonderer Sorgfalt analysiert Turrell die Wirkung der rahmenden Begrenzungen auf die Licht- und Farbraumqualitäten des dahinterliegenden Felds. In experimentellen Reihen hat er rechteckige, quadratische, runde und ovale Durchblicke getestet. Je nach Rahmenform verändert sich die Wölbungsillusion des Ausschnitts.

Im »Irish-Sky-Garden« will Turrell das irische Himmelslicht auf diese Weise zu unterschiedlichen raumplastischen Gebilden formen. Auf einer vorgegebenen Führungslinie im Sinne des klassischen Landschaftsgartens waren drei monumentale Bauwerke vorgesehen, die der Parkbesucher zu durchlaufen hat: der Krater, der Wall und die Pyramide. Sie erinnern, nicht zuletzt durch ihre Ausmaße, an die Projekte der französischen Revolutionsarchitekten, namentlich Etienne-Louis Boullées. Aber Turrell sind nicht so sehr ihre geometrisierte Gestalt und ihr plastisches Volumen in der Unendlichkeit des Landschaftsraums wichtig, denn es geht weniger um das äußere Architekturbild oder gar um eine Staffagewirkung: über die Lichtregie und Lichterfahrung kommt er Boullée um so näher, hatte doch Boullée in seiner Anfang der neunziger Jahre des 18. Jahrhunderts entstandenen Architekturtheorie »Essai sur l'architecture« das Licht zum eigentlichen Schöpfer jeglicher Architekturform und zugleich zur Quelle des emotionalen Kunsterlebnisses erklärt.[10] Die Qualität des Lichts begründet die sensualistische Architekturästhetik des 18. Jahrhunderts und in starkem Maße auch ihre stimmungsbestimmte Rezeption. Hier knüpft Turrell im Sinne eines abstrakten Sensualismus an.

Man betritt die drei Bauten durch lange, enge und unterirdische Gänge, die kontinuierliche Abdunklung bewirken. Aus dem Dunkel tritt man – den Grottenführungen des Landschaftsgartens vergleichbar – am Ende in den zentralen Lichtraum ein, der sich nach oben öffnet: »Aus diesem Grund bediene ich mich der Allegorie einer Gartenarbeit am Himmel ... In diesem Sinne blicken wir eigentlich nicht so sehr in diesen Garten hinein als vielmehr aus diesem Garten hinaus.«[11]

Im Bauwerk des sogenannten »Mound«, das sich am Pantheon orientiert, trifft man auf eine kreisrunde Öffnung, über die sich der Himmel wie eine Kuppel zu wölben scheint. Bei jedem Wetter und zu jeder Stunde entstehen verschiedene Himmels- und Wolkenbilder. Der Bezug zur realen Landschaft wird auf diesem Führungsweg strikt eingegrenzt, das Himmelslabor wirkt hermetisch. Nur aus einem Spalt wird der Blick durch eine schmale Öffnung auf die ferne Bergspitze des wegen seiner fast geometrisch reinen Form schon von den Kelten geheiligten Berges Corrig Fada gelenkt. Die Öffnung ist auf einen steinernen Thron im Inneren ausgerichtet, der Assoziationen an König Artus' Tafelrunde weckt: »Ich glaube an die Notwendigkeit und den Gedanken spiritueller Sensibilitäten oder Dimensionen, die über uns hinausgehen. Das Entscheidende für mich ist jedoch, sie dem Bereich des religiösen Vokabulars zu entreißen«, sagt Turrell.

Aus der Pyramide wird der Blick nach oben auf einen quadratischen Himmelsausschnitt gelenkt. Der Himmel – sei er taghell oder sternenübersät – scheint nun flach wie eine Platte auf der Öffnung aufzuliegen. Über eine kubische Grotte, die ganz mit Moos ausgekleidet werden soll, kann der Besucher von dort zu den Spazierwegen des Ökogartens hinabschreiten.

Verwirklicht wurde aufgrund finanzieller Einschränkungen und persönlicher Probleme zwischen Initiator und Künstler nur der Krater, eine verkleinerte Version von Turrells Roden-Crater-Projekt in Arizona, wo zur Jahrtausendwende ein erloschener Vulkan durch unterirdische Zugänge und durch die Begradigung des Kraterrands in einen Kultraum des Himmelslichts verwandelt werden soll. Der Krater von Liss Ard wurde im Sommer 1995 fertiggestellt. Hier kann sich der Himmel wie ein konzentrisch geblähtes Segel über die ovale Himmelsöffnung spannen, steinerne Liegen weisen dem nur einzeln zugelassenen Betrachter die richtige Wahrnehmungsposition an und erzeugen eine kultische Aura. Bedauerlicherweise ist die künstlerische Bedeutung des Sky-Garden-Projekts mit der Aufgabe der Gesamtkonzeption erheblich reduziert. Der Krater steht nun im Kontext eines konventionelleren Naturparkerlebnisses, für das eine neue Zielgruppe geworben wird: »Ein Fest für die Sinne: Das Auge wandert über Stock, Stein und Farbenpracht, hier hört der Mensch wieder auf die Natur; blühende Düfte und lauschige Wasserspiele sorgen für friedvolles Verweilen. Einige sensibel gesetzte architektonische Akzente schaffen gar magische Momente innerhalb der faszinierenden Tier- und Pflanzenwelt ...«[12]

Ian Hamilton Finlays »Little Sparta«, Schottland

Ian Hamilton Finlay (geboren 1925) zählt zu den bekannten und umstrittenen Künstlern der Gegenwart. Sein Garten »Little Sparta« in der Gemarkung mit dem vielsagenden Namen »Stony Path« etwa vierzig Kilometer westlich von Edinburgh, den er seit 1966 anlegt und seit mehr als zwanzig Jahren nicht mehr verlassen hat, ist am unmittelbarsten auf Rezepte des klassischen Landschaftsgartens des 18. Jahrhunderts gegründet.[13] Im Zitieren historischer Szenen, Monumente und Bildungsinhalte entsteht eine Idylle, deren Verfremdung erst auf den zweiten Blick ins Auge fällt und zwiespältige Botschaften vermittelt.

Finlay begann als Vertreter einer »konkreten Poesie«. Ihm geht es um die künstlerischen Möglichkeiten einer neuen Metaphorik in der Reaktualisierung des Verhältnisses von Wort und Bild, wobei er das alte Konzept der Emblematik aufgreift und gedankliche Relationen zwischen Ikon, Motto und erklärendem Epigramm auf neue und oft provokante Weise herstellt. Der künstlerischen Äußerung, die im Kunstbetrieb belanglos geworden scheint, soll damit ihre verletzende Spitze wiedergegeben werden: »Daß er die Bereiche von Tod, Macht, Pathos und Moral für die Kunst zurückgewinnen will, zwingt ihn dazu, die Tabuisierung gewisser Formen und Mittel zu durchbrechen, die wir gedankenlos mit ›antidemokratisch‹ assoziieren«, schreibt Karl Schawelka.

Der Garten, der durch Publikationen und Fernsehfeatures in den letzten Jahren berühmt geworden ist, ist klein (circa 16 000 Quadratmeter) und gliedert sich in mehrere Partien, die sich um das bescheidene Wohnhaus gruppieren. Zusammen mit seiner Frau bepflanzte Finlay seit 1968 das kahle Weideland und schuf so gegensätzliche Szenen mit üppiger Vegetation: den Tempelpool, der zwischen Haus und ehemaligen Wirtschaftsgebäuden gelegen ist, den »Front Garden« und »Julies Garden« nach Rousseaus Roman »Nouvelle Heloïse«. Nordöstlich und nordwestlich der Gebäude liegen in freiere Weidelandschaft übergehend der dichte Waldgarten (Woodland Garden), der große See und das Gehölz mit dem kleinen Waldteich.

Zahlreiche Staffagen und Monumente sind in diesen Partien verstreut, wobei sich Finlay auf die »poetischen Gärten« des frühen 18. Jahrhunderts, vor allem auf Alexander Popes Garten in Twickenham und auf William Shenstones Zierfarm »The Leasowes« in Shropshire, beruft. Shenstones 1764 erschienene Gartenmaximen »Unconnected Thoughts on Gardening« paraphrasiert er in seinen »Unconnected sentences on gardening«: »A liberals compost heap is his castle«, oder »Ecology is Nature-Philosophy secularized« und schließlich »Certain gardens are described as retreats when they are really attacks«.

Tatsächlich liegt die Sprengkraft des Finlayschen Gartens, die schon im Namen »Klein Sparta« steckt, in der provokanten Darstellung der Radikalisierung von Werten der Aufklärung, die ihm den Vorwurf einer

Affinität zum Faschismus eingetragen hat. Niemand stört sich am Zitat des Dürerschen »Rasenstücks« mit der zwischen den Bäumen aufgehängten Monogrammtafel (1980). Harmlos erscheinen zunächst auch die Anrufungen Claude Lorrains oder Nicolas Poussins (1980/82), die das arkadische Landschaftsideal der englischen Gartenkunst so maßgeblich beeinflußt haben. Aber schon die Umdeutung des Sarkophags in Poussins Arkadienbild zu einem camouflierten deutschen Kampfpanzer lehrt das Gruseln: »Et ego in Arcadia« besagt ein Relief aus dem Jahre 1977. Ist das Wunschbild Arkadien nicht schon bei Vergil zum Ort der Melancholie geworden und heute erst recht eine Fiktion, hinter der Gewalt und Tod lauern?

Die Aufschmückung eines ehemaligen Stallgebäudes zum Apollo-Tempel durch Pilaster, Giebel und die Inschrift »To Apollo – His Music – His Missiles – His Muses« evoziert den inneren Zusammenhang zwischen der harmonischen Ordnung des Klassizismus und seiner strengen Herrschaftsgebärde, die ihn stets für Diktaturen brauchbar machte: »So wie öffentlicher Sex für die viktorianische Zeit provokant war, so ist es der Klassizismus für uns heute«, sagt Finlay. An anderer Stelle hat er Apolls Leier mit der Kalaschnikoff vertauscht. Apollo stand seit jeher für die Sublimierung und Unterdrückung triebhafter Natur zugunsten einer Kultur, die zumeist auch Macht und Herrschaft legitimieren mußte.

Im Inneren wurde Apolls Gartentempel mit Objekten ausgestattet, deren Bildsprachlichkeit sich auf die Revolution bezieht (1984): Die Gießkanne mit der Kokarde, die den Gedanken an die Egalité (Gießkannenprinzip) persifliert, der Bienenkorb, ein altes Emblem für die Gleichheit und die zugleich unbarmherzige Organisation des Bienenstaats, die aufgerichtete Mauer, die an das Tribunal erinnert und das Beil des Scharfrichters. Finlays Helden, Robespierre und der als »grausamer Engel der Revolution« bekannte Saint-Just, werden in ihrer Paradoxie zitiert: »Terror is the Piety of the Revolution«. Die aufgehängten Sensen verbinden den pastoralen Naturkult der Revolution mit der gängigen Allegorie des Todes. Man hat Finlay eine Rhetorik im Sinne des »Erhabenen« bescheinigt, also jener Ästhetik des 18. Jahrhunderts, die auf der Verbindung von Schauer und heimlichem Wohlgefallen aufbaut und heute keineswegs unaktuell geworden ist. Aber geht es nicht gerade um die Entlarvung der erhabenen Gesten?

Die »klassizistische Aufrüstung« (neoclassical rearmament), von der er als Antwort auf den kulturellen Verfall sprach, wurde als Affirmation abendländischer Traditionen ganz ernst genommen. Günter Metken sieht darin »ein Netz, das von Platon und Anaximander oder Heraklit bis hin zu Ludwig Wittgenstein geknüpft wurde als Rahmen westlichen Denkens und Argumentierens. Reißt es, so fallen wir heraus ins Bodenlose.« Sollte ein 1978 aufgestellter »Fünf-Jahres-Plan zur Hellenisierung« nicht eher nachdenklich stimmen, wieviel Unerwünschtes in diesem Netz schon hängengeblieben ist?

Finlay lockt auf die Fährte jener klassischen Werte, auf die wir uns heute noch gern berufen und aus denen auch der Landschaftsgarten als »Garten der Freiheit« einst entstanden war: die Landschaftsharmonien

Ian Hamilton Finlay, Nuclear Sail in Little Sparta, 1974

Claude Lorrains und Nicolas Poussins mitsamt ihrer konfliktfreien Hirtengesellschaft, der Freiheitsbegriff Rousseaus und der Aufklärer sowie die Gleichheitsgrundsätze der Revolution. Aber er konterkariert diese Topoi, indem er die historischen Konsequenzen ihrer Durchsetzung zeigt, das Umschlagen der Ideale in Terror und Faschismus inszeniert. Gerade darin liegt die Verunsicherung des Betrachters, der Zündstoff seines »subversiven« Klassizismus (Charles Jencks). Es sollte nicht übersehen werden, daß auch eine typisch britische Variante geistreicher Witzelei mitspielt.

Finlay stellte beispielsweise kleine Flugzeugträger in den Teich, die als Futterplätze der Vögel dienen (1972). Die Flugzeugträger verwandeln die Vögel, wie er sagt, in kleine Bomber, die hier landen und starten: Der Mythos der unschuldigen Natur wird durchbrochen. Oder betrachten wir jene majestätische Stele aus geschliffenem schwarzen Granit, die ästhetisch ansprechend und an einen Menhir erinnernd in die Landschaft ragt, aber zugleich nach Form und Titel – Nuclear Sail (1974) – an die Kommandobrücke eines Atom-Unterseeboots erinnert, das dieses Arkadien durchkreuzt. Finlay gibt damit den kulturellen Symbolen etwas von ihrer Macht zurück, indem er zeigt, welche Zerstörungskräfte schon immer die Kehrseite unserer Utopien waren. Ob dies in jedem Fall gelingt oder ob nicht bisweilen der Eindruck des Kunstgewerblichen aufkommt und unklare Regieanweisungen fatale Mißverständnisse begünstigen, steht auf einem anderen Blatt.

Versuchen wir ein Fazit zu ziehen:
Auf höchst unterschiedliche Weise knüpfen die gezeigten Beispiele an Konzepte historischer Gartenkunst, vor allem des Landschaftsgartens, an. Sie übernehmen Motive, Themen und ästhetische Strategien in einer reflektierten Form und transformieren sie vor dem Hintergrund unseres aktuellen Bewußtseins, weil ihnen in jedem Fall eine intensive Auseinandersetzung mit der apokalyptischen Gefährdung der Natur und des Menschen zugrunde liegt. Grzimek antwortet dialektisch auf die Gestaltformen des Totalitarismus und auf neue soziale Erfahrungen, Le Roy setzt sich mit einer meditativen Rezeption von Kunst als Erkenntnisquelle auseinander, Pogacnik thematisiert Naturwahrnehmung als einen esoterischen Prozeß, Niki de Saint Phalle allegorisiert die menschliche Lebensreise in Anlehnung an archetypisch-mythische Vorbilder, und James Turrell zielt auf eine neue kosmische Lichterfahrung als Religion ersetzendes Kunsterlebnis. Gemeinsam ist ihnen – bei allen postmodernen Brechungen – der Wunsch, eine arkadisch-paradiesische oder kosmisch-transzendente Naturidee unter neuen Vorzeichen im Bewußt-

sein wiederzuerwecken. Nur Finlay, der formal dem klassischen Landschaftsgarten am nächsten steht, sät »Zweifel an Arkadien« (Günter Metken), entlarvt kritisch die Dialektik der Idylle. Aber gerade in dieser Negation wird sie letztlich um so wirkungsvoller als Wunschbild bestätigt.

Vor diesem Hintergrund stellt sich die Frage, was es bedeutet, wenn wir in den letzten Jahren in der landschaftsräumlichen Gestaltung zunehmend wieder auf streng formale, ja gewaltsame steinerne Axial-

Dani Karavan, Axe majeur in Pontoise

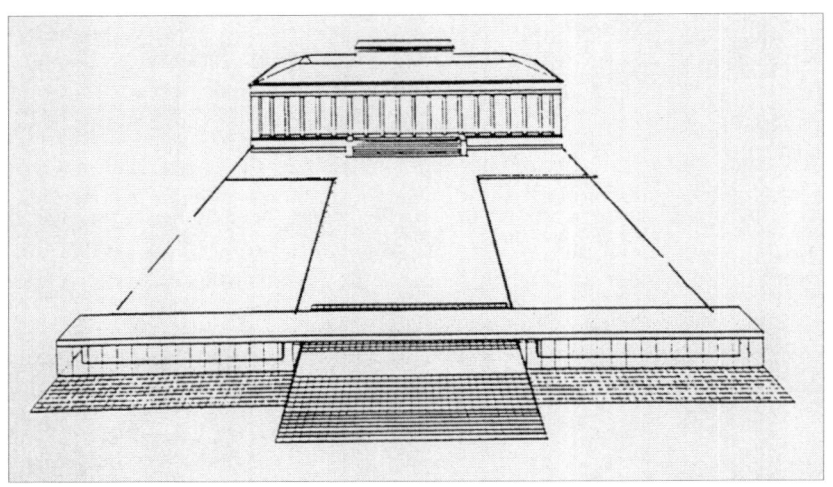

Gerhard Merz, Preisgekrönter Entwurf für den Berliner Lustgarten 1994

und Symmetriesetzungen stoßen, die sich als Manifestationen eines postmodernen Neoklassizismus verstehen: Dani Karavan, dem 1930 in Tel Aviv geborenen Raumkünstler, kann man gewiß keine antidemokratischen Sympathien vorwerfen, und doch hinterläßt seine seit 1980 geplante Axe majeur an der Pariser Peripherie einen zwiespältigen, an die Stadtkonzepte des Nationalsozialismus (etwa Herbert Rimpls Hermann-Göring-Stadt Watenstedt-Salzgitter) erinnernden Eindruck. Gerhard Merz, ein politisch ebenso unverdächtiger Künstler, beruft sich in seinem Berliner Lustgartenentwurf von 1994 auf Schinkel und Mies van der Rohe[14], schließt aber mit der granitenen Zentralachse und der strengen Symmetrisierung durch ein Propylon eher an die gewaltsam-heroische Umnutzung des deutschen Klassizismus durch die Architekten des Dritten Reichs an, wie ein Vergleich mit einem Projekt von Kreis für den Adolf-Hitler-Platz in Dresden suggeriert. Damals ging es darum, »dem Stadtgrundriß die neue Ordnung von Volk und Reich aufzuprägen« – so Rudolf Wolters 1942.[15]

Karavan zieht sich in einem 1993 mit Udo Weilacher geführten Gespräch[16] auf eine Art künstlerischen Befehlsnotstand zurück, der ebenfalls bekannt klingt: »Den Bau der Axe majeur habe ich niemandem vorgeschlagen, und wenn man mich nicht gebeten hätte, sie zu verwirklichen, hätte ich dieses Projekt nie ausgeführt ... Ich kannte meine Auftraggeber nicht ... mein Auftrag war eine drei Kilometer lange Achse zu bauen, und ich konnte diesen Auftrag nicht ändern. Ich zweifle, ob ...

ich das Richtige getan habe.« Aber reicht das? Darf man unter dem postmodernen Vorwand, die Sprache der Architektur und Landschaftsgestaltung habe ihre ursprünglichen Konnotationen eingebüßt, einen Paradigmenwechsel vollziehen, der die eingestandene Sehnsucht nach Arkadien durch die heimliche Sehnsucht nach allzu bekannten Ordnungsmustern ersetzt – Ordnungsmuster, die Natur wieder ausblenden, die das Individuum wieder verkleinern und zur Masse anonymisieren, die seinem Gang Haltung einüben und es auf ein einziges erhabenes Ziel ausrichten, das – inhaltlich leer – dennoch schicksalhafte Unterordnung verlangt und nebelhaft Erlösung suggeriert?

Wer heroische Phrasen wiederbelebt, ohne die Anführungsstriche sichtbar zu machen, muß in Kauf nehmen, mißverstanden zu werden.

Ulrich Kuder

Michael Heizers »*Effigy Tumuli*«.
Land Art als inszenierte und rekultivierte Natur

Im Frühjahr 1983 erhielt der amerikanische Künstler Michael Heizer (geboren 1944 in Berkeley, Kalifornien) einen Großauftrag. Im Bundesstaat Illinois, circa 120 km südwestlich von Chicago und gut 3 km westlich der Stadt Ottawa am nördlichen Steilufer des Illinois, einem Nebenfluß des Mississippi, im Gebiet des Buffalo Rock war das Gelände eines seit vierzig Jahren aufgelassenen Tagebau-Kohlebergwerks neu zu gestalten.[1] Das unregelmäßig begrenzte Terrain von etwa 12 070 Acres mit einer Länge von etwa 1 600 Metern und einer Breite von 800 Metern, eine Landschaft aus purpurfarbenen Furchen von Pyrit und Schiefer,[2] war vollkommen verwüstet und durch säurehaltiges Wasser so sehr verdorben, daß keine nennenswerte Vegetation mehr gedeihen konnte.

Der Anstoß, es zu rekultivieren und zugleich in einer einzigartigen Weise mit Erdskulpturen künstlerisch zu gestalten, ging von Edmund B. Thornton, dem Präsidenten *(chairman)* der *Ottawa Silica Company*, aus.[3] Seine Gesellschaft, eine der größten dieser Art in den USA, fördert Silikat, das für die Glasherstellung gebraucht wird. Durch Eva Pape, eine freischaffende Kunstvermittlerin und Ausstellungsorganisatorin polnischer Herkunft, die er 1976 in New York kennengelernt hatte, war er zum Kunstfreund geworden. Seit 1978 verfolgte er gemeinsam mit Eva Pape den Plan, das wenige Meilen von dem Hauptsitz und den Silikatgruben seiner Gesellschaft in Ottawa, Illinois, gelegene Plateau von Buffalo Rock in ein Skulpturengelände *(sculptor site)* zu verwandeln.

Staatlicher Unterstützung konnte er sich dabei versichern. Im Staat Illinois war bis zum Jahre 1962 durch etwa 800 aufgegebene Gruben ein verwüstetes und teilweise verseuchtes Gelände von insgesamt etwa 810 000 Acres entstanden. Abhilfe sollte der 1975 gegründete *Abandoned Mined Lands Reclamation Council* (AMLRC; Rat zur Rekultivierung aufgegebener Grubengebiete) schaffen, zu dessen finanzieller Unterstützung seit 1977 auch der aktive Kohleabbau gesetzlich verpflichtet war. Thornton, selbst Mitglied des AMLRC, schlug dem Staat Illinois folgendes Geschäft vor: die Schenkung des zu rekultivierenden

Gebiets an den Staat Illinois durch seine Silikat-Gesellschaft gegen die Gewährung von Steuererleichterungen für sein Unternehmen und die Verpflichtung des Staates, das Gelände gemäß einem Plan zu rekultivieren, der dem öffentlichen Wohl dienen und künstlerische Gestaltung einbeziehen sollte. Dieser Plan wurde durch den Illinois Lieutenant Governor George H. Ryan unterstützt.[4] Von vornherein waren also Verbesserungen zweierlei Art vorgesehen: das Gelände sollte sowohl durch Agraringenieure rekultiviert wie auch durch einen Künstler gestaltet werden.[5]

Das ursprüngliche Vorhaben, dem japano-amerikanischen Bildhauer und Designer Isamu Noguchi[6] die künstlerische Gestaltung anzuvertrauen, blieb folgenlos. Nachdem Thornton und Pape Werke Noguchis aufgesucht und Noguchi seinerseits Ende der siebziger Jahre Buffalo Rock gesehen hatte, drohte das Projekt dennoch zu scheitern.[7] 1981 schlug ein Komitee von Kunstexperten vor, einen Landschafts-Skulpturen-Park mit Werken von einem halben Dutzend führender zeitgenössischer Bildhauer einzurichten, doch Thornton stellte sich dem entgegen – er hielt die Idee für wenig originell. Vor Weihnachten 1982 aber machten, ohne vorher von dem Buffalo-Rock-Projekt gehört zu haben, Richard Bellamy, ein Freund und ehemaliger Galerist von Michael Heizer, und Rudi Oxenaar, der damalige Direktor des Museums Kröller-Müller in Otterlo, einen Besuch bei Isamu Noguchi in New York, der seinen Gästen von dem stagnierenden Unternehmen berichtete, die Möglichkeiten des Geländes rühmte, aber auch bemerkte, daß es wahrscheinlich nichts für ihn selbst sei. Bellamy und Oxenaar dachten sofort an Michael Heizer, suchten den Kontakt zu Thornton und vermittelten Heizer den Auftrag.

1984 konnte mit den Arbeiten begonnen werden. Die eigentliche Errichtung der Erdhügel vollzog sich in zwei Phasen zwischen Frühjahr und Herbst 1985. Nur wenig verfrüht wurde das fast fertiggestellte Gelände am 29. Oktober 1985 feierlich übergeben.[8] Der AMLRC und Heizer hatten etwa 420 440 m³ Erde[9] bewegen und etwa 6 000 Tonnen Kalkstein[10] ausschütten lassen, um den Säuregehalt des Bodens zu reduzieren und dadurch einen neuen Bewuchs zu ermöglichen. Aus Gründen der Kostensenkung war es notwendig, soweit irgend möglich für die *Tumuli* die bereits bestehenden Bodenformationen zu benutzen.[11]

Daß dieses Werk zustande kam und gerade Michael Heizer es vollbrachte, ist keineswegs selbstverständlich, mußte er dabei doch gleich zweimal über seinen Schatten springen, nämlich über den, den er als

»abstrakter« Künstler, und über den, den er in seiner Ablehnung von »Rekultivierungskunst« *(reclamation art)* bisher geworfen hatte. Die Probleme, mit denen sich Heizer in Illinois konfrontiert sah, sind jedoch nicht nur die eines einzelnen Künstlers: grundsätzlicher Art, betreffen sie das Verhältnis von Kunst und Landschaft, das am Beispiel der *Effigy Tumuli*, ihrer Genese und ihres Wandels, untersucht werden kann.

Bekannt geworden war Michael Heizer vor allem durch *Nine Nevada Depressions* (1968) und *Double Negative* (1969/70). *Nine Nevada Depressions* bestand aus unterschiedlichen Bodenmarkierungen an neun, mehrere hundert Kilometer voneinander entfernten Orten in Nevada. Diese Arbeiten, aufgrund der Witterung inzwischen unkenntlich geworden und verschwunden, sind sämtlich nichtgegenständlicher Art. Für No. 1 dieser *Depressions*[12] mit dem Titel *Rift* (Riß) wurden 1,36 Tonnen Erd- und Steinmaterial in einem ausgetrockneten See so versenkt, daß sich dort eine Zickzacklinie bildete. Zur Vorbereitung von No. 8, *Dissipate*[13], ließ Heizer Zündhölzer auf Papier fallen, fixierte sie mit Klebstoff und übertrug diese durch Zufall entstandene Struktur vergrößert in die Landschaft von Black Rock Desert; für jedes Zündholz wurde ein circa drei Meter langes Holzobjekt in den Boden eingelassen. No. 9, *Isolated Mass / Circumflex*[14], bildete eine einfache Schleife, die ein kreisförmiges Stück Boden aus dem Massacre Dry Lake isolierte.

1969/70 hatte Heizer in der Wüste von Nevada, knapp 130 Kilometer von Las Vegas entfernt, sein *Double Negative*[15] geschaffen, eines der einflußreichsten Kunstwerke der letzten Jahrzehnte. *Double Negative* ist eine Ausschachtung, zehn Meter breit, fünfzehn Meter tief und im ganzen, über das Tal hinweg, 450 Meter lang, »im Prinzip ... ein ausgesparter riesiger Balken, der quer über einem Tal am Rande der Mesa liegt«[16]. 1969 wurden 40000 Tonnen, 1970 200000 Tonnen Sand und Felsbrocken verschoben. Die beiden Teile des Negativs verlaufen in genau derselben Richtung. Negativ ist das Objekt, weil seine Form materiallos ist, allein durch die Erdbewegung des Grabens und Aufschüttens entstanden. Ein Doppelnegativ aber ist es nicht allein, weil es sich aus zwei Hälften links und rechts des Tals zusammensetzt, vielmehr vor allem, weil die Aushebung quer zu dem natürlichen Tal steht, das als die andere Hälfte des Doppelnegativs Teil der negativen Skulptur ist, die durch den Einschnitt entstand.

Heizers *Effigy Tumuli* sind fünf architektonisch-skulpturale Gebilde, längliche, exakt begradigte, nivellierte Hügel, die meisten mit leicht

Michael Heizer, Effigy Tumuli, Gesamtansicht (Luftbild). Im Vordergrund: Wasserspinne, dann folgen Frosch, Katzenfisch und Schildkröte

ansteigender Oberfläche: ein Frosch, eine Wasserspinne *(water strider)*, eine Schildkröte, ein Katzenfisch und eine Schlange. Sie könnten auch als abstrakte Formen beschrieben werden.

Der Frosch ist achsensymmetrisch, wobei die Symmetrieachse dadurch hervorgehoben wird, daß die mittlere Partie etwas höher aufsteigt als die Seitenteile. Dieses Mittelstück hat die Form eines stark in die Länge gezogenen Sechsecks. Zu den Seiten dieses Mittelstücks sind je zwei weitere, etwas kleinere Keile leicht gegeneinander versetzt und von verschiedener Höhe, so daß sich eine Stufung ergibt.

Die Schildkröte ist nahe am Fluß plaziert, mit dem Kopf unten am Wasser, wie auch der Frosch dem Fluß zugewandt ist. Als Panzer der Schildkröte wurde der Abhang des Plateaus zum Illinois hin in seiner vorgefundenen Form belassen, nur ihren Extremitäten gab Heizer eine präzis geometrische Gestalt.

Der Katzenfisch, ebenfalls zum Fluß hin orientiert, hat vorne vier Fibrillen und seitlich, gleichsam als Flossen, je zwei flache Pyramiden auf dreieckigem Grundriß. Auch sein Rücken ist mit solchen Pyramiden, auf

Michael Heizer, Effigy Tumuli, Teilansicht (Luftbild). Schlange

Michael Heizer, Modell für Effigy Tumuli. Schlange

trapezförmigem Grundriß, besetzt, die gewissermaßen die Rückenflossen darstellen. Am rückwärtigen Ende ist eine keilförmige Schwanzflosse angegeben.

Die Wasserspinne ist ein flacher, langgestreckter, symmetrischer Hügel auf linsenförmigem Grundriß. Der Grat dieses Hügels ist hervorgehoben und kantig abgesetzt. Auch der Kopf dieser Spinne ist angedeutet. Die Spinnenbeine sind geknickt, die hinteren Beinpaare mit einem Haken zum Körper hin versehen. Die Wasserspinne ist die äußerste, südlichste Figur der *Effigy Tumuli*. Als einzige läuft sie vom Fluß dem Land zu.

Der Kopf der Schlange ist zum Fluß hin gerichtet. Sie hat nicht die Gestalt eines kohärenten Schlangenleibs; zu sehen sind einzelne Stücke, manche in der Form eines Prismas. Der Kopf gleicht einer abgeflachten Pyramide auf trapezförmigem Grundriß mit einem Keil. Auch die drei versprengten, etwas abseits von der geknickten und zerstückelten Schlangenlinie liegenden Stücke gehören zur Schlange. Wie die Schildkröte überwindet die Schlange einen erheblichen Höhenunterschied. Ihr Leib ist im wesentlichen oben auf dem Plateau, über einem aufgegebenen Steinbruch, der der Silikatgewinnung diente,[17] ihr Kopf unten am Wasser auf einer kleinen Landzunge.

Heizer sieht sehr wohl, daß er mit den *Effigy Tumuli* etwas grundsätzlich anderes unternahm als in seinen früheren Arbeiten. Daß er die Entscheidung, im Fall des Buffalo-Rock-Projekts darstellende Kunst zu machen, nicht leichtnahm, geht aus seinen im Rückblick formulierten Worten hervor: »Es gibt zwei Arten von Künstlern. Einige arbeiten im wesentlichen mit Bildern *(images)* und machen, daß sie irgendwie anders aussehen, als man zuvor Bilder gestaltet gesehen hat. Aber sie kommen von Bildern, und sie verweisen einen auf Bilder, so daß ein solcher Vergleich möglich ist. Dann gibt es noch eine andere Denkrichtung, nämlich die der strengen reinen Abstraktion, die im wesentlichen mit einem Künstler wie Kasimir Malewitsch beginnt. Er verließ ganz und gar die Welt gegebener bildlicher Vorstellungen. Das sah wie eine Sackgasse ohne Ausweg aus, aber sieh nur, wie es jetzt durch Mikrophotographien bestätigt wird. Daher war das Schwerste bei dieser ganzen Arbeit [der *Effigy Tumuli*], die Entscheidung zu fällen, vorwärts zu gehen und diese Art von Bildvorstellungen *(effigy imagery)* – irgendeine Art von Bild *(imagery)* zu behandeln. Aber ich beschloß, daß es für mich keine Möglichkeit gab, in diese Region einzudringen und das zu tun, was die modernen Menschen getan haben, seitdem sie die Indianer vertrieben, nämlich, mehr Städte, mehr moderne Dinge, mehr abstrakt aussehende Dinge zu bauen. Also mußte es hier bildliche Darstellung *(imagery)* sein; es mußte innerhalb dieser Grenzen liegen.«[18]

123

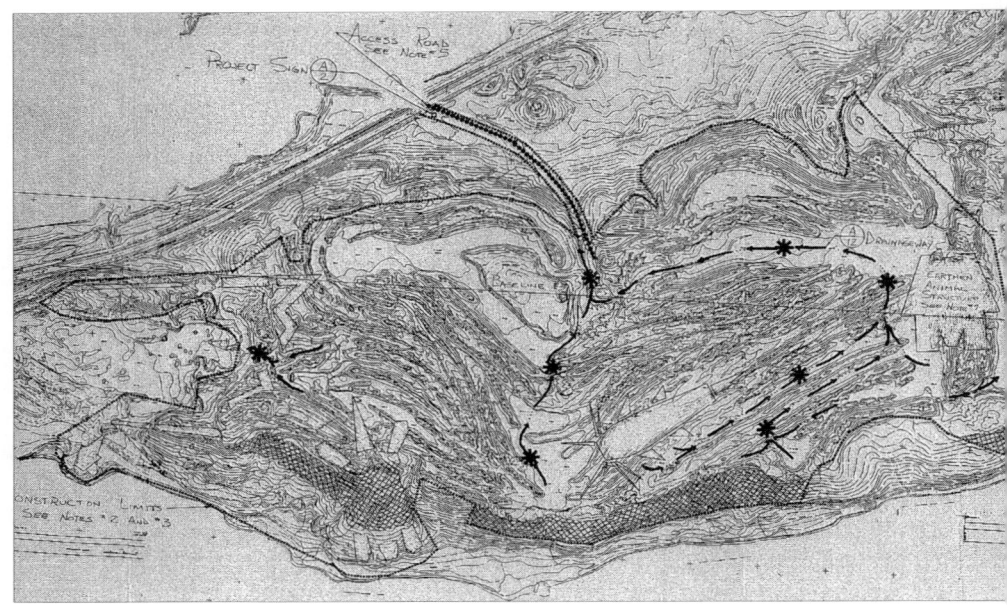

*Buffalo Rock bei Ottawa, Illinois: Geländegrundriß mit Höhenlinien.
Dick eingezeichnet ist das Drainage-System, außerdem (v.l.n.r.): Schlange,
Schildkröte, Katzenfisch und Frosch*

Es war also diese durch ihre besondere Geschichte geprägte Landschaft,
die Heizer daran hinderte, in der bisher von ihm praktizierten Weise der
Erdoberfläche abstrakte Formen einzuprägen. Sein Ausspruch: »Man
stellt nicht ein Werk an einen Ort. Es ist dieser Ort«[19], mit dem
ursprünglich wohl vor allem gemeint war, daß das Kunstwerk seinen Ort
determiniert, verbindet sich seit den *Effigy Tumuli* mit der Forderung,
daß das Kunstwerk dem Ort, dem es zugedacht ist, und dessen (Vor-)
Geschichte zu entsprechen habe. Durch diese Forderung wird der Sinn
jenes Ausspruchs verändert, zumindest präzisiert. Die Natur des Buffalo
Rock ist für Heizer geprägt durch diejenigen, die sie einst bewohnten;
sie ist gesättigt von der schmerzlichen Erinnerung an die Ausrottung der
Indianer durch den weißen Mann. »Ich hatte die Chance, eine Aussage
zugunsten der Ureinwohner Amerikas zu machen.«[20] Da die vor-
kolonialen Bewohner dieser Region Bilder – in der Gestalt von (Grab-)
Hügeln in Tier- und in Menschenform – hinterließen, kann der durch
Geschichte bestimmten, zweiten Natur des Buffalo Rock nur ein bildlich darstellendes Kunstwerk entsprechen. Heizers *Effigy Tumuli* sind,
jedenfalls auch, eine Hommage an ein ausgerottetes Volk, eine politische

124

Landschaftsgestaltung, eine Gruppe von Erinnerungszeichen, die als solche dem Begriff des Denkmals in seiner wörtlichen Bedeutung gerecht werden.

Seit der Eroberung Nordamerikas weist das Gebiet um den Mississippi nicht nur keine indianischen Stämme und Stammestraditionen mehr auf, es verlor auch in den letzten anderthalb Jahrhunderten mit seinen Grabhügeln die letzten Relikte, die von seiner untergegangenen Kultur zeugten. Die Indianer Nordamerikas waren Jäger. Kennzeichnend für sie war ein Gefühl der Zusammengehörigkeit mit der Natur, besonders mit den Tieren, das sich im Totemismus äußerte. Der Mensch und seine Familiengruppe, sein Klan, standen in mystischer Beziehung zu einem bestimmten Tier der lokalen Fauna.[21]

Die Übersetzung von *Effigy Tumuli* ist »Bildhügel«, doch ist die Wortwahl – nicht *Image Tumuli*, sondern *Effigy Tumuli* – zu beachten. Der Begriff *effigy* meint normalerweise das Abbild einer Person. Wie das lateinische *in effigie* wird im Englischen *in effigy* gebraucht, wenn von Praktiken magischen Ursprungs die Rede ist. *To hang or to burn someone in effigy* heißt: »das Bild von jemandem – und ihn selbst damit *in effigie* – zu erhängen oder zu verbrennen«. Auch ist nicht zufällig von *Effigy Tumuli* und nicht etwa von *effigy hills* die Rede. Ein Tumulus ist ein Grabhügel, ein von Menschenhand errichteter *mound*, in dessen Inneren sich meist eine architektonische Struktur, ein Ganggrab und/oder eine Grabkammer befinden.

Mit seinen *Effigy Tumuli* erweitert Heizer die Reihe amerikanischer *mounds*. Die Tierformen, an denen sich diese kolossalen Skulpturen inspirieren, sind denen der von den sogenannten *Mound Builders*, altindianischen Stämmen des Mississippi-Gebiets, errichteten vergleichbar. Michael Heizers Frau Barbara hatte in einem Antiquariat einen Band der *Antiquities of Wisconsin*[22] entdeckt. Der Band enthält eine Serie von 55 Lithographien nach Zeichnungen des Autors dieses Werks, Increase Allan Lapham, eines Ingenieurs, der diese indianischen Tumuli im Staat Wisconsin zu einer Zeit, Mitte des vorigen Jahrhunderts, aufgenommen hat, als diese Tumuli noch besser und in größerer Anzahl erhalten waren. Die Lektüre dieses Bands war für Michael Heizers Entschluß, die *Effigy Tumuli* zu realisieren, von erheblicher Bedeutung.

Die Tafeln dieses Werks zeigen verschiedene Tumuli, manche in den Formen von Vierbeinern, Adlern, Schlangen, Menschen sowie kleine runde, ferner nicht wenige langgestreckte, die vorn spitz zulaufen. Diese spitzen Formationen sind mit bestimmten Gebilden der *Effigy Tumuli* vergleichbar. In der Regel liegen diese *mounds* an Gewässern. Das Werk

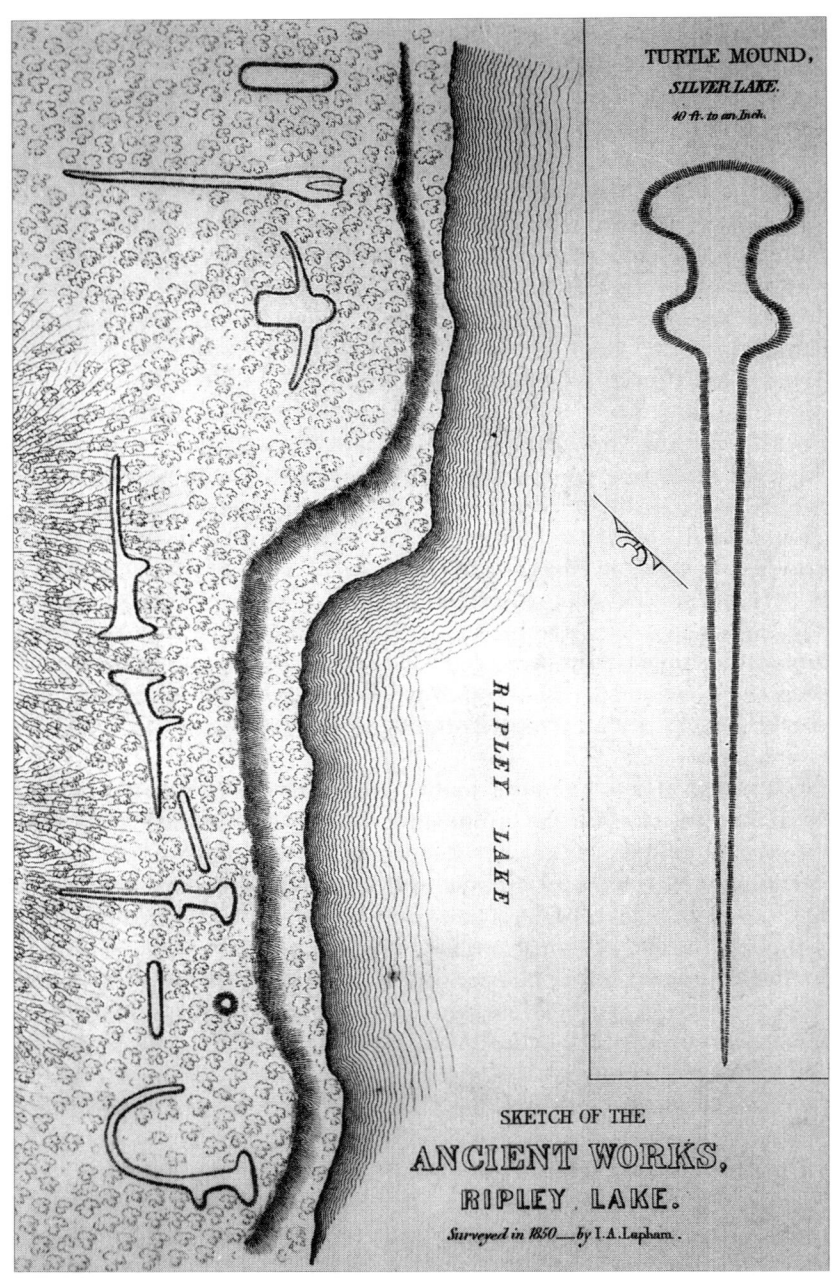

TURTLE MOUND,
SILVER LAKE.
40 ft. to an Inch.

RIPLEY LAKE

SKETCH OF THE
ANCIENT WORKS,
RIPLEY, LAKE.
Surveyed in 1850___by I.A.Lapham.

Sketch of the Ancient Works. Ripley Lake und Turtle Mound, Silver Lake

enthält auch Schildkröten-Hügel. So ist dem *Sketch of the Ancient Works, Ripley Lake* rechts ein *Turtle Mound* beigegeben. Zwei Momente dürften Heizer den Sprung über den eigenen Schatten wesentlich erleichtert haben. Sein Vater ist der Archäologe Robert Fleming Heizer, der an wichtigen Ausgrabungen beteiligt war und von dessen Hand zahlreiche archäologische Werke stammen.[23] Michael Heizer hat seinen Vater verschiedentlich auf Grabungen begleitet. Seine Nähe zur Erde[24] als dem Material seiner Kunst und sein Verständnis für vorkoloniale Kulturen gründen in Erfahrungen seiner Kindheit und Jugendzeit.[25]

Ferner dürfte Heizers Entscheidung, auf dem Buffalo Rock bildhafte Darstellungen zu errichten, dadurch begünstigt worden sein, daß er in diesen Erdhügeln eine eigenständig amerikanische, nichteuropäische Kunst verwirklicht sehen konnte. Wie viele andere amerikanische Künstler besonders seit dem Zweiten Weltkrieg[26] ist auch Heizer um eine genuin amerikanische Kunst bemüht.[27] Nach Vollendung der *Effigy Tumuli* fragte ihn jemand, ob er nicht in der Nähe des Zusammenflusses von Mississippi und Missouri einige Erdhügel errichten wolle; er selbst dachte darüber hinaus an *mounds* bei New Orleans, dort, wo der Mississippi und der Atlantische Ozean einander begegnen: »Am Ende würden alle Bild-Skulpturen, den Mississippi hinauf und herunter, miteinander verbunden sein. Sie würden als Teil eines großen amerikanischen Projekts betrachtet werden.«[28]

Heizers *Effigy Tumuli* sind jedoch nicht allein an die indianische Mythologie gebunden. Nicht nur sind Wasserspinne und Katzenfisch in dieser Mythologie nicht nachweisbar, manche der in den *Effigy Tumuli* dargestellten Tiere spielen auch in der Vorstellungswelt anderer Kulturvölker eine große Rolle.

Das Gebilde der Schlange weckt die Erinnerung an jene Schlangenmythen, in denen die Schlange, eine Verkörperung des Bösen, besiegt und zerstückelt wird. So preist die Rigveda die Überwindung des Schlangenungeheuers Vritra. Indra, dem »Stierhaften«, dem göttlichen Bullen, konnte keiner widerstehen: »... Den schlimmsten Feind, Vritra, den schulterlosen, / hat erschlagen Indra mit der Keule, seiner großen Waffe; /... Da wie geknicktes Rohr er kläglich liegt, / gehn die Gewässer, frei ansteigend, über ihn hinweg; ... «[29]

Diese Verse aus der Rigveda entsprechen der Schlange der *Effigy Tumuli*, nur daß dort kein Bulle auftritt. Statt seiner ist vielleicht der Name des Geländes, *Buffalo Rock*, ausreichend. Die getötete, geteilte, zerstückelte Schlange spielt in verschiedenen Mythen eine Rolle: Im kanaanäischen Mythos von Ugarit besiegt Baal den Drachen Yam, im akkadischen Epos Enuma Elisch triumphierte Marduk über die Meeresschlange Tiamat, hieb sie entzwei und bildete aus den zwei Stücken ihres Leibs die sichtbare Welt.[30]

Gewiß nicht zufällig ist daher in den *Effigy Tumuli* die Schlange nahe am Wasser plaziert, findet doch in manchen Religionen der unheimliche, chaotische Charakter des Meeres in der Personifikation des Meeres als Schlange oder Drache seinen Ausdruck. Auch die Zuordnung von Heizers Schlange zu dem höhlenartigen Steinbruch macht Sinn, denn häufig wird die Schlange mit der Erde verbunden. Sie gilt oft, zum Beispiel in Ägypten, als Hüterin der Gräber und der Pforten der Unterwelt. Bei den Griechen und bei den Germanen wird sie als Schatzwächter zum Dämonen abwehrenden, apotropäischen Hauswächter, der zu füttern ist oder der unter der Schwelle haust beziehungsweise begraben wird.[31] Unter den Göttern Mexikos wurde die befiederte Schlange Quetzalcoatl als einzige Kulturbringerin verehrt, die dann aber wieder verschwand.[32]

Der Fisch ist ein weit verbreitetes Symbol: sowohl im Christentum als auch als Totemtier in Ozeanien, Afrika, Nord- und Südamerika.[33] Nordamerikanische Indianer sahen im Mond die urzeitliche Kröte, die alles Wasser enthielt und die große Flut verursachte, indem sie das Wasser über die ganze Erde ergoß.[34] Der Frosch kommt auf altchristlichen Tonlampen als (wohl ketzerisches) Christussymbol vor.[35]

Daß Heizer bei den Bildungen für die *Effigy Tumuli* nicht ausschließlich die von ihm ihrer geometrischen, abstrakten Form wegen geschätzten Insekten zum Vorbild genommen hat, wie er ursprünglich plante, sondern Wassertiere oder Tiere, die nahe am Wasser leben und die auch im Gebiet des Illinois vorkommen, hat seinen Grund darin, daß er etwas für diesen Ort am Fluß machen wollte. Seine Tiere aber sind so dimensioniert und so abstrahiert, daß sie, wie die von Heizer sehr bewunderten Einritzungen in den Boden der Region von Nazca in Peru (300 v. Chr. bis 800 n. Chr.),[36] nur aus der Höhe, vom Flugzeug oder Hubschrauber aus, in ihrer ganzen Gestalt wahrgenommen werden können. Indem ihre Gesamtform sich den Blicken der Besucher entzieht, ist ihre Fremdheit und Distanziertheit sichergestellt und damit auch, daß sie nicht zur Reaktivierung eines erneuerten Totemkults dienen können.

Heizer tat sich schwer damit, den Gedanken zu akzeptieren, daß seine Skulpturen etwas darstellen. Seine *Effigy Tumuli* sind, unter diesem Aspekt, ein Versuch, der magischen Gegenwart der Totemtiere die Treue zum Bilderverbot entgegenzusetzen. Nachdem die Totemtiere ihre

Wirkung verloren haben, macht es keinen Sinn mehr, sie irgendwie spielerisch wieder zum Leben zu erwecken, sie *in effigie* auftreten zu lassen. Darum werden seine Tierbildnisse der Anschaulichkeit entzogen. Der Besucher des Geländes darf sie nicht unmittelbar sehen. Die Tiere lassen sich aber erwandern und in der Vorstellung dessen, der sich bei und auf ihnen bewegt, zusammensetzen. Nur soweit, wie es notwendig erschien, dies zu ermöglichen, nähert sich Heizer der Bilderwelt. Seine Hinwendung zu darstellenden Bildzeichen ist gewiß nicht unbeeinflußt von den oft beschriebenen (postmodernen) künstlerischen Tendenzen und Programmen der achtziger Jahre, in denen an die Kunst die Forderung nach Verständlichkeit, Vermittlung und Bedeutung gerichtet wurde. Noch 1968/69 sagte er in einer Diskussion über die räumlichen Zwänge, die mit der Ausstellung in einer Galerie verbunden sind: »Ich denke, in der Kunst sind die einzigen Grenzen die, denen sich der Künstler selbst unterwirft oder die, die er wählt.«[37] Auch wenn dieser Satz sich mit der Konzeption der *Effigy Tumuli* in Einklang bringen läßt, bleibt doch festzustellen, daß sich Heizer bei dieser Arbeit anderen Grenzen unterworfen hat als bei seinen früheren Arbeiten. Nicht zuletzt läßt die Verbindung der hier von ihm inszenierten Natur mit einem Programm zur Rekultivierung der natürlichen Landschaft seine Arbeit nicht unberührt.

Er hatte sich nicht nur für eine Kunst bildlicher Darstellung, sondern auch für die Zusammenarbeit mit Landschaftsarchitekten und mit Institutionen, die im Rahmen des Buffalo-Rock-Projekts für die Rekultivierung des Geländes verantwortlich waren, zu entscheiden. Nach Abschluß der Arbeiten schrieb Klaus Kertess in *Artforum international*: »Allein schon, daß Heizer das bürokratische Labyrinth, in dem er während der Bauphase steckte, erfolgreich überwinden konnte, ist eine bemerkenswerte Leistung.«[38] Seine Zusammenarbeit mit dem AMLRC scheint nicht immer einfach gewesen zu sein.[39]

Das Problem liegt jedoch tiefer: Heizer hielt nichts von »Rekultivierungskunst« *(reclamation art)*, sie war für ihn ein Unding. Er erklärte, er habe die *Effigy Tumuli* ausschließlich der Möglichkeiten wegen unternommen, die ihm diese Arbeit als Kunstwerk biete.[40] Damit insistiert er auf der Eigengesetzlichkeit des Kunstwerks, auf der Klarheit seiner Idee, der Präzision seiner Ausführung. Besonders letzteres führte – zumal Heizer während der Bauphase zwar häufig, aber nicht ständig anwesend war – zu aufwendigen Korrekturen, bis die Erdhügel auf ein bis zwei Inch genau die von ihm vorgesehene Form hatten.[41]

Erde und Steine sowie eine Klammer und ein kleines Stück des Kunststoffnetzes von den Effigy Tumuli

Wer sich heute über das Gelände bewegt, ohne die Benennungen der einzelnen Erdskulpturen zu kennen, wird kaum in der Lage sein, sie zu identifizieren. Man sieht von unten, aber auch, wenn man diese Skulpturen betritt, nur Abhänge, Stufungen, geknickte Erdwälle. Nur der Kundige, der mit einem Plan der Gesamtanlage unterwegs ist, vermag die künstlich gebildeten Hügel und Erdwälle von denen zu unterscheiden, die der nach Kohle suchende Mensch und die Erosion hinterließen. Dies ist nicht nur der bildliche Darstellung mit geometrisierter Form verbindenden Konzeption Heizers zu verdanken, der Grund dafür ist vor allem die Verwahrlosung.

Die Klammern, mit denen die Kunststoffnetze mit zerschnitzeltem Espenholz befestigt waren, die den anwachsenden Pflanzen Nahrung und Halt geben sollten,[42] liegen an vielen Stellen lose; die Netze sind zerrissen. Die Abhänge nicht weniger Tumuli sind, nachdem schon der erste Som-

130

mer 1986 mit verheerender Dürre hereingebrochen war, ohne Bewuchs. 1968/69 hatte Heizer erklärt, es gehe ihm darum, daß seine Werke ihn nicht überleben.[43] *Nine Nevada Depressions* und *Double Negative* sind auf begrenzte Zeit hin angelegt; die ersteren sind schon verschwunden. Nicht so die *Effigy Tumuli*, die unter anderen Bedingungen erstellt wurden. Als ein Werk gegenständlicher Darstellung und als eines der Rückgewinnung der Landschaft müßte es gewartet, aber auch erneuert werden. Nur so vermag dieses inszenierte Natur-Denkmal auch künftig an die Geschichte dieses Orts zu erinnern.

Sabine Hofmeister

Vom Ende des Umweltschutzes: Untergang eines Paradigmas und Entwicklung eines ökonomischen Naturverhältnisses

Zur Kritik am Umweltschutzkonzept

Vor dem Hintergrund der sich zuspitzenden sozialen und ökonomischen Krise des Industriesystems entlang seines Naturverhältnisses, die als »ökologische Krise« mißverstanden wird, hat sich ein dem ökonomischen Handeln nachgeordneter, zusätzlicher Steuerungsmechanismus als *Umweltschutz* etabliert. Umweltschutz aber ist nichts anderes als der tautologische Versuch der Industriegesellschaft, das ökologische Ergebnis ihrer eigenen Ökonomie ex post zu korrigieren.

Inzwischen kann gesagt werden, daß das Projekt »Umweltschutz« an der Aufgabe, die Umweltprobleme zu lösen, gescheitert ist. Dagegen hat es die *Verlagerung* ökologischer Probleme vorangebracht: Indem Umweltschutz von der *technischen* Lösbarkeit der ökologischen Konflikte, in die die Industriegesellschaft sich durch ihren *ökonomisch* fehlgesteuerten Umgang mit der ökologischen Natur hineinmanövriert hat, ausgeht, entsteht ein sekundäres System stofflicher Umwandlungsprozesse, durch die zusätzlich Naturprodukte und Naturleistungen verzehrt und verschlissen werden. Umweltschutz bringt auf diese Weise neue Umweltprobleme immer dort hervor, wo er die alten in den Blick genommen hat.

Die ökologischen Probleme haben zwar die *Form*, in der sie auftreten, den *Ort*, an dem sie sichtbar, und den *Zeitpunkt*, zu dem sie wirksam werden, gewechselt, sich aber zugleich in Raum und Zeit ausdehnen und qualitativ erweitern können: Das sogenannte Umweltproblem, das vor nur wenigen Jahren noch als ein begrenztes, lokal und regional auftretendes Phänomen wahrgenommen wurde, hat nunmehr eine *globale* Dimension erreicht. Galt es bisher als reversibel – als reparierbar und sanierbar –, so erweist es sich jetzt zunehmend deutlicher als ein *unumkehrbarer* Prozeß ökologischer Veränderungen, deren Folgen wir nicht mehr überblicken. Hatte bislang die industrielle Wirtschaftsweise das »ökologische Problem« hervorgebracht, so laufen wir nunmehr Gefahr, daß das »ökologische Problem« restriktiv eine Wirtschaftsweise hervorbringt, für deren Gestaltung uns kaum noch Handlungsspielräume offenstehen werden. Die »ökologische Krise« hat eine Qualität erreicht, die eine ökonomische und soziale Krise in einem unvorstellbaren Ausmaß möglich und sogar wahrscheinlich erscheinen läßt.

Doch Umweltschutz ist weder das geeignete Konzept, noch gibt es uns gar die geeigneten Instrumente an die Hand, diese Entwicklung aufzuhalten: Denn die Geschichte des Umweltschutzes in den Industriegesellschaften ist eine Geschichte der Verdrängung und Verlagerung von Umweltproblemen in medialer, in räumlicher und in zeitlicher Hinsicht.

Indem das Umweltschutzkonzept den Blick auf das einzelne *Umweltmedium* und nicht auf den ökologischen Haushalt als Ganzes richtet, hat es unter dem Etikett der Luft- und Gewässerreinhaltepolitik dazu beigetragen, ein Abfallproblem von erschreckendem Ausmaß zu erzeugen. Zugespitzt ließe sich sagen, daß die Aufgabe des Umweltschutzes bislang im wesentlichen darin bestand, gasförmige und flüssige Schadstoffe in feste umzuwandeln. Vor dem Hintergrund der medienbezogen angelegten und partiellen Umweltgesetzgebung und der entsprechenden administrativen Verankerung von Umweltschutzaufgaben ist dieses Ergebnis jedoch nicht zufällig entstanden, sondern strukturell angelegt.

So hat der isolierte, auf das einzelne Umweltmedium starrende und emissionsorientierte Steuerungsmechanismus Scheinlösungen der Umweltprobleme erzwungen, deren Substanz und Ursache die sogenannte Umweltschutztechnologie ist: Auf die in ihrer Struktur und Funktionsweise unveränderten Produktions- und Konsumtionsprozesse werden am *Ende* der Stoffumwandlungskette weitere Stoffumwandlungsprozesse installiert, die zu nichts anderem taugen, als die unerwünschten Stoffe aufzufangen, um sie in anderer Form und an anderer Stelle wieder hervorzubringen. Dies hat zwar die Entwicklung eines neuen, gewinnträchtigen Industriezweigs begünstigt, nicht aber zu einer Entlastung der Umwelt geführt. Die Last wird umverteilt, von einem Medium in ein anderes transferiert, ohne dabei der ökologischen Natur abgenommen werden zu können.

Dasselbe gilt auch für die zweite Strategie der Problemverlagerung, wie sie im Umweltschutzkonzept verankert ist: für die Verlagerung der Probleme innerhalb des *Raums*.

Die Spaltung des globalen Raumes als Wirtschaftsraum in Industrieländer und in sogenannte Entwicklungsländer ist das Ergebnis industrieller Ökonomie als einer Wirtschaftsweise, die unter stoffwirtschaftlichen Gesichtspunkten versagt: So werden ungeheure Mengen an Stoffen in die Industrieländer hineingeholt, innerhalb derer der produktive und insbesondere konsumtive Stoffumsatz erfolgt, mit dem Ergebnis einer Akkumulation von Stoffen in den Industriezentren der Erde. Stoffakkumulation aber bedeutet in der Konsequenz nichts anderes als eine Anhäufung von Abfällen, weil sich am Ende der industriellen Stoffumwandlungskette alles in Abfall verwandelt. Was sie als Rohstoff importieren, suchen die Industrieländer schließlich als Abfall wieder zu exportieren.

Doch auch innerhalb der Industrieländer gehört die Strategie der räumlichen Verlagerung regional und lokal zum unerläßlichen Repertoir des Umweltschutzes: Durch auf Wohngebiete in Ballungsräumen bezogene Immissionswerte werden Schadstoffumsätze zwar aus den besiedelten städtischen Räumen herausgedrängt, doch ändert dies nichts an ihrer ökologischen Wirkung: Denn es sind die direkten Auswirkungen der Stoffe auf den menschlichen Organismus, die auf diese Weise bestenfalls vermieden werden. Auf den Naturhaushalt wirken dieselben Stoffe nach wie vor ein. Eine solche verkürzte, auf räumliche Verlagerung ausgerichtete Umweltschutzpolitik kennt das Problem, das sie zu lösen versprochen hat, noch nicht einmal.[1]

Wer diese Strategie für wirksam hält, versteht vom Wesen der ökologischen Probleme nichts: Denn sind es nicht gerade die indirekten, die *ökologischen* Wirkungen der durch den menschlichen Haushalt mobilisierten Stoffströme, die sich in einer unvorhersehbaren Weise destruktiv zu entfalten beginnen? Die durch den anthropogenen Stoffumsatz entstellten und bis zur Unkenntlichkeit veränderten Funktionen der Ökosysteme sind es, die die Existenz des Menschen gerade durch ihre Unberechenbarkeit und Unüberschaubarkeit zu bedrohen beginnen. Am Beispiel der Fluorchlorkohlenwasserstoffe (FCKW) wird deutlich, daß durch Veränderungen der Ökosysteme als Folge anthropogener Stoffeinträge destruktive ökologische Wirkungen erzeugt werden, die die direkten Wirkungen derselben Stoffe auf den menschlichen Organismus bei weitem übertreffen können.

Eine auf räumliche Verlagerung gerichtete politische Konzeption des Umweltschutzes widerspricht bereits vom Grundsatz stoffwirtschaftlichem Denken und Handeln, denn eine räumliche Grenze zwischen Verursachungsort und Wirkungsort von Stoffen existiert physisch nicht: Werden an einer Stelle Veränderungen der Ökosysteme in Gang gesetzt, so können die destruktiven Folgen dieser ökosystemaren Veränderungen an einem ganz anderen Ort, sogar am entgegengesetzten Ende der Welt, wirksam werden. Umweltprobleme treten typischerweise räumlich verschoben auf.

Dies gilt ebenso für die *zeitliche* Dimension von Umweltproblemen: Stoffliche Ursachen und ökologische Wirkungen treten typischerweise zeitlich versetzt auf. Doch ist auch die Verlagerung von Umweltproblemen in der Zeit ein strukturelles Merkmal des industriellen Umweltschutzkonzepts, das seinen sichtbarsten Ausdruck in der Umgangsweise mit Abfällen findet. Wenn die Industriegesellschaft toxische und ökotoxische Stoffe umsetzt – Schadstoffe, die sich am Ende der Stoffumwandlungskette zwangsläufig in Abfall verwandeln –, bedeutet dies im Grunde eine mehr oder weniger bewußte Verlagerung der von diesen Stoffen ausgehenden ökologischen Wirkungen in der Zeit. Denn durch Abfallbehandlungsmaßnahmen werden die Stoffe nicht aus der Welt geschafft: Abfallbehandlung in den meisten gegenwärtig verwendeten Formen bewirkt nichts anderes als eine Problemverschiebung zwischen den Generationen. Unsere Enkel und Urenkel werden sich mit den von uns produzierten Stoffen und deren Wirkungen auseinanderzusetzen haben.

Im industriellen Wirtschaftsprozeß werden Stoffe umgesetzt, von denen wir wissen, daß sie persistent sind und daß ihre ökologische »Lebensdauer« über die Lebenserwartung derjenigen, die sie umgesetzt und den Nutzen daraus realisiert haben, hinausgeht. Im Sinne einer Gerechtigkeit zwischen den Generationen wäre daher die Substitution persistenter Stoffe erstes Gebot des Umweltschutzes, sollte eine zeitliche Verlagerung ökologischer Probleme vermieden werden.[2] Gerade weil das kurzfristige ökonomische Denken der Industrie langwährende ökosystemare Prozesse in Gang setzt, muß sich ökologisches Management auf Langfriststrategien einrichten, wenn wir nicht bereits heute die Ressourcen von morgen aufzehren wollen. Die zeitliche Verlagerung von Umweltproblemen widerspricht daher nicht nur dem Gebot der Gerechtigkeit zwischen den Generationen, sondern sie ist auch stoffwirtschaftlich irrational.

Wenn das Umweltschutzkonzept im Industriesystem sich augenscheinlich durch mediale, räumliche und zeitliche Problemverlagerungen strukturell ausweist, so hat dies seinen Grund: Umweltschutzpolitik ist originär ordnungsrechtlich verankert und am *Prinzip der Gefahrenabwehr* orientiert. Umweltschutz in dieser Form beinhaltet daher gerade nicht die Aufgabe, anthropogene Prozesse mit Blick auf die Funktionen des ökologischen Haushalts vorausschauend und aktiv zu gestalten, sondern hat den defensiven Auftrag, Gefahren von der ökologischen Natur abzuwenden, sie vor negativen Einwirkungen durch das anthropogene System zu bewahren. Das Prinzip der Gefahrenabwehr aber kennt die mit der Möglichkeit der Zuordnung von Ursache-Wirkungs-Beziehungen verbundenen Schwierigkeiten nicht, es setzt (frei nach dem Motto: »Haltet den Dieb!«) den unmittelbaren monokausalen Zusammenhang von Ursache und Wirkung immer schon voraus. Daher ist es innerhalb dieser nur protektiven Konzeption unmöglich, die hinter der Erscheinung von Raum- und Zeitverschiebungen und zwischen anthropogener Verursachung und ökologischer Wirkung stehende Frage nach den *Differenzen* zwischen den Zeit- und Raumskalen anthropogener und ökologischer Haushalte überhaupt zu stellen. Innerhalb des am Paradigma des Umweltschutzes orientierten Denkens stellt sich diese Frage in dieser Form nicht: Probleme der Zuordnung zwischen Schadenswirkung und -verursachung erscheinen hier in der Gestalt methodischer Probleme und gelten entsprechend als vorläufig. Es gilt zu erkennen, daß das ordnungsrechtlich verankerte Prinzip der Gefahrenabwehr dem Umweltproblem nicht gerecht werden kann. Der defensive und reaktive Auftrag, den die Industriegesellschaft dem Umweltschutz erteilt hat, bleibt mit Blick auf die Lösung ökologischer Probleme zwangsläufig wirkungslos.

Doch ein Bruch mit dem Prinzip der Gefahrenabwehr stellt in der Konsequenz die Konzeption des Umweltschutzes als solche in Frage: Denn gingen wir von der Gewißheit aus, daß Umweltprobleme gerade nicht auf homogenen und linearen Ursache-Wirkungs-Beziehungen basieren, daß sie zum überwiegenden Teil nicht *eine* Ursache haben, sondern auf das komplexe Zusammenwirken verschiedenster anthropogener Einflüsse zurückgehen (Einflüsse, die isoliert betrachtet noch nicht einmal »ursächlich« in der Bedeutung von »schädlich« sind), dann löst sich die ex post gestellte Frage nach Ursache und Verursachern einer als Schaden wahrgenommenen Veränderung der natürlichen Umwelt auf. Gefragt werden müßte dann: Mit welchen ökonomischen Entscheidungen und Prozessen erzeugen wir welches Naturprodukt? Doch eine solche Frage weist auf ein *ökonomisches* Naturverhältnis hin, sie kann aus dem verengten Blickwinkel des Umweltschutzes in dieser Form nicht gestellt werden. Denn den anthropogenen Haushalt mit den Funktionen der ökologischen Natur in Übereinstimmung zu bringen, bedeutet in der Konsequenz nicht weniger, als die Industrie als *Teil* der Naturprozesse und eben nicht als ihr *Gegen*teil zu begreifen.

Die »Natur« industrieller Ökonomie

Grundlage eines ökonomischen Naturverhältnisses ist das Bewußtsein über die *physische Identität* von Industrie und Natur, denn im Grunde hat sich die industrielle Wirtschaft auf der physischen Ebene mit der ökologischen Natur schon verbunden: Sie hat die *ganze* Natur zu ihrer Grundlage und zu ihrem Produkt gemacht. Indem die Industrie sich selbst als einen Naturprozeß konstituiert hat – als einen hochkomplexen Naturprozeß sogar –, ist vom physischen Standpunkt aus industrielle Produktion nichts anderes als eine vielschichtige, mehr oder weniger kluge Verknüpfung von Leistungen und Produkten der ökologischen Natur, wobei der Mensch Teil *und* Gestalter dieses Prozesses ist. Hierauf beruht die ungeheure Antriebskraft der industriellen Entwicklung: Die Industrie nimmt die Produkte und die ökologischen Leistungen der Natur ausnahmslos in sich auf, um sie mit Blick auf die menschliche Bedürfnisbefriedigung aufzubereiten. Dabei aber stellt sie unbewußt eben nicht nur Produkte für den unmittelbaren menschlichen Konsum her, sondern wiederum ökologische Natur – allerdings in einer anderen Form und in einer anderen Qualität.

Dieses an sich *produktive* Bündnis, das die Industrie mit der Natur auf der physischen Ebene eingegangen ist, wird in der *Ökonomie* desselben Systems aber geleugnet: Hier bleibt die ökologische Natur das andere, das äußere, eben »*Umwelt*«. Nicht aus der physischen Verbindung zwischen Industrie und ökologischer Natur resultiert die »ökologische Krise«, sondern allein aus der Tatsache, daß diese Verbindung in der ökonomischen Rationalität des Industriesystems keinen Raum hat. Die ökologische Natur, die sie physisch ganz und gar eingesogen hat, gilt der Industrie an dieser Stelle nichts – sie ist nicht Teil ihrer ökonomischen Identität.

Ausgerechnet die Industriegesellschaft leugnet, wie keine andere Wirtschaftsgemeinschaft zuvor, ihre Einheit mit der Natur: Sie, die es verstanden hat, keinen Flecken und kein Quantum ökologischer Natur dort auszulassen, wo es um die ökonomische *Verwertung* geht, will davon ganz und gar nichts wissen, wenn es um die ökonomische *Bewertung* geht. Was sie physisch ganz und gar in das ökonomische System eingesogen hat und was sie umfassend und ausnahmslos verwertet, schließt sie ökonomisch genauso konsequent aus, indem sie es nicht bewertet. Der vollständigen *physischen* Internalisierung der Naturalsphäre steht in der Industriegesellschaft die *ökonomische* Externalisierung derselben Sphäre direkt gegenüber.

Denn als »Natur« gehen jene Produkte lebendiger Produktivität sowie das Lebendige selbst in keine Wertrechnung ein. Hier gilt die Physis noch immer als *konstant*.[3] Da sie ökonomisch nicht wahrgenommen wird, wird die ganze ökologische Natur als eine Konstante gesetzt – sie erscheint dem falschen industriellen Wertbewußtsein als die unverletzliche, ewig sprudelnde Quelle seiner *eigenen* Produktivität. Natur ist ökonomisch ein wert- und kostenloser Input in das Industriesystem, das sich selbst für die einzige Produktivkraft hält und sich als solche in Gegensatz zur Natur zu wissen glaubt.

Vor dem Hintergrund dieses Widerspruchsverhältnisses zwischen Bewertungsrationalität und Verwertungspraxis aber wird verständlich, daß die Industrie die Reproduktionserfordernisse der Natur nicht kennt: Sie stellt jene ökologischen Leistungen und Produkte, die sie in Anspruch zu nehmen sich angewöhnt hat, nicht wieder her. Sie erzeugt sogar im Gegenteil ein Naturprodukt, das sich immer konsequenter und immer gewaltsamer gegen sie selbst richtet.

Ausgerechnet in diesem so entscheidenden Punkt aber begegnen sich die industrieökonomische Rationalität und die des Umweltschutzes als *Partner*: Sie sind sich einig hinsichtlich der Abspaltung der industriellen Wirtschaft von der ökologischen Natur. Da auch das Schutzkonzept sein Selbstverständnis in der *Trennung* beider Sphären findet und sich auf der Basis dieser Trennung konstituiert hat, scheitert es letztlich. Alle protektiven Maßnahmen, die im Namen des Umwelt- und Naturschutzes vollzogen werden, geraten auf diese Weise schließlich zu einer Kuriosität: So wird kein einziges Schutzgebiet auf der Welt in seiner ökologischen Qualität erhalten werden können, weil sich das Klima global zu verändern beginnt. Die unter Schutz gestellten Waldflächen sind vom Baumsterben kaum weniger betroffen als die wirtschaftlich genutzten Wälder. Es ist Fiktion anzunehmen, daß das Schutzkonzept *allein* auch nur in die Richtung des Zieles weisen würde, das die Gesellschaft sich mit Blick auf die Lösung der Umweltprobleme gesetzt hat. Protektive Elemente des Umwelt- und Naturschutzes sind daher in ein Gesamtkonzept einzubinden, das auf die Umgestaltung der industriellen Wirtschaftsweise gerichtet ist.

Mit dem Projekt »Umweltschutz« versucht die Industriegesellschaft, den Widerspruch ihrer Ökonomie – die Spaltung von Produktion und Reproduktion auf der Ebene der Bewertung – auf die Physis zu übertragen. Umweltschutz tritt im Industriesystem an diejenige Stelle, die in seinem ökonomischen Raum »leer« geblieben ist: Was die Industrie gerade nicht leistet, weil sie es aufgrund ihrer verkürzten, substanzlosen ökonomischen Identität nicht sieht – die *Reproduktion* der ökologischen Natur –, soll durch das Umweltschutzkonzept hindurch extern und im nachhinein geleistet werden. So steht Umweltschutz für die *Re*produktion der Natur, während die Industrie das ganze Feld ihrer *produktiven* Herstellung für sich allein besetzt hält. Das Industriesystem hat nicht verstanden, daß Produktion und Reproduktion vom physischen Standpunkt aus immer schon ein und dasselbe sind, daß *indem* Waren und Dienstleistungen produziert werden, zugleich ökologische Natur, in welcher Qualität auch immer, hergestellt wird. Den physischen Reproduktionsprozeß ihrer ökologischen Produktivkraft hat die Industrie immer schon abgeschlossen, bevor sie ihre Produkte in die Schaufensterauslage gestellt und mit Preisschildern versehen hat. Durch alle folgenden Stoffumwandlungsprozesse kann sie nicht mehr an ökologischer Qualität herstellen, als das, was in den Qualitäten dieser Produkte schon enthalten ist. Die Spaltung zwischen Reproduktion und Produktion, wie sie im Industriesystem *ökonomisch* real ist, ist *physisch* fiktiv. Es gilt also *ökonomisch* zu lernen, daß Produktions- und Reproduktionsprozeß *derselbe* Prozeß ist, wenn die ökologischen Konflikte, in die sich die industrielle Gesellschaft aufgrund ihres widersprüchlichen Naturverhältnisses verwickelt hat, bewältigt werden sollen.

Wenn daher von »integriertem Umweltschutz« in der Bedeutung einer a priori auf ihr ökologisches Produkt ausgerichteten industriellen Produktionsweise gesprochen wird, so ist dies genaugenommen eine Tautologie: Es gibt einen »integrierten Umweltschutz« so wenig, wie es »vermiedene Abfälle« gibt. Das Ziel, für das dieser Begriff steht, bedeutet nichts weniger als eine veränderte Produktionsweise, die auf einer um die ökologische Natur erweiterten ökonomischen Wertrationalität aufbaut. Dieses Ziel ist dann erreicht, wenn die Produktion von Waren und Leistungen als ein physischer *Reproduktionsprozeß* organisiert und gestaltet wird und dies zu einem ökonomischen Prinzip geworden ist.[4]

Umweltschutz übernimmt im Industriesystem die paradoxe Funktion, als »Reproduzent« im nachhinein das richtigzustellen, was die Produzenten von vornherein falsch hergestellt haben: Neben der Industrie, die in der Unschuld ihrer ökonomischen Unbewußtheit ihr ökologisches Produkt wieder und wieder in destruktiver Gestalt hervorbringt, bleibt Umweltschutz in seiner Aufgabe, produktive ökologische Qualitäten *wieder*herzustellen, zwangsläufig wirkungslos. Das Ziel, das die Industriegesellschaft mit der Konzeption des Umweltschutzes verfolgt – die ökologische Produktivkraft der Industrie, von der jene ökonomisch nichts weiß und nichts wissen will, zu reproduzieren –, bleibt auf diesem

Weg unerreichbar: Die ökologische Krise läßt sich nicht bewältigen, ohne daß zugleich das widersprüchliche ökonomische Naturverhältnis der Industrie als solches zur Disposition steht.

Die industrielle Konzeption des Umweltschutzes hat nicht die Möglichkeit, nicht einmal die Aufgabe, Umweltprobleme zu *lösen*. Statt dessen ist Umweltschutz auf Verdrängung und Verlagerung der Probleme ausgerichtet. In der Logik des Umweltschutzes setzt sich auf diese Weise fort, was in der Ökonomie des Industriesystems falsch angelegt ist: Erscheint dem ökonomischen Bewußtsein die Natur als das andere zur Industrie – als »Umwelt« –, erscheint im Paradigma des Umweltschutzes ebenso Industrie als das andere zur Natur. Glaubt die Industrie ihre Produktivität außerhalb der Natur zu finden, sie sogar nur entwickelt zu haben, weil sie es verstanden hat, die lebendige Natur zu bändigen und zu zähmen, so glaubt umgekehrt der Umweltschutz seine Aufgabe darin zu kennen, die Industrie bändigen und zähmen zu müssen, um der ökologischen Natur partiell noch Raum zu lassen. Industrie und Umweltschutz werden auf diese Weise ausgerechnet dort zu *Kooperationspartnern*, wo sie meinen, den heftigsten Widerstreit entgegengesetzter Interessen auszutragen. Seine defensive, reaktive und konservative Struktur zwingt den Umweltschutz in eine Handlungslogik hinein, die in einen immer offenkundiger zutage tretenden Gegensatz zur *stoffwirtschaftlichen* Rationalität gerät und sich daher in der Konsequenz auch gegen die Interessen des Umweltschutzes selbst zu wenden beginnt: So werden immer neue zusätzliche stoffliche und energetische Umwandlungsprozesse in Gang gesetzt, die industriellen Produktions- und Produktketten immer weiter nach hinten verlängert, ohne daß dabei aber das unerwünschte industrielle Naturprodukt korrigiert oder gar beseitigt werden könnte. Der Versuch, durch das Paradigma des Um weltschutzes hindurch die ökonomische Spaltung des Industriesystems in Produktions- und Reproduktionssphäre in die Physis hinein fortzusetzen, muß scheitern, denn hier ist diese Spaltung fiktiv. Da physisch Produktion immer schon Reproduktion ist, kann das einmal »falsch« hergestellte Naturprodukt im nachhinein gerade nicht »richtig« hergestellt werden. Eine auf ihr ökologisches Produkt gerichtete Produktionsweise aber hat die Logik des Umweltschutzes bereits hinter sich gelassen.

Ausblick: Entwicklung eines ökonomischen Naturverhältnisses und Transformation der Industrie in eine nachhaltige Wirtschaftsgesellschaft

Im Rahmen der in jüngerer Zeit an Bedeutung gewinnenden politischen und ökonomietheoretischen Debatte um die Prinzipien *nachhaltigen Wirtschaftens* wird sich die Industriegesellschaft mit Rückgriff auf die Waldbewirtschaftung zunehmend über das ihr eigene Naturverhältnis bewußt. Das Nachhaltigkeitsprinzip, dessen paradigmatischer Kern die *Einheit* von Produktion und Reproduktion ist, wird zu einer ökonomischen Perspektive der Industrie.

Denn die Idee der nachhaltigen Nutzung von Ressourcen steht im Rahmen der Forstökonomie für das Gebot, die Bewirtschaftung des Waldes in Abhängigkeit von den ihm inhärenten Reproduktionsbedingungen und -zeiten zu gestalten. Insoweit basiert nachhaltige Wirtschaft auf der Gewißheit, daß Herstellung immer auch zugleich *Wieder*herstellung ist, und dieses Wissen formuliert sich im Nachhaltigkeitsprinzip als ein *ökonomisches* Prinzip.

Doch was aus dem Blickwinkel nachhaltiger Ökonomie so selbstverständlich erscheint, steht in krassem Gegensatz zur Ökonomie des Industriesystems: Zwar wird auch hier die ökologische Natur als *Quelle* und Voraussetzung dessen gesehen, was für die Produktion von Gütern und Leistungen gebraucht wird – als Ressourcenquelle, umgekehrt aber fällt es der Industriegesellschaft schwer, die ökologische Natur auch als *Resultat* ihrer eigenen produktiven und konsumtiven Handlungen wiederzuerkennen. Den Zusammenhang zwischen diesen *beiden* Seiten ihres Naturverhältnisses aber kennt das Industriesystem nicht: Auf dieser Grundlage schließlich entsteht ein Bewußtsein darüber, daß die Produktion ökonomischer Güter und die Produktion ökologischer Qualitäten ein einziger, ineinander evolvierender Prozeß ist.

Aufbauend auf der Konzeption nachhaltiger Wirtschaftsweise aber ist ein *ökologisches Management* gefordert: eine Managementfunktion, die die ökonomischen Entscheidungen und Prozesse organisiert mit Blick auf die Inanspruchnahme des Naturhaushalts als Quelle ökologischer Produkte und Leistungen *und* als das ökologische Resultat menschlichen Haushaltens. Denn erst wenn die industriellen Produkte als *ökologische* Produkte erkannt und verstanden worden sind, werden sie in Hinblick auf ihre Eignung als produktive Basis zukünftiger Wirtschaftsprozesse bewertet und schließlich gestaltet werden können. Die Frage nach den *reproduktiven* Qualitäten von Produktionsverfahren und Produkten

141

steht in einer nachhaltigen Wirtschaft an erster Stelle der Technik- und Produktentwicklung, wobei die Reproduktion der ökologischen Natur zur primären Aufgabe, zum Zweck menschlicher Ökonomie wird.

Die Konzeption nachhaltigen Wirtschaftens fordert daher zu einem neuen, erweiterten Verständnis von den auf uns zukommenden Aufgaben heraus: Statt bloß *restriktive* Bedingungen bezogen auf die ökonomische Praxis zu formulieren, verweist es als Leitbild unmittelbar auf eine *Gestaltungsaufgabe* – auf die Umgestaltung der industriellen Wirtschaftsweise mit dem Ziel, die Herstellung des (zwangsläufig mitproduzierten) Naturprodukts »richtig« zu organisieren.

In der Entwicklung eines *ökonomischen* Naturverhältnisses, wie es sich ausgehend von der »Nachhaltigkeitsdebatte« zu entfalten verspricht, erhält die Industriegesellschaft die Chance, ihre Reform in eine ökologisch reproduktive Ökonomie einzuleiten. Doch Voraussetzung eines solchen Transformationsprozesses ist die Entfaltung eines dialektischen Begriffs von der ökologischen Natur, der auf der Identität von Naturproduktivität (natura naturans) und Naturprodukt (natura naturata) basiert.[5] Erst auf dem Boden dieses doppelseitigen Naturbegriffs gedeiht die Vision von einer ökologisch nachhaltigen Wirtschaftsgesellschaft zu einer Perspektive.

Ausgehend von einem wechselseitig subjektiven und objektiven Naturverständnis erkennen wir das Wesen und die Ursache des ökonomischen Naturverhältnisses der Industrie: Mystifiziert als Arbeitswert und als die selbsterzeugte Produktivkraft der Industrie – als »technischer Fortschritt« – verdrängt das industrieökonomische Bewußtsein die Beteiligung der ökologischen Natur am ökonomischen Wertbildungsprozeß. Und doch bleibt diese Verdrängung auf der Ebene der ökonomischen Bewertung auf der Ebene des physischen Verwertungsprozesses keineswegs folgenlos. Denn indem Produktion und Reproduktion voneinander getrennt werden, wird die ökologische Produktivität nicht einfach nur ausgeblendet und unsichtbar gemacht, sondern im Effekt geschieht viel Schlimmeres: Wegen ihrer scheinbaren ökonomischen Bedeutungslosigkeit entfaltet die verdrängte Natur ein vor allem auch ökonomisch nicht mehr zu leugnendes *Destruktionspotential*. Was die Industriegesellschaft ökonomisch nicht wahrnimmt, indem sie es nicht bewertet, wird physisch nicht wiederhergestellt. Die Reproduktion des von ihr bis auf das letzte Produkt und die letzte produktive Leistung verwerteten ökologischen Haushalts erkennt die Industrie nicht als ihre Aufgabe; sie gibt ihn daher der unmittelbaren und grenzenlosen Zerstörung preis. Was als »ökologische Krise« erscheint und die Bühne inzwischen auch des ökonomischen Denkens der Industriegesellschaft betritt, ist nichts anderes als die krisenhaft zugespitzte Wirklichkeit ihrer eigenen Ökonomie – einer Ökonomie, die ihre physische Identität mit der ökologischen Natur verleugnet und verdrängt, während sie jene zugleich in einer destruktiven Form immer weiter herstellt.

Doch in der Gestalt der »ökologischen Krise« kann nunmehr der *subjektive* Charakter ökologischer Natur nicht länger übersehen werden: Als ein destruktives Subjekt wird die Natur jetzt auch zur *ökonomischen* Realität des Industriesystems und erzwingt auf diese Weise gleichsam ihren Einzug in das ökonomische Denken. Indem der Naturhaushalt seine produktiven Eigenschaften spürbar in eine ökonomisch destruktive Wirksamkeit verkehrt, läßt er keinen Zweifel mehr an seiner Subjektivität: Die zerstörte Natur wird zerstörerisch und beeinflußt als solche die ökonomische Praxis und selbst die ökonomischen Wertverhältnisse des Industriesystems. Was noch in der Erscheinung von »Naturkatastrophen« wahrgenommen wird – Katastrophen, deren ökonomische Bedeutung stetig zunimmt –, ist im Kern nichts anderes als der katastrophale Zusammenbruch des industrieökonomischen Systems selbst. Die Industrie wird sich ihrer physischen Identität mit der Naturproduktivität offenbar erst dadurch bewußt, daß sie sie als Destruktivität erzeugt, um sich ihr als solcher *ungewollt* zu unterwerfen – unterwerfen zu müssen. Was sie bisher für ihr Gegenüber gehalten hat oder anders gesagt, was sie sich als Objekt gegenüber gesetzt hat, gilt es nunmehr gezwungenermaßen als die eigene Identität, als eine *subjektive* Produktivkraft, zu begreifen. Das ökonomische Verständnis von der ökologischen Produktivität entwickelt sich entlang ihrer ökonomisch und sozial immer wirksamer werdenden Destruktivität.

Die Entfaltung eines subjektiv und objektiv ineinanderfließenden Naturverhältnisses und damit verbunden die Transformation der ökonomischen Bewertungsrationalität von einem primär abstrakten in einen primär physischen Wertkalkül könnte eine aktive Antwort der Industriegesellschaft auf die »ökologische Krise« sein. Womöglich liegt hierin sogar die einzige Chance der Gesellschaft, sich als Wirtschaftsgesellschaft nachhaltig zu konstituieren. Denn um den Naturhaushalt in seiner ganzen produktiven Einheit nachhaltig zu reproduzieren, bedarf es keineswegs einer nur restriktiven Anbindung des Wirtschaftssystems an die Gesetzmäßigkeiten der Natur. Vielmehr ist vor allem ein gesellschaftliches Bewußtsein über die eigene ökonomische Identität mit der ökologischen Natur notwendig, in dem jene schließlich als eine *Gestaltungsaufgabe* menschlicher Ökonomie erkannt wird. Nicht die statisch-starre, die tote Natur der industriellen Produktionsweise konstituiert eine nachhaltige Ökonomie, sondern es ist im Gegenteil gerade die lebendige, die reiche und vielfältige ökologische Natur, die einer Ökonomie der Nachhaltigkeit zur Grundlage und zum Ziel wird.

Naturprodukt und Naturproduktivität – Gewordenes und Werdendes – als das Wesen und die Aufgabe ökonomischen Handelns zu erkennen, bedeutet, Wert und Physis wieder in eine Balance zu bringen. Die menschliche Wirtschaft kehrt auf diesem Weg zu ihren Wurzeln in der Haushaltsökonomie zurück: zu einer Ökonomie des *ganzen* Hauses – des menschlichen Haushalts in der unzerbrechlichen Verbindung mit dem Haushalt der ökologischen Natur.

Thomas Zoglauer

Das Natürliche und das Künstliche: Über die Schwierigkeit einer Grenzziehung

Der englische Landschaftsgarten stellt eine Kunstschöpfung des Menschen dar, die trotz ihrer Geplantheit und zielgerichteten Ausführung für den Betrachter natürlich erscheint. Diese Illusion der Natürlichkeit ist vom Garten- und Landschaftsarchitekten durchaus beabsichtigt. Dahinter steht ein romantisches Naturverständnis, das sich von der rationalistischen Naturphilosophie, die den französischen Barockgarten prägte, deutlich unterscheidet. Dennoch ist diese prätendierte Natürlichkeit nur Schein: Man findet fremde Baumarten, die aus anderen Gegenden der Welt importiert und als bewußte Ergänzung und als Kontrast neben einheimische Bäume gepflanzt wurden. Die Bepflanzungen wurden planmäßig nach bestimmten ästhetischen Prinzipien arrangiert, künstliche Hügel wurden aufgeschüttet, Seen angelegt und Bachläufe durch die Landschaft gezogen. Natur wird als Schauspiel präsentiert, das die Illusion der Echtheit vermitteln soll, aber dennoch wie nach einem Drehbuch inszeniert wurde. Würde der Mensch nicht permanent durch seine Hege und Pflege eingreifen, würde der Garten verwildern und wieder in einen »Naturzustand« übergehen, gleichsam »renaturieren«. Diese hintersinnige Dialektik von Natur und Kunst legt die Frage nahe, woran wir denn erkennen können, ob etwas natürlich oder künstlich ist. Die Frage ist philosophisch nicht einfach zu beantworten und zeigt, wie sehr unser Verständnis von Natur, Kunst und Technik kulturgeschichtlich geprägt ist. Um die Wurzeln dieses Naturverständnisses aufzudecken, müssen wir weit in die Philosophiegeschichte zurückgehen.

In den Physikvorlesungen von Aristoteles gibt es eine berühmte Stelle, wo der Unterschied zwischen dem Natürlichen und dem Künstlichen erläutert wird: Aristoteles teilt die Gesamtheit des Seienden in zwei Klassen ein, in die der Naturprodukte und der Artefakte.[1] Ein Naturprodukt trägt den Ursprung oder das Prinzip seiner Veränderung in sich selbst, es braucht nicht den Menschen dazu, um zu dem zu werden, was es ist: Ein Baum wächst von alleine, ein Tier ernährt und bewegt sich von selbst, und ein Stein fällt von alleine auf die Erde. Dagegen liegt bei einem Artefakt das »Prinzip seiner Herstellung« nicht in ihm selbst, sondern außerhalb seiner, in anderem. Artefakte werden vom Menschen gemacht. Aristoteles erwähnt als Beispiel ein Bett oder einen Mantel, in denen keinerlei »Tendenz zu irgendwelcher Veränderung« vorhanden ist. Lediglich das natürliche Substrat, aus dem das Bett besteht, nämlich das Holz, verändert sich von selbst: es altert, verfault und vermodert. Aristoteles greift dabei einen Gedanken Antiphons auf: »Würde ein Bett in die Erde eingegraben und hätte der Verfaulungsprozeß die Kraft, aus dem verfaulenden Bett noch einen Schößling hervorzutreiben, es würde dann gewiß kein Bett, sondern Holz entstehen; denn das Bettsein sei eine bloß zusätzliche Bestimmtheit, das Ergebnis der Willkür menschlicher Arbeit, das Holzsein aber das Wesen, als dasjenige, was sich fortgesetzt bei all solchem Schicksal identisch erhalte.«[2] Ebenso würde eine von Menschen geformte Statue aus Stein im Laufe der Zeit ihren Charakter als Kunstwerk und Artefakt verlieren und verwittern.[3] Die ökologische »Renaturierung« eines Flußlaufs wäre nach Aristoteles dagegen ein künstlicher Prozeß, da er vom Menschen hervorgerufen wird. Der Artefaktcharakter ist daher etwas dem Naturprodukt Aufgesetztes, das von menschlicher Tätigkeit herrührt.

Diese Unterscheidung von Aristoteles mag recht einleuchtend sein, sie läßt jedoch noch viele Fragen offen. So stellt zum Beispiel der Frankfurter Technikphilosoph Günter Ropohl die Frage, wie der Mensch in dieses System einzuordnen sei: »In gewisser Weise nämlich ist ja der Mensch selbst ein Naturwesen; jedenfalls gehört er mit seiner Körperlichkeit ursprünglich zur Natur im aristotelischen Sinne.«[4] Faßt man den Menschen als Naturwesen auf, so wären alle Artefakte, die der Mensch schafft, Naturprodukte: Denn Artefakte werden vom Menschen gemacht, der Mensch wird von der Natur gemacht, also sind letzten Endes auch Artefakte Naturprodukte. Will man diese naturalistische Deutung nicht akzeptieren, so muß man dem Menschen eine Sonderstellung »innerhalb und gegenüber der Natur« einräumen.[5] Dann müßte jedoch alles, was der Mensch erzeugt, als Artefakt angesehen werden.

Man kann noch weiterfragen: Wird ein Baum, der aus seiner natürlichen Umgebung genommen und in einen Park gepflanzt wird, durch diese Umpflanzung schon zum Kunstgegenstand? Im Kontext eines künstlich angelegten Landschaftsgartens wird ein einzelner Baum zum Teil eines Gesamtkunstwerks. Betrachten wir ein anderes Beispiel: Ein in natürlicher Umgebung vorgefundener, unbearbeiteter Stein kann im Sinne von Aristoteles als Naturgegenstand betrachtet werden. Verwendet man ihn allerdings als Mittel, um damit zum Beispiel eine Nuß zu knacken, so wird er zum Werkzeug. Bearbeitet man ihn schließlich, gibt man ihm flache Kanten und fügt ihm einen hölzernen Stiel an, so wird der Naturgegenstand vollends zum Artefakt (Hammer). Die Frage aber bleibt, in welcher Phase der Bearbeitung der Naturcharakter verschwindet und das Artefakt geboren wird. Mit dem gleichen Hintergedanken kann man auch die Frage stellen, wann eine Erfindung entsteht: Wurde der Hammer erst mit der handwerklichen Bearbeitung von Steinen »erfunden« oder schon im Moment seiner Instrumentalisierung zum Zwecke des Aufschlagens von Nüssen oder noch früher mit der gedanklichen Antizipation dieser Schritte? Ganz sicher wird man keinen festen Zeitpunkt angeben können, an dem die Erfindung geboren wird. Vieles spricht dafür, eine Erfindung bereits im geistigen Schöpfungsakt anzusetzen: »In der Erfindung taucht neue Wirklichkeit auf, wird der Natur vom Bewußtsein ein Konzept entgegengesetzt, das in der natürlichen Wirklichkeit nicht vorzufinden war und ausschließlich auf menschliche Zwecke bezogen ist (...). Die Erfindung ist es, worin all diese Künstlichkeit ihren Ursprung nimmt; sie ist ein Bewußtseinsakt, der die alte Wirklichkeit hinter sich läßt und die neue Wirklichkeit erschafft.«[6] Erklärt man die Erfindung zu einem Bewußtseinsakt, so würde ein Stein allein schon durch den Akt des reflektierenden Betrachtens zum Artefakt, nämlich dadurch, daß man ihn als geeignetes Mittel für einen bestimmten Zweck erkennt. Ein Ding wird zum Artefakt dadurch, daß es in einen Zweck-Mittel-Zusammenhang gebracht wird, daß es als Mittel zu etwas anderem gebraucht wird. Diese instrumentelle Relation muß durch ein menschliches Bewußtsein gestiftet werden. Damit wird das menschliche Bewußtsein zu jener Wasserscheide, die Natürliches von Künstlichem trennt: »In den Artefakten ist Technik vom Bewußtsein reorganisierte, also mehr als bloße Natur.«[7]

Dieses Unterscheidungskriterium ist jedoch sehr weit: Damit würde ein Naturgegenstand allein schon durch die Art der reflektierenden Betrachtung zum Kunstobjekt oder zum Artefakt werden, je nachdem, ob man ihn lediglich mit »interesselosem Wohlgefallen« oder aber mit den Augen der instrumentellen Vernunft betrachtet. Tatsächlich machen sich viele Künstler diese Kontextualität von Kunstwerken zunutze, indem sie ein beliebiges Naturobjekt seinem ursprünglichen Kontext entreißen und in einer künstlich angelegten Installation neu arrangieren, auf diese Weise neue semantische Bezüge kreieren und dem Objekt einen neuen Sinn verleihen. Das Kunstwerk entsteht folglich erst im Bewußtsein des Betrachters. Auch der Techniker kann die Natur technisch betrachten: Ein Organismus kann als eine gut funktionierende Maschine interpretiert werden, in der jedes Teil eine bestimmte Funktion erfüllt. Solche technischen Lösungen der Natur können vom Menschen abgeschaut und in eigene Konstruktionen umgesetzt werden. Gernot Böhme sieht in dieser technischen Reproduzierbarkeit von Natur das »Ende einer Vorstellung von Natur, die ihre Prägnanz gerade aus der Entgegensetzung zum Bereich menschlichen Handelns erhielt«[8].

Eine Folge dieser Wandlung des Naturbegriffs ist, daß sich die Grenze zwischen Naturprodukt und Artefakt, die Aristoteles mit so großer philosophischer Gründlichkeit herausgearbeitet hat, heute nicht mehr ziehen läßt, sie zu verschwimmen droht, und die Aristotelischen Kategorien von Natur und Technik obsolet werden. Insofern der Mensch in die Natur eingreift – und wo hat er es nicht schon getan? –, verändert er Vorhandenes oder produziert Neues.[9]
– Schon die Packungsaufdrucke an vielen unserer Lebensmittel machen uns stutzig: »natürliche Geschmacksstoffe« oder »naturidentische Aromen«. Sind diese Stoffe nun natürlich oder künstlich?
– Ist Wein ein Artefakt? (Der Gärungsprozeß ist doch ein natürlicher Vorgang!)
– Ist der Strom, der aus der Steckdose kommt, ein Naturprodukt? (Macht es einen Unterschied, ob der Strom aus Sonnenenergie gewonnen oder in einem Kernkraftwerk erzeugt wurde?)
– Ist das chemische Element Nr. 99 (Einsteinium), das in der Natur nicht vorkommt und erst 1952 in den Trümmern der Explosion der ersten Wasserstoffbombe gefunden wurde, noch ein Naturprodukt oder bereits ein Artefakt?
– Sind Elementarteilchen, die in Teilchenbeschleunigern künstlich erzeugt wurden, Naturprodukte oder Artefakte?
– Neben der Chemie und Physik bietet neuerdings auch die Gentechnik die Möglichkeit, aktiv in die Natur einzugreifen. So kann der Biologe Erbanlagen verändern, sie in andere Organismen einschleusen und damit neue Tier- und Pflanzenarten züchten. Ist das Produkt eines solchen Eingriffs etwas Natürliches oder etwas Künstliches oder gar eine »natürliche Konstruktion«?

Die Frage bleibt bestehen, wie stark ein Naturgegenstand verändert werden muß, damit er zum Artefakt wird.
Je genauer man die Grenze zwischen dem Natürlichen und dem Künstlichen ziehen will, desto stärker verschwimmt sie. Im Grunde genommen ist die Grenzziehung selbst schon künstlich angelegt, ist also selbst ein Artefakt.

Untersuchen wir einmal den Naturbegriff der zeitgenössischen Architektur. In der ökologischen Architektur wird zum Beispiel ein »natürliches Bauen« propagiert. Was versteht man unter natürlichem Bauen? Mit dem Naturbegriff werden bestimmte Assoziationen geweckt. »Natürlich Bauen« soll heißen:
– ein gesünderes Bauen, unter Verwendung »natürlicher« Baumaterialien (Holz, Stein, Glas, wenig Beton, möglichst keine Chemie etc.);
– naturgemäßes und naturnahes Bauen: viel Grün (zum Beispiel Wintergärten);
– harmonische Einbettung des Gebäudes in seine biologische Umwelt (Natürlichkeit als Einbettungsqualität);
– menschen- und sozialgerechtes Bauen (Natürlichkeit als Lebensqualität).

Manchmal bekommt man von Architekten aber auch folgende Antworten zu hören, wenn man nach der Bedeutung »natürlichen Bauens« fragt:
– Freiheit im Bauen: So rebellieren manche Architekten gegen die Diktatur von DIN-Normen und Bauvorschriften. Dieser Widerstand richtet sich gegen traditionelle Normen wie beispielsweise die Verwendung von rechten Winkeln, die bei manchen Architekten als äußerst unnatürlich verpönt sind. (Stichwort: »Organische Architektur«)
– »natürlich Bauen« kann aber auch heißen: selber Bauen. »Natürliche Konstruktionen des Menschen sind als natürlich zu bezeichnen, wenn ihre Entstehung Analogien in der belebten Natur zeigt.«[10] Hier wird bemerkenswerterweise an den Aristotelischen Naturbegriff angeknüpft, nach dem sich die Natur – im Gegensatz zu technischen Artefakten – selbst organisiert.

Bei all diesen Begriffsbestimmungen wird deutlich, daß das Adjektiv »natürlich« als wertender Begriff gebraucht wird, dessen Bedeutungsinhalt eindeutig positiv besetzt ist. Nach der Meinung vieler Verbraucher sind Naturprodukte, die als Waren angeboten werden, künstlichen Produkten qualitativ überlegen: »Wer seinen Artikeln das Epitethon ›Natur‹ hinzufügt, will damit signalisieren, daß es sich um etwas Gutes handelt: Naturseife, Naturkosmetik, Naturfarben. Eine Steigerung davon ist das Epitethon *Bio*: Biowein, Biowaschmittel, Bioenergie.«[11] Mit dem Begriff »Natur« assoziieren wir das Bild der idyllischen Harmonie eines unberührten Biotops. Natur gilt als schön, gesund und wertvoll. In dieser wertenden Begriffsverwendung ist – vereinfachend gesagt – alles Natürliche gut und alles Künstliche schlecht. In der feministischen Ökologie – und hier werde ich ein wenig boshaft – hat die Natur einen grundsätzlich *weiblichen* Charakter und ist daher gut, während die Technik etwas *Männliches* darstellt und daher schlecht ist. Solche Wertungen fließen oft unmerklich und unwissentlich in den Sprachgebrauch ein. Dahinter steht neben einer sentimentalen Naturverehrung auch eine radikale Kulturkritik, die der technischen Zivilisation eine Entfremdung des Menschen von der Natur vorwirft. Dagegen wird die Natur als universeller Wertmaßstab gedacht, »an dem sich menschliches Denken, Fühlen und Handeln zu orientieren hat«.[12]

Diese Naturphilosophie, die sich zugleich als eine Naturethik versteht, wird vielfach als *Physiozentrismus* bezeichnet, weil hier die Natur (physis) als das Maß aller Dinge betrachtet wird und nicht der Mensch.[13] Das physiozentrische Weltbild steht damit im Gegensatz zum anthropozentrischen Weltbild. Im *Anthropozentrismus* werden alle Wertmaßstäbe vom Menschen gesetzt: er bestimmt, was gut und was schlecht ist. Tatsächlich sind alle klassischen Ethik-Konzeptionen, insbesondere die Kantsche Pflichtenethik und der Utilitarismus, anthropozentrische Ethiken, das heißt auf den Menschen bezogen. In diesem Modell kann die Natur keine Rechte für sich in Anspruch nehmen: nur der Mensch besitzt Rechte. (Denn nach Kant kann nur derjenige Rechte in Anspruch nehmen, der auch Pflichten übernehmen kann.) Wenn der Mensch die Natur schützen und erhalten soll, dann kann dies nur aus reinem Selbstinteresse geschehen: Der Mensch darf die Natur nicht zerstören, weil dies seiner eigenen Moralität abträglich wäre oder weil dies negative Folgen für ihn selbst hätte. Der Mensch hat daher nur eine *indirekte* Verantwortung der Natur gegenüber: Wir müssen die Natur schützen, weil wir sie brauchen: aus wirtschaftlichen Interessen, weil sie unsere Lebensgrundlage darstellt oder allein zur ästhetischen Selbstbefriedigung.

Dagegen stellt die Natur für die *physiozentrische Ethik* einen Selbstzweck, einen Wert an sich dar, der um seiner selbst willen zu schützen ist und nicht um irgendwelcher egoistischen menschlichen Interessen willen. Dies wird mit religiösen, metaphysischen oder biologischen Motiven begründet. Neuerdings wird sogar die These vertreten, daß die Natur – ebenso wie der Mensch – Rechte besitzt und diese auch juristisch eingeklagt werden können. Die Natur als Rechtssubjekt zu behandeln setzt allerdings voraus, daß die Natur überhaupt *Subjektcharakter* hat, also ein empfindungsfähiges »Selbst« darstellt, möglicherweise sogar einen eigenen Willen besitzt und somit als Träger von Rechten in Frage kommt.[14] Es mag vielleicht noch sinnvoll sein, höhere Tiere als Rechtssubjekte zu behandeln, aber es ist fraglich, ob die Natur als Ganzes diesen Subjektcharakter besitzt. Der Begriff vom »Natursubjekt« oder die animistische Vorstellung einer beseelten Natur wird gerade von der New-Age-Bewegung wiederbelebt: Die Erde sei nicht tot, sondern ein lebender, empfindungs- und leidensfähiger Organismus (so die Gaia-Hypothese von Lovelock). Damit wird auch ein ethischer Anspruch begründet: Wenn ein Ökosystem oder die ganze Natur keine bloße Sache mehr ist, sondern selbst belebt ist, eine Seele hat und Eigenrechte besitzt, dann erwächst daraus auch eine moralische und juristische Verpflichtung, sie zu erhalten und zu schützen.

So schön und erbaulich solche Theorien auch sein mögen, so weisen sie doch erhebliche Schwächen und Begründungsdefizite auf. Denn auch eine physiozentrische Naturethik bleibt einem epistemischen Anthropozentrismus verhaftet, der sich weder verbergen noch beseitigen läßt. Allein schon die Rede von einem Natur*subjekt* verrät eine zutiefst anthropomorphe Sichtweise. Menschliche Eigenschaften werden unreflektiert auf die außermenschliche Natur übertragen, gleichsam in sie hineinprojiziert: Die Natur wird als empfindungs- und leidensfähiges Subjekt gedacht. Solche adjektivischen Bestimmungen der Natur zeigen, daß es sich bei dem Naturbegriff in Wirklichkeit um einen *Sinnbegriff* handelt. Ludwig Trepl erläutert dies an einigen Beispielen: »Eine bestimmte ›Natur‹ (im Sinne von Landschaft) kann Geborgenheit symbolisieren oder Drohung, kann erhaben sein, erschreckend, düster, fremd, heimatlich, niederdrückend, lockend, verloren. Man merkt dem Vokabular an, daß ›Natur‹ hier an einem Ort zu liegen kommt, an dem ›Sinn‹ organisiert wird, und zwar ›letzter‹ Sinn.«[15] Jede ästhetisierende Verklärung der Natur beruht auf einem anthropozentrischen Mißverständnis. Ruth und Dieter Groh kritisieren im Blick auf die physiozentrische Naturästhetik der Gebrüder Böhme einen solchen »ästhetischen Fundamentalismus«: Ein Morgen ist nicht heiter oder traurig: Wir selbst sind es.

»Es ist eine anthropomorphe, poetische Redeweise, den Morgen heiter zu nennen. Wir reden so, gewiß. Aber wir dürfen der Sprache nicht auf den Leim gehen und die Metapher als reales Prädikat eines natürlichen Phänomens verstehen. Heiterkeit des Morgens ›als solche‹, wie die physiozentrische Naturästhetik behauptet, gibt es nicht. Der Morgen ist kein Subjekt, das heiter gestimmt ist und sich uns in dieser Stimmung zeigt.«[16]
»Unsere Vorstellungen von dem, was Natur ist, sind *unsere* eigenen Vorstellungen. Die Maßstäbe unseres Umgangs mit Natur sind *unsere*

eigenen Maßstäbe. Unser ästhetischer Zugang zur Natur ist *unser eigener Zugang.*«[17]

Noch deutlicher treten solche versteckten Anthropomorphismen in der Lehre von den Eigenrechten der Natur zutage: Rechte sind eine Erfindung des Menschen und können nicht einfach Objekten zugeschrieben werden, die keinen Verstand besitzen, sich nicht äußern können und auch nicht vor Gericht gehen und eine Klage einreichen können. Auch der Vorschlag, juristische Stellvertreter zu ernennen, ähnlich wie dies bei unmündigen Personen geschieht, hilft hier nicht weiter: Wer weiß schon, welches die »natürlichen Interessen« eines Fischs oder Ökosystems sind? Ein Mensch, der als Anwalt eines Tieres auftritt, wird doch nur seine eigenen Vorstellungen von den vermeintlichen Interessen seines Mandanten vor Gericht vertreten. Aber nehmen wir die These von den Eigenrechten der Natur einmal ernst und postulieren, daß neben den Menschen auch Tiere (vielleicht auch Pflanzen und ganze Ökosysteme) ein juristisch einklagbares Recht auf Leben besäßen. Es wäre sicherlich begrüßenswert, wenn Menschen oder Firmen juristisch belangt werden könnten (und zwar nicht nur nach dem Tierschutzgesetz), wenn sie Tiere töten oder ganze Landschaften und Ökosysteme zerstören und damit die Lebensgrundlage vieler Tiere und Pflanzen vernichten. Ebenso müßten aber auch Jäger zu Mördern gestempelt werden. Aber warum sollten Tiere ihre Rechte nur gegen Menschen einklagen können? Wenn es sich bei ihren Rechten wirklich um fundamentale, unteilbare und unveräußerliche Rechte handelt, die ihnen allein durch ihre Existenz, unabhängig vom Menschen zukommen und die ihnen nicht durch irgendeinen Verwaltungsakt verliehen und wieder entzogen werden können, dann müßten sie diese Rechte nicht nur gegen den Menschen, sondern auch gegen ihre Artgenossen und natürliche Feinde geltend machen können. Müßte man dann nicht auch den Habicht anklagen, der eine Maus verschlingt, den Löwen, der eine Hyäne frißt, oder den Fuchs, der eine Gans nicht nur gestohlen, sondern auch verzehrt hat? Die Erde würde sicherlich zu einem sehr viel friedlicheren Planeten werden, wenn es solche bestialischen Akte des Tötens, Schlachtens und Fressens nicht gäbe. Aber wäre dies noch natürlich? Die These von den Eigenrechten der Natur kann nur dann sinnvoll vertreten werden, wenn diese Rechte lediglich als ein fiktives Rechtsverhältnis zwischen Tieren (eventuell auch Pflanzen) und dem Menschen verstanden werden und dieses Rechtsverhältnis zwischen den Tieren untereinander geleugnet wird. Damit würde dem Menschen aber wieder eine Sonderrolle zugesprochen werden, die man eigentlich gerade beseitigen wollte. Eine juristisch begründete Öko-Ethik wäre damit keine physiozentrische Theorie mehr, sondern wäre selbst zutiefst anthropozentrisch.

Ebenso sind auch die der Natur untergeschobenen Wertmaßstäbe menschlichen Ursprungs: Der Mensch selbst bestimmt, was für ihn natürlich erscheint. Die Vorstellung von dem, was als natürlich gilt, wird sozial und kulturell geprägt und ist auch einem historischen Wandel unterworfen: Barockgärten galten früher durchaus als etwas Natürliches, während sie heute eher gekünstelt wirken.[18] Zum anderen ist zu bedenken, daß der Begriff auch kulturell unterschiedlich bewertet wird: Naturvölker haben sicher eine andere Naturauffassung als Europäer. Der Naturbegriff ist mit sehr verschiedenartigen Wertvorstellungen verknüpft und verweist auf komplexe religiöse, ethnologische und kulturhistorische Bezüge, da er jeweils ein bestimmtes Natur*verständnis* ausdrückt.

Der Ökologe und Journalist Jürgen Dahl hat verschiedene Grundbegriffe der Ökologie, wie ökologisches Gleichgewicht, Stabilität und Artenvielfalt als Schein-Ideale entlarvt, die nicht unbedingt »natürlich« sein müssen. Der Forderung nach Erhaltung des ökologischen Gleichgewichts liegt die Vorstellung zugrunde, »daß sich die von menschlichen Eingriffen unbeeinflußte Natur in einem stabilen Gesamtzustand befindet, der zwar jederzeit in beliebig vielen Bereichen größere oder kleinere Fluktuationen aufweist, insgesamt aber durch ein komplexes Geflecht von Wechselwirkungs- und Austauschprozessen immer wieder hergestellt wird.«[19] Diese Vorstellung ist falsch: in der belebten Natur gibt es keine statischen Gleichgewichte, sondern nur dynamische Fließgleichgewichte, sogenannte »Zustände fernab vom thermodynamischen Gleichgewicht«. Jedes organische System, das sich in einem thermodynamischen Gleichgewichtszustand befindet, müßte unweigerlich zugrunde gehen.

> »Ein ökologisches Gleichgewicht gibt es so wenig, wie es ein Auto gibt, das geradeaus fährt. Es gibt äußerstenfalls ein beständiges Pendeln um eine Mittellinie, mit tanzendem Waagenzünglein, und meist tanzt das Zünglein nicht nur, sondern schlägt abrupt nach der einen oder anderen Seite aus und kommt kaum je für eine kurze Zeit zu trügerischer Ruhe.«[20]

Im Grunde genommen besagt die Rede vom biologischen Gleichgewicht nichts anderes, als daß Leben erhalten wird, daß ein organisches System funktional stabil ist. Der Begriff des ökologischen Gleichgewichts suggeriert die falsche Vorstellung einer natürlichen Harmonie, er gilt als der Inbegriff einer heilen und intakten Natur. In Wirklichkeit handelt es sich hier um einen subjektiven und standpunktgebundenen Begriff. Es kommt nämlich ganz darauf an, aus welcher Perspektive man ein System betrachtet. Denn auch in einem System, das sich nicht mehr im Gleichgewicht befindet, kann noch Leben existieren. Zum Beispiel können manche Algenarten davon profitieren, wenn ein See »umkippt«. Was für eine Tier- oder Pflanzenart eine Katastrophe, einen ökologischen Holocaust darstellt, erzeugt für eine andere Art dagegen ein paradiesisches Schlaraffenland. Jedes neue ökologische System entsteht durch die Zerstörung eines anderen Systems. Tod und Zerstörung im alten System läßt neues Leben entstehen.[21] Stabilität ist also keineswegs immer etwas Natürliches und ist auch nicht immer unbedingt erstrebenswert.

> »In der Natur bleibt nichts so, wie es ist. Der Lebensprozeß ist gebunden an Stoffwechsel, an Veränderung. Wenn wir in der Natur etwas ›Feststehendes‹ suchen, finden wir das nur durch Abstraktion, durch Absehung von der real stattfindenden Veränderung, also auf der gedanklichen Ebene und nicht auf der Ebene der beobachtbaren Abläufe.«[22]

Am Stabilitätsbegriff läßt sich exemplarisch zeigen, wie ein ursprünglich wertneutraler Begriff im Kontext einer sentimentalen Ökologie zu einem Wertmaßstab hochstilisiert wird.[23] In der Systemtheorie kann Stabilität streng mathematisch und wertneutral definiert werden. Nun gibt es in der Fachliteratur allerdings verschiedene Stabilitätsbegriffe: Allein in der Ökologie, so wurde gezeigt, werden mehr als 140 verschiedene Definitionen von »Stabilität« verwendet.[24] Dies ist auch nicht verwunderlich, wenn man bedenkt, daß jede technische Begriffsdefinition auf Konventionen beruht und auf einen bestimmten Verwendungszweck bezogen ist.

Was für die Begriffe Gleichgewicht und Stabilität gilt, gilt ebenso auch für den Begriff der Artenvielfalt. Oft wird argumentiert, daß die Vielfalt der Arten eine notwendige Voraussetzung dafür sei, die Stabilität eines ökologischen Systems zu garantieren: »Je artenreicher ein System sei, so heißt es, um so weniger sei es gegen Störungen von außen anfällig.«[25] Aber auch dieser Zusammenhang ist keineswegs evident: »Es gibt artenarme ökologische Systeme – wie die Lebensgemeinschaft der Meeresdünen –, die von großer Stabilität sind, und es gibt artenreiche Systeme, die binnen kürzester Zeit nahezu spurlos verschwinden und einer anderen Konföderation von Lebewesen Platz machen, wenn nur der Grundwasserspiegel um einen Meter sinkt.«[26] Und nicht jede Art ist für die Erhaltung der Stabilität eines Ökosystems gleichermaßen wichtig.

Neue Erkenntnisse der Ökologie deuten darauf hin, daß bestimmten Schlüsselarten eine besondere Bedeutung zukommt, »deren Vorhandensein oder Fehlen über den Charakter des jeweiligen Ökosystems entscheidet«[27]. Solange nur die Schlüsselarten erhalten bleiben, nimmt das Ökosystem keinen Schaden. Das Verschwinden anderer, »unwichtiger« Arten wäre dabei belanglos: Das Aussterben einer Art würde eine Nische freimachen, die von einer anderen Art sofort wieder besetzt würde. Offenbar hängt die Stabilität eines Ökosystems in nichtlinearer Weise von der Artenvielfalt ab: Eine Verringerung der Artenvielfalt muß nicht automatisch zu einem Zusammenbruch des ökologischen Gleichgewichts führen. Erst wenn die Artenzahl unter einen bestimmten Schwellenwert sinkt, wäre das Gesamtsystem in Gefahr.[28]

»Vor allem aber hängt es nicht von Artenvielfalt oder Artenarmut ab, ob das Leben weitergeht und wie: Irgend etwas lebt auf dem unwirtlichen Flecken, irgendein Arrangement stellt sich ein, und da die Stabilität eines bestimmten ökologischen Systems kein ökologischer Grundwert ist, die Vielfalt genausowenig, kann man nicht die eine aus der anderen rechtfertigen und vorgeben, die Forderung nach Erhalt der Vielfalt sei eine Konsequenz aus der wissenschaftlichen Erkenntnis der Ökologie.«[29]

Die Natur kann also nicht als Vorbild und Maßstab dienen, um Normen für das menschliche Handeln zu begründen.[30] Im Gegenteil: Die Natur verstößt ständig gegen jede moralische Norm, die der Mensch gesetzt hat. Sie geht rücksichtslos mit ihren Geschöpfen um, sie zerstört, sie tötet und rottet mitunter ganze Arten aus:

»99% aller Arten von Lebewesen, die überhaupt jemals auf unserem Planeten existiert haben, sind, wie uns die Biologen informieren, inzwischen ausgestorben. Dem Pockenvirus, das von der Erde verschwunden sein soll, wird wohl kaum jemand nachtrauern; den Hakenwurm, die Malariamücke und ähnliche Geißeln der Menschheit wären wir wohl auch gerne los.«[31]
»Dementsprechend kennt die Evolution auch keinen Respekt vor ihren Erzeugnissen. Für sie ist es gleichgültig, ob ein Organismus stirbt oder eine ganze Art, ob eine ganze Gruppe von Arten ausgelöscht oder selbst die gesamte Biosphäre unseres Planeten zerstört wird; ein solcher Zusammenbruch wäre für sie nur der Ausgangspunkt für einen neuen Anlauf evolutionärer Entwicklung, in dem neue Arten entstehen und eine neue Biosphäre aufgebaut wird.«[32]

Aber auch umgekehrt kann in dem explosionsartigen Wachstum der Weltbevölkerung nichts Unnatürliches gesehen werden, folgt der Mensch in seiner Vermehrung doch nur seinen natürlichen biologischen Trieben: »Ist es nicht das erste Naturrecht jeder Art Lebens, ja die wahre Essenz jeden Lebens, sich zu entfalten und zu vermehren und dazu alle Ressourcen in Anspruch zu nehmen, die benötigt werden?«[33]

Die Natur steht jenseits von Gut und Böse. Die Evolution ist blind am Werk, für sie gibt es keine Pläne oder Absichten, sie kennt keine Ziele und Zwecke und erst recht keine moralischen Normen, und daher kann sie uns auch keine Orientierungshilfe für unser Handeln geben. Natur kann also kein *Vor*bild sein; Natur ist immer nur ein *Nach*bild von dem, wie wir als geschichtliche und kulturelle Wesen die Welt sehen. Die anthropomorphen Wurzeln unseres Naturverständnisses zeigen, daß das Naturbild in den Köpfen der Menschen entsteht oder wie Wolfgang van den Daele es pointiert formulierte: »Natur ist ein Konstrukt der Kultur.«[34] Die Naturkrise ist darum eigentlich auch eine *Kulturkrise*.[35]

Nun folgt aus der »Natürlichkeit« von Naturzerstörung allerdings nicht, »daß der Mensch seinerseits zu einer solchen Zerstörung moralisch berechtigt sei«[36]. Denn diese Argumentation beruht ebenso auf einem naturalistischen Fehlschluß: Aus der Tatsache, daß die Natur etwas Bestimmtes tut, dürfen wir nicht folgern, daß wir es auch tun dürfen. Aus dem faktischen Sein kann kein Sollen abgeleitet werden. Fehlschlüsse solcher Art werden bevorzugt von einem *ethischen Naturalismus* verwendet, der versucht, Normen aus Tatsachen abzuleiten. Der Naturalismus postuliert eine Reduzierbarkeit des Normativen auf das Faktische. Wenn der Naturalismus recht hätte, ließen sich alle moralischen Urteile in empirische Aussagen übersetzen. Es hat ja in der Vergangenheit nicht an Versuchen gemangelt, die Ethik aus der menschlichen Natur, den biologischen Gesetzen oder gesellschaftlichen Produktionsverhältnissen abzuleiten. Wir brauchen uns nur an die Rassenideologie des Nationalsozialismus zu erinnern, um uns die Konsequenzen einer naturalistischen Ethik vor Augen zu führen. Hier war von einem Recht des Stärkeren und einem Recht auf Lebensraum die Rede; Körperbehinderungen, Geisteskrankheiten und Homosexualität galten als »unnatürlich« und waren daher auszumerzen. Diese letzten Beispiele zeigen, wie sehr allein schon der Krankheitsbegriff von sozialen Wertvorstellungen geprägt ist.

Daß der Schluß vom Sein aufs Sollen falsch und wirklich ein *Fehlschluß* ist, ist in der Philosophie unbestritten.[37] Der Fehler solcher Schlüsse liegt meist in einem unterschlagenen Werturteil. Dies sei an einem einfachen Beispiel erläutert: Aus der Tatsache, daß sich bei Tempo 30 in Wohngebieten um 20% weniger Unfälle ereignen, scheint zu folgen, daß Tempo 30 eingeführt werden soll.[38] Solche und ähnliche Schlüsse begegnen uns häufig im Alltag. Aber dennoch liegt hier kein Gegenbeispiel für einen verbotenen naturalistischen Fehlschluß vor, da in solchen Schlüssen in der Regel eine normative Prämisse unterschlagen wird, ohne die der Schluß unvollständig und damit ungültig wäre. Vollständig ausformuliert sieht der Schluß nämlich so aus:

1. Bei Tempo 30 geht die Zahl der Unfälle um 20% zurück.
2. Es ist geboten, die Zahl der Unfälle auf unseren Straßen zu reduzieren.
3. Also ist es geboten, Tempo 30 einzuführen.

Unsere Aufgabe ist es, solche versteckten Werturteile offenzulegen und die Werte auf ihre Richtigkeit hin zu befragen. Es geht also nicht darum, physiozentrische Ethik-Ansätze von vornherein zu verdammen; stattdessen müssen wir die als natürlich ausgegebenen Werte in unser anthropogenes Wertsystem zurückführen und an unseren eigenen ethischen Maßstäben messen. Eine so verstandene Anthropozentrik ist unvermeidbar und unhintergehbar.

Ich möchte den Ansatz zu einer solchen anthropozentrischen Öko-Ethik am Beispiel der Gentechnik diskutieren und komme damit auch wieder zu der Ausgangsfrage zurück, worin denn nun der essentielle Unterschied zwischen dem Natürlichen und dem Künstlichen besteht. Die Gentechnik macht es heute möglich, Getreide gegen Schädlinge oder Pestizide resistent zu machen, Tomaten in ihrem Aussehen und Geschmack zu verändern und verbraucherfreundlicher zu gestalten.[39] Gentechnisch veränderte Tiere sind in der Lage, menschliche Proteine, Enzyme oder Hormone zu produzieren und können somit als natürliche Medikamentenfabriken genutzt werden. Oft werden solche transgene Pflanzen und Tiere sogar zu Patenten erklärt, so als ob es sich dabei um eine »technische Erfindung wie eine neue Luftpumpe, ein Bügeleisen oder ein(en) Dieselmotor« handelt.[40] Dies wirft zu Recht die Frage auf, ob es sich hierbei noch um Naturprodukte oder um Artefakte handelt und »ob wir Geschöpfe, mit denen die Menschheit seit Jahrhunderten zusammenlebt, wirklich zu einem technischen Konstrukt degradieren wollen«.[41] Inzwischen gibt es schon Patente auf Pflanzen, Tiere (wie zum Beispiel die sogenannte »Harvard-Maus«), und es ist auch nicht mehr in allzu weiter Ferne, wann zum erstenmal Menschen patentierbar gemacht werden.

»Mit dem Eingriff in menschliche Keimzellen könnten die Besitzrechte der Genjäger endgültig auf das Erbgut einzelner Menschen ausgedehnt werden. Schon bei ihrer Geburt hätten die gentherapierten Säuglinge ein patentiertes Produkt der Industrie in jeder ihrer Zellen.«[42]

Gegen solche ehrgeizigen Pläne der Pharmakonzerne formiert sich verständlicherweise ein breiter Widerstand unter Tierschützern, Umweltschutzverbänden und Verbraucherschutzorganisationen. Untersuchen wir einmal die Argumente, die gegen Genmanipulationen vorgebracht werden.

Am naheliegendsten sind die Gründe, die vor den unkontrollierbaren Risiken von Freisetzungsexperimenten mit genetisch veränderten Pflanzen warnen: Transgene Pflanzen können ihr künstlich verändertes Erbgut an andere Organismen weitergeben, sich vermehren und andere »natürliche« Arten verdrängen. Dadurch wird das ökologische Gleichgewicht gestört mit weitreichenden Folgen, die sich in Schwere und Umfang kaum abschätzen lassen.

Zum anderen wird vor der Gefahr des Mißbrauchs gewarnt – Gentechnik zum Beispiel als Mittel zur biologischen Kriegführung –, oder es wird das Horrorszenario der Eugenik ausgemalt: Durch Genmanipulationen lassen sich nämlich nicht nur Erbkrankheiten heilen, sondern es ließen sich sogar gezielt bestimmte Eigenschaften des Menschen (zum Beispiel Intelligenz, Aussehen und Sportlichkeit) positiv selektionieren und verstärken. So ist bereits von Intelligenzgenen, Rambogenen oder Verjüngungsgenen die Rede.

Daneben werden aber auch grundsätzliche Bedenken gegen die Gentechnik geäußert, die häufig von Theologen oder Vertretern einer physiozentrischen Ethik ins Feld geführt werden und die Genmanipulationen jeder Art, egal zu welchem Zweck, generell für verwerflich halten: Mit der Gentechnik greife der Mensch direkt in die Schöpfung ein und maße sich an, Gott spielen zu können. Das Erbgut gehöre aber zum Wesen, zur Substanz des Menschen, es sei darum heilig und unantastbar, und diese Unantastbarkeit müsse unter allen Umständen respektiert werden.

Ich halte nicht alle diese Argumente für überzeugend. Die Anthropozentrik aller Werte schließt physiozentrische Argumente jedenfalls als irrationale Gründe aus. Das Argument des Risikos und der Mißbrauchsgefahr ist wiederum so allgemein, daß prinzipiell jede neue technische Erfindung als gleichermaßen gefährlich erscheinen muß. Aber auch die gefährlichen Folgen von Genmanipulationen an Nutzpflanzen und Lebensmitteln können nicht glaubhaft belegt werden: Zwar besteht bei Freisetzungsexperimenten mit transgenen Pflanzen tatsächlich das Risiko der Verwilderung und Verdrängung einheimischer Arten. Aber diese Gefahren kennt man schon von herkömmlichen Kreuzungen und Züchtungsexperimenten, und es gibt sie auch bei der Einführung neuer Tierarten in fremde Ökosysteme: So wurde zum Beispiel die südamerikanische Honigbiene durch eingeschleppte afrikanische Killerbienen verdrängt und nahezu ausgerottet. Die Besonderheit gentechnischer Risiken, die über die Risiken herkömmlicher Kreuzungsexperimente hinausgehen, konnten nicht nachgewiesen werden. Aber es ist auch kein besonderer Nutzen solcher Experimente erkennbar. So kommt Wolfgang van den Daele nach einer gründlichen Untersuchung zu dem Schluß:

»Diese Überprüfung hat unseres Erachtens ergeben, daß die besondere ökologische Nützlichkeit der herbizidresistenten Pflanzen nicht gezeigt werden kann. Nennenswerte Vorteile ergeben sich weder beim Bodenschutz noch (mit geringen Ausnahmen) bei der Umweltbelastung durch Herbizide. Die Überprüfung hat aber auch ergeben, daß die besonderen Risiken gentechnischer Eingriffe ebenfalls nicht gezeigt werden können. Die vorgebrachten Gründe, warum man bei gentechnisch veränderten Pflanzen mit anderen Risiken zu rechnen habe als bei konventionell gezüchteten, sind nicht tragfähig.«[43]

Aber dennoch bin ich kein Befürworter von Genexperimenten, denn ich sehe für die Gentechnik ganz andere Gefahren, die bisher noch nicht in das Bewußtsein der Öffentlichkeit gelangt sind: Durch die Gentechnik wird die Natur in größerem Maßstab verändert, als dies durch andere technische Methoden möglich ist, da hier der *Naturbegriff* selbst verändert wird, beziehungsweise unser Empfinden davon, was wir für natürlich halten. Wir würden eine andere Natur erhalten, wenn wir der Gentechnik freien Lauf ließen. Stellen wir uns einmal vor, daß die von der Firma Hoechst produzierten herbizidresistenten Pflanzen tatsächlich einheimische Pflanzenarten verdrängen und es nur noch »Basta-resistente« Pflanzen gäbe, die gegen das von Hoechst produzierte Unkrautvernichtungsmittel Basta resistent sind: Dann wäre diese Herbizidresistenz für künftige Generationen von Landwirten durchaus natürlich, und es wäre eher unnatürlich, wenn eine Getreidesorte nicht dagegen resistent wäre. Die Basta-Resistenz würde damit zur Norm, zur »Hoechst-Norm« erhoben, gegenüber der alle anderen gewöhnlichen Nutzpflanzen als minderwertig erschienen.

Wir können dieses Gedankenexperiment noch weiter treiben und uns vorstellen, daß eines Tages alle Pflanzen auf der Erde widerstandsfähig gegen Umweltverschmutzung gemacht werden, wodurch schließlich auch das Waldsterben aufgehalten werden könnte: Man ersetzt einfach alle Bäume durch gentechnisch erzeugte Kunstprodukte. (Wobei man sich hier tatsächlich streiten kann, wie »natürlich« diese Produkte sind.) Oder noch besser: Wir verwenden Plastikbäume! Was spricht gegen Plastikbäume?[44] Allein aus der Tatsache ihrer Künstlichkeit läßt sich noch kein Veto gegen Plastikbäume ableiten, und auch vom utilitaristischen Standpunkt aus betrachtet lassen sich keine vernünftigen Gründe gegen sie anführen. Die hohe Resistenz von Plastikbäumen gegen Umweltgifte wird die Politiker und die Industrie veranlassen, die Grenzwerte zu senken und die Luft noch mehr zu verpesten, da auf die Bäume nun keine Rücksicht mehr genommen werden muß. Aber auch der Mensch ließe sich gentechnisch entsprechend verändern und den neuen Umweltbedingungen anpassen. Insofern spricht eigentlich nichts gegen Plastikbäume.

Die entscheidende, ethisch relevante Frage lautet aber: Wollen wir Plastikbäume überhaupt? Wenn die Menschheit eines Tages *einmütig* beschließen würde, dieses Wagnis einzugehen, so ist aus ethischer Sicht nichts dagegen einzuwenden. Wenn aber nur *ein* Mensch sich dieser Instrumentalisierung und Verfügbarmachung verweigert, so hat er jedes Recht dazu: Allein die Menschenrechte verbieten eine solche Instrumentalisierung des Menschen. Durch Eingriffe in das Erbgut würde sich nicht nur der Mensch verändern, sondern unser ganzes *Menschenbild*. Auch hierzu sei zur Illustration wieder ein kleines Gedankenexperiment erläutert: Angenommen, eines Tages könnten Eltern ihre Kinder aus dem Katalog aussuchen und ihre Eigenschaften selbst bestimmen: sie sollen sehr intelligent sein, gut aussehen, sportlich und kerngesund müssen sie sein. Die zukünftige Welt würde dann nur noch von solchen Supermännern und -frauen bevölkert sein. Wer sich diesem »Gendoping« verweigert, müßte erhebliche Nachteile in Kauf nehmen: Ein Einstein des 20. Jahrhunderts könnte mit einem Intelligenzquotienten von 150 nicht mehr glänzen, wenn der durchschnittliche IQ 250 beträgt. Einstein würde dann eher als geistig behindert und schwachsinnig eingestuft werden und müßte eine Sonderschule besuchen. Jedes Abweichen von der Norm führt zu einer Benachteiligung, zu sozialer Ausgrenzung und Diskriminierung. Auch in unserer heutigen Gesellschaft lassen sich solche Benachteiligungen feststellen: Bei privaten Versicherungen haben sich Verträge mit Ausschlußklauseln eingebürgert, die Klienten mit hohen gesundheitlichen Risiken (hohes Alter, Krankheiten oder auch nur erblich bedingte Dispositionen zu solchen Krankheiten) mit höheren Tarifen belasten. Manche Chemiefirmen stellen nur Arbeiter ein, die nicht gegen bestimmte chemische Stoffe allergisch sind. Um wieviel schlimmer werden solche Diskriminierungen erst sein, wenn es eines Tages nicht nur genügen wird, gesund zu sein, sondern wenn man darüber hinaus noch bestimmte genetische Normen erfüllen muß? Daher sollten wir uns davor hüten, solche Normen und Wertmaßstäbe gezielt oder auch nur unbewußt oder ungewollt zu verändern, nur um irgendwelcher ökonomischer Interessen oder des bloßen technischen Fortschritts willen. Es sollte auch nicht so weit kommen, daß die Natur durch biotechnische Patente verfügbar gemacht oder ein Erbgut zum Eigentum bestimmter Firmen erklärt wird. Die Natur sollte möglichst *unverfälscht* unseren Nachkommen und zukünftigen Generationen übergeben werden.

Diese Unverfälschtheit ist zugleich auch ein normatives, ein zu erstrebendes Ideal. Es scheint so, so könnte man einwenden, als ob die vielgeschmähten »natürlichen Werte«, die zuvor noch aus dem Hauptportal der ökologischen Ethik hinausgeworfen wurden, nun wieder durch eine Hintertür hereinkämen. Aber wir sollten bedenken: Diese Werte sind keine objektiven, physiozentrischen Werte mehr, sondern lediglich subjektive, anthropozentrische Werte. Die Bewahrung einer ursprünglichen und unverfälschten Natur ist für uns eine ethische Pflicht. Sie hat nicht nur einen dokumentarischen und ästhetischen Wert: die Bewahrung der Natur ist auch eine existentielle Notwendigkeit! Auf diese Weise lassen sich – so denke ich – die meisten Normen, die aus einer physiozentrischen Ethik stammen, auch anthropozentrisch begründen, ohne sich eines naturalistischen Fehlschlusses schuldig zu machen. Der Unterschied zwischen dem Natürlichen und dem Künstlichen ist daher auch ein ethisch relevanter Unterschied.

Konrad Ott

Zum Stand der Diskussion in der Ökologischen Ethik

Die Ökologische Ethik hat sich neben der Wirtschaftsethik, der Medizinethik, der Bioethik und anderen als eine Disziplin der angewandten Ethik etabliert. Der Bereich der angewandten Ethik ist allgemein eine Art von Drehscheibe zwischen ethischen Grundtheorien (Diskursethik, Kantianismus, Kommunitarismus, Utilitarismus, Mitleidsethik und andere) und Praxisfeldern. Aussagen der angewandten Ethik sind daher an ethische Grundtheorien rückgebunden und zugleich praktisch und politisch relevant.

Bereits die Bezeichnung »Ökologische Ethik« bietet allerdings Anlaß zu Mißverständnissen wie dem, es solle auf der Basis der biologischen Ökologie eine Ethik errichtet werden. Aus den Beschreibungen und Modellierungen von Ökosystemen oder Populationen läßt sich aber nicht ableiten, was wir hinsichtlich ihres Schutzes tun oder lassen sollen. Jeder Versuch einer Ableitung von ethischen Normen aus biologischen Tatsachen gilt als ein »naturalistischer Fehlschluß« (Fehlschluß von einem naturalen Sein auf ein moralisches Sollen). Der eingebürgerte Terminus »Ökologische Ethik« mag beibehalten werden, sofern man im Auge behält, daß Begründungen in dieser Disziplin keine Ableitungen aus biologischen Sachverhalten sein dürfen.

Die Ökologische Ethik floriert zur Zeit. Sie hat ihre eigenen Zeitschriften – »Environmental Ethics« und »Environmental Values« – und ihren eigenen Weltverband (ISEE = International Society for Environmental Ethics). Ihre Hochburgen hat sie in den USA, Skandinavien und Deutschland. In jüngster Zeit häufen sich auch die Beiträge aus den armen Ländern der südlichen Hemisphäre (Asien, Afrika, Lateinamerika), die den dramatischen Zusammenhang zwischen Schuldenkrise, ungezähmtem Kapitalismus, den ökologischen Nebenfolgen herkömmlicher Entwicklungsmodelle, Bevölkerungswachstum, dem armutsbedingten Zwang zur Umweltzerstörung, Öko-Migration und Verteilungskonflikten bis hin zu Kriegen aufweisen. Hierbei werden die Bedingungen thematisiert, die der (gewiß näher zu präzisierenden)

Zielvorstellung einer »nachhaltigen Entwicklung« (»sustainable development«) entgegenstehen.[1]
Die Geschichte der Ökologischen Ethik zerfällt in mehrere Phasen. Akademische Außenseiter wie Henry Thoreau, Albert Schweitzer und besonders Aldo Leopold[2] zählen zu ihren geistigen Vätern. Viele Motive finden sich auch in den Schriften der »alten« Frankfurter Schule bei Horkheimer, Adorno und Marcuse.[3] Viele Kritiker bezeichneten die Ökologische Ethik anfangs als »romantisch«, »irrational« oder, vom Standpunkt des orthodoxen Marxismus, als »kleinbürgerlich«. Diese polemischen Positionen werden heute kaum noch vertreten. Insofern kann die Ökologische Ethik als etabliert gelten.

Gerne wurde nach den ursächlich Verantwortlichen und Schuldigen für die Umweltkrise gefahndet. Der Kapitalismus, die Technik, das Patriarchat, das Christentum, der Cartesianismus, das Bevölkerungswachstum wurden neben anderem als Kandidaten angeführt. Der Streit darüber läßt sich, sobald Pauschalverurteilungen entfallen, ins Historisch-Informative wenden. Allerdings sind namhafte Umwelthistoriker wie Rolf Peter Sieferle skeptisch, ob wir in der Lage sind, aus der Geistes-und/oder der Realgeschichte der Naturvergessenheit beziehungsweise der Naturzerstörung etwas zu lernen.[4] Niklas Luhmann meint, die Suche nach den Verantwortlichen werde, wenn sie gründlich erfolge, nur zu der Einsicht führen, daß die moderne Gesellschaft insgesamt die Verantwortung trüge – und dies wisse man sowieso.[5]
Die Möglichkeiten, menschliches Verhalten in bezug auf seine Umweltauswirkungen normativ-ethisch zu thematisieren, sind schier grenzenlos. Man kann daher mit Leichtigkeit eine endlose Liste von strittigen Fällen zusammenstellen: der Schutz von Nashörnern und das Töten von Wilderern (Afrika), Todesstrafe für das Fangen eines großen Pandas (China), Autobahn- oder Flughafenbau, Garzweiler II und Klimapolitik, Artenschwund, Waldsterben, Überfischung, Massentierhaltung, Versenkung von Bohrinseln, Ausweisung von Nationalparks, Wiederansiedlung von Wölfen und vieles mehr.[6] Insofern droht der Ökologischen Ethik die Gefahr, daß sie in eine bloße Kasuistik verfällt. Von Philosophen/Ethikern darf man jedoch erwarten, daß sie erst im Anschluß an gewisse Begründungsanstrengungen auf strittige Fälle zurückkommen, über die es ein »richtiges« Urteil zu fällen gilt. In gewisser Weise trifft daher zu, wenn gesagt wird, die Ethik sei »abgehoben«. Fälle sind dasjenige, was es zu beurteilen gilt; die Ethik als solche bemüht sich darum, Normen zu begründen, die als Prämissen bei einer Urteilsbildung verwendet werden können.

Die ökologische Ethik differenziert sich gegenwärtig in die Umwelt-, die Natur- und die Tierethik. Die *Umweltethik* beschäftigt sich mit Fragen der Schonung knapper und gefährdeter Ressourcen (Energieträger, Wasser, Boden), der Energieversorgung sowie mit einer dem Menschen zuträglichen und gesunden Arbeits-, Lebens- und Wohnwelt (Humanökologie), worunter auch klimatische Randbedingungen zählen. Die *Tierethik* analysiert Pflichten im Umgang mit Wild- und Nutztieren (Labor-, Zirkus-, Zoo- und Schlachttiere). Schmerz- und Leidensfreiheit sowie, möglicherweise, ein Recht auf Leben sind hier die Grundsätze, die es ethisch zu begründen und in Tierschutznormen zu übersetzen gilt.[7] Die *Naturethik* versucht, Schutznormen und entsprechende Pflichten in bezug auf größere biologische Einheiten (Arten, Biotope, Ökosysteme, Landschaften usw.) zu begründen. Angesichts dieser notwendigen Binnendifferenzierungen wird es wichtig, die Einheit der Ökologischen Ethik nicht aus den Augen zu verlieren.

Im Anwendungsbereich der Ökologischen Ethik liegt der Teufel natürlich oftmals im Detail. Selbst wenn wir Pflichten gegenüber oder in Ansehung der Natur rational begründen könnten, ist nichts etwa darüber gesagt, zu wieviel Naturschutz wir nach Art und Ausmaß verpflichtet sind. Müssen wir alle Arten, alle Lebensräume, alle Standorte oder gar alle einzelnen Lebewesen erhalten? Aus dem bloßen »Daß« des Umwelt- und Naturschutzes folgt nur wenig hinsichtlich Art und Ausmaß und fast nichts über die geeignetsten Maßnahmen, die günstigsten Flächen (etwa für Naturschutzgebiete oder für Ausgleichsmaßnahmen) und die besten Lösungen vor Ort. Dies führt zu Einsichten in die Grenzen der Ökologischen Ethik als Ethik.

Zur Begründungsdimension der Ökologischen Ethik

Die Ausgangsfrage der Ökologischen Ethik lautet, ob sich neben der a) instrumentell-»bemächtigenden«, b) der wissenschaftlich-»objektivierenden« und c) der ästhetisch-»verzückten« Einstellung zur äußeren Natur überhaupt eine vierte Perspektive ausweisen läßt, in der sie nicht als nutzbares Material, nicht als »Erscheinung, sofern sie unter Naturgesetzen steht« (Kant) und auch nicht als das erhabene oder idyllische Naturschöne thematisiert wird. Ist es also möglich, die belebte außermenschliche Natur in einer genuin moralischen Perspektive zu thematisieren? Viele Philosophen hielten eine moralische Einstellung zur Natur für unvereinbar mit dem modernen Begriff der Rationalität. Verbreitet war die Skepsis, ob eine Ökologische Ethik zu ihrer Begründung auf mystische Einsichtsarten, eine Metaphysik der Natur (»natura naturans«), einen weltanschaulichen Anti-Modernismus oder auf ein substantielles Menschenbild (»Leben im Einklang mit der Natur«) rekurrieren müsse. Solche Rekurse sind in der säkularen Ethik verpönt. Sofern die Ökologische Ethik unter den Prämissen einer »entzauberten Welt« (Max Weber) denken muß, trennt sie ein tiefer Graben von »New-Age«-Weltbildern und von der populären Esoterik.

Gehören Naturwesen überhaupt ins »universe of moral discourse«, oder bestehen, wie Immanuel Kant meinte, moralische Verpflichtungen nur gegenüber Menschen beziehungsweise Personen?[8] Kant meinte, daß man Tiere nur deshalb nicht quälen dürfe, weil man dadurch selbst in seinem moralischen Charakter zu verrohen drohe. Auch die Zerstörung des Schönen in der Natur ist für Kant nur ein Verstoß gegen eine Pflicht, die der Mensch sich selbst gegenüber habe. Beide Ansichten sind wenig überzeugend. Haben wir also moralische Pflichten a) nur gegenüber uns selbst[9] und gegenüber anderen Menschen oder auch b) gegenüber außermenschlichen Naturwesen, oder, dies wäre eine dritte Möglichkeit c), Pflichten *gegenüber* anderen (jetzigen oder künftigen) Personen *in Ansehung* der Natur? Anhand der jeweiligen Antwort auf diese Frage lassen sich verschiedene Positionen innerhalb der Ökologischen Ethik unterscheiden. Wer a) und/oder c) vertritt, bewegt sich im sogenannten anthropozentrischen Paradigma, da c) eine erweiternde Modifikation von a) ist; wer b) in irgendeiner Variante vertritt, überschreitet dieses Paradigma. Je nach Art der Überschreitung unterscheidet man zwischen dem Pathozentrismus und dem Bio- oder dem Ökozentrismus. Für ersteren bestehen moralische Pflichten außer gegenüber Menschen nur gegenüber schmerzempfindlichen Einzelwesen (höheren Tieren). Für diesen letzteren moralische Pflichten darüber hinaus gegenüber Arten, Ökosystemen, Wildnis oder der »Integrität« von Natursystemen.[10] Eine Extremposition stellt der sogenannte »Physiozentrismus« dar, für den alles, was es als Natur gibt, aufgrund seiner Existenz wertvoll und schützenswert ist. Allerdings wird diese Position kaum je ernsthaft vertreten.

Zeitweilig rückte der Gegensatz von Anthropozentrik und Ökozentrik in den Mittelpunkt der Debatte um eine Ökologische Ethik. Das »anthropozentrische« Paradigma der Ethik sollte durch ein »ökozentrisches« Paradigma abgelöst werden. Umwelt- und Naturschutz um des Menschen willen (Anthropozentrik) wurde nun als »flach« *(shallow ecology)* kritisiert, Naturschutz um der Natur willen (Ökozentrik) hingegen als *deep ecology* gefeiert. Man postulierte ein neues, holistisches Weltbild, daraus folgende Eigenrechte der Natur,[11] objektive Naturwerte oder gar den Selbstwert alles Seienden. Nun gilt in der Ethik: »Postulieren ist einfach, begründen ist schwierig.«

Ein ernsthafter und konsequenter Paradigmenwechsel hin zu einem Ökozentrismus zieht ein Bündel von Folgeproblemen nach sich. Viele Ethiker haben mit dem Ökozentrismus geflirtet, nur wenige sind ihm treu geblieben. Erstens besteht zu einem methodischen Anthropozentrismus ohnehin keine Alternative. Naturwesen sind unabänderlich *moral patients*, keine *moral agents*. Sie sind als *moral patients* von unseren Naturschutzdiskursen zwar betroffen, können an ihnen jedoch nicht teilnehmen. Die Natur mag unendlich wertvoll sein, dennoch aber versteht kein Tier und kein Ökosystem, was wir tun, wenn wir in bezug auf Naturwesen über Handlungsnormen und Schutzmaßnahmen debattieren. Die Natur ist kein Diskurspartner, sondern etwas, worüber diskutiert wird.[12]

Weiterhin blieb fraglich, ob der Ökozentrismus nur die Grundlage für die Ökologische Ethik oder aber die Grundlage für die Ethik insgesamt sein sollte. Im ersteren Falle wird die Relation zwischen allgemeiner und Ökologischer Ethik tendenziell inkonsistent. Konsistenz gilt aber als notwendige Bedingung einer guten ethischen Theorie. Respekt für Menschen und deren Rechte, Mitleid mit den Tieren, Ehrfurcht gegenüber dem Rest der Schöpfung – dies wäre die Faustformel für eine solche (eklektizistische) Position. Mit dieser Lösung verschiebt man die Probleme nur von der Begründungs- in die Anwendungsdimension, auf der dann ständig zwischen konfligierenden Normen »abgewogen« werden muß.

Erhebt man den Ökozentrismus in den Rang einer ethischen Grundtheorie, so muß auch das höchste Moralprinzip ökozentrisch gefaßt werden. Nimmt man den Satz von Aldo Leopold, eine Handlung sei immer dann moralisch richtig, »wenn sie dazu beiträgt, die Integrität, Stabilität und Schönheit der Natur zu erhalten«,[13] als höchstes Moralprinzip, so ergeben sich daraus Konsequenzen, die von vielen als »ökodiktatorisch« kritisiert wurden (Vertreibungen, Umsiedlungen, Einschränkung von Menschenrechten). Aus Albert Schweitzers berühmtem Satz »Ich bin Leben, das leben will, inmitten von Leben, das leben will« kann man auf einen Sozialdarwinismus ebenso folgern wie auf die religiös getönte »Ehrfurcht« vor allem Lebendigen. Warum soll aus einem partikularen Lebenswillen eine solche Ehrfurcht erwachsen anstatt der Wille, sich im Kampf ums Dasein zu behaupten und die eigenen Gene optimal im Gen-Pool zu plazieren?

Auch die Rede von »objektiven Naturwerten« ist eine ethische

Sackgasse, da dadurch die in der Ethik altbekannten Probleme einer objektiven Wertlehre in der Ökologischen Ethik wieder aufbrachen.[14] Die Ethik geht, was Werte anbetrifft, zumeist von folgenden Annahmen aus: Kein Wert existiert ohne einen vorauszusetzenden Werter. Werte sind Präferenzen und keine Normen.[15] Es gibt mehrere Typen von Werturteilen, die es zu unterscheiden gilt. Der Begriff der »objektiven Werte« ist vage und mehrdeutig und bedarf einer genauen Fassung (Begriffsbestimmung), wenn man ihn argumentativ und nicht bloß appellativ verwenden will. Die Annahme eines »objektiven Wertehimmels« (Position des Wertplatonismus) ist kaum zu begründen.

Unproblematisch sind die instrumentellen Wertungen: »X ist gut/wertvoll für Y.« Dabei kann Y auch ein Tier sein: »Feuchtwiesen sind gut für Störche.« Nun kann man gewiß Schlußfolgerungen der folgenden Art aufbauen: »Wenn du Störche willst, dann schütze Feuchtwiesen«. Damit ist aber nichts darüber gesagt, ob Feuchtwiesen und/oder Störche »objektiv wertvoll« sind. Gewiß ist es auch leicht, Teile der Natur für »intrinsisch« wertvoll zu erklären: »Ich liebe dieses Tal, weil es so ist, wie es ist.« Die sogenannten »intrinsischen Werte« *(intrinsic values)* sind definiert als »etwas um seiner selbst willen hoch schätzen«. Intrinsische Werte sind also nicht in einem strengen Sinne »objektiv«. Niemand muß sie teilen oder übernehmen. Meistens handelt es sich bei intrinsischen Naturwerten um ästhetische Werte, um Seltenheitswerte oder um Werte, die etwas mit dem (schwierigen) Begriff der Heimat zu tun haben. Davon zu unterscheiden sind die sogenannten »inhärenten Werte« *(inherent worth)*, die einem Naturwesen dadurch zukommen sollen, daß dies Wesen bestimmte eigene Zustände anstrebt, oder, wie man sagt, *teleologisch* strukturiert beziehungsweise »Subjekt eines Lebens« (Tom Regan) ist. Dies trifft vornehmlich auf (höhere) Tiere zu. Daß Pflanzen inhärenten Wert besitzen, wird mehrheitlich verneint. Ob Ökosysteme teleologisch strukturiert sind (Sukzession in Richtung auf eine Klimax), ist strittig.

Aus intrinsischen Werten folgen keine allgemeinverbindlichen Normen. Wenn Person A ein Tal »an sich« oder »als solches« liebt und jede Veränderung dieses Tales für ihn schmerzlich wäre, sind dann die Personen B, C, D und E, die diesen intrinsischen Wert von A nicht teilen müssen, moralisch verpflichtet, aufgrund von Rücksicht gegenüber A oder den intrinsischen Werten von A jedwede Veränderung in diesem Gebiet zu unterlassen, die für sie von Vorteil wäre? Darf der Bauer B eine Wiese nicht mehr umpflügen, weil A sie so schön findet? Wäre in allen möglichen Fällen Rücksicht auf die intrinsischen Werte von Personen geboten, hätte der Naturschutz leichtes Spiel. Nur liegen die Dinge (leider) nicht so. Daraus, daß A etwas in der Natur für intrinsisch wertvoll erachtet, folgt nicht unbedingt, daß die Rechte von A verletzt werden, wenn dieses Etwas zerstört oder nachteilig verändert wird. Die Kluft zwischen Wertungen (»schätze ich hoch«) und Normen (»niemand darf«) ist ähnlich breit wie die Kluft zwischen Tatsachen und Werten. Man soll zwar Rücksicht auf Wertungen anderer Personen nehmen; allerdings ist unklar, worauf man um dieser Rücksichtnahme willen verzichten muß. Sicherlich ist es nett, wenn man aus Rücksicht auf die Werte anderer Personen etwas unterläßt, was man gerne täte; nicht immer aber ist man dazu moralisch verpflichtet. Anders sind derartige Fälle gelagert, wenn A, B, C und D etwas für intrinsisch wertvoll halten und nur E, etwa ein Investor, aus dessen Veränderung Nutzen ziehen will. Intrinsische Werte gewinnen an Bedeutung, wenn sie von vielen Personen ernsthaft, engagiert und öffentlich vertreten werden.

Ein anderes Problem ergibt sich, wenn Biologen ein Areal als »besonders wertvollen Biotop« einstufen, während die Bevölkerung dieses Areal als Weide oder Acker nutzen, das heißt aus der Perspektive der Biologen nachteilig verändern will. Können sich Biologen dann auf die Autorität der Wissenschaft berufen? Biologen als Biologen kommen nur bis zu Einordnungen wie »im Bestand bedroht«, »(extrem) selten geworden«, »vom Aussterben bedroht« und so fort. Daraus folgt ein Schutz nur unter der normativen Prämisse, daß wir alle vorhandenen Tier- und Pflanzenarten erhalten sollen – und diese Prämisse gilt es ethisch zu begründen. Die zirkelfreie Begründung des Schutzes aller Arten zählt zu den schwierigsten Problemen der Begründungsdimension der Ökologischen Ethik. Biologen als Biologen können aufgrund der Unableitbarkeit von Normen aus Tatsachen keine »objektiven Naturwerte« erkennen und keine Naturschutznormen begründen, sondern, als Gutachter, allenfalls entscheidungsrelevante Empfehlungen geben. Als Biologen wissen sie nur, daß mehr als 99 % aller Arten ausgestorben sind, aber nicht, warum wir den gegenwärtigen Artensschwund stoppen sollten.

Alles in allem bestätigt sich die Skepsis in bezug auf Versuche, den Ökozentrismus in einer objektiven Wertlehre zu fundieren. Der interessanteste und ambitionierteste dieser Versuche stammt von Holmes Rolston.[16] Die meisten Ethiker halten Rolstons Ansatz allerdings aus vielerlei Gründen für gescheitert. In jüngster Zeit wird versucht, analytische Differenzierungen im Wertbegriff vorzunehmen und die Kluft zwischen verschiedenen Arten von Werten einerseits und moralischen oder juristischen Normen andererseits durch bestimmte Formen des praktischen Schlußfolgerns zu überbrücken.[17] Dies führt in die Bereiche der *deontischen Logik* und der *Syllogistik* hinein, worauf ich hier nicht eingehen kann.

Die Erwartungen, die in eine ökozentrische Ethik gesetzt wurden, sind nicht zu erfüllen. Die Kontroverse um den Ökozentrismus war eine Art Kinderkrankheit der Ökologischen Ethik. Kinderkrankheiten haben jedoch ihren guten Sinn. Die Bemühungen, den Ökozentrismus zu begründen, haben viele Gesichtspunkte erbracht, die auch für Anthropozentriker moralisch relevant sind. Die Natur ist der Ort von Meditation, Kontemplation und Imagination.[18] Die Natur ist ein Korrektiv gegenüber all den Versagungen, die das Leben in der technisierten und urbanisierten Zivilisation mit sich bringt.[19] Die Natur ist Ort von leiblich vermittelten Erfahrungen, die etwas mit Einstimmung, Heilsamkeit, Resonanz, Einbettung, memento mori oder déjà vu zu tun haben. Die Natur ist ein möglicher Ort der Besinnung auf das, was wirklich zählt im Leben. Mit dem Ethiker Bryan Norton kann man solche Erfahrungen als *transformative values* bezeichnen.[20] Auch die naturästhetische Einstellung, die unverächtlichen Heimatgefühle, der leibhaftige Naturgenuß im weiteren Sinne und die faszinierte Bewunderung, mit der wir der Vielfalt und den Eigenartigkeiten der belebten Natur gegenübertreten (können), sind moralisch relevant. Diese Bewunderung kann sich gewiß bis zur religiösen Ehrfurcht steigern (Pantheismus). Sie kann sich aber auch in der kühlen Einstellung des Evolutionsbiologen niederschlagen, der nach Adaptionsstrategien und -werten fragt. Die Vielfalt der Natur ist jedenfalls etwas, das die meisten Menschen aus vielerlei Gründen und Motiven nicht missen möchten – und dies gilt es moralisch zu berücksichtigen. Hinzu kommt, daß Naturzerstörung ein Nährboden für Verteilungskonflikte, Migration und politische Instabilität ist. Insofern erweist sich die oben erwähnte begriffliche Verbindung von *»Pflichten gegenüber Menschen in Ansehung der Natur«* als begründbar und anwendbar.

Moralische Pflichten bestehen in vielen Fällen nicht direkt gegenüber der Natur, sondern gegenüber anderen (künftigen) Personen in Ansehung der Natur, da und insofern Natur (N) für andere Personen (P) von langfristigem (ökonomischen und sonstigem lebenspraktischen) Interesse, von (gesundheitlichem oder »intrinsischem«) Wert und von (ästhetisch-kultureller) Bedeutung ist. Die Struktur einer Pflicht »gegenüber P in Ansehung von N« ist ein nichtausgeschlossenes Drittes zwischen einer Pflicht gegenüber Personen oder einer Pflicht gegenüber Naturwesen selbst. Diese dritte Möglichkeit ist kein fauler Kompromiß, sondern eine eigenständige Betrachtungsweise. Moralische Pflichten gegenüber anderen Personen einschließlich zukünftiger Generationen in Ansehung von Natur (Landschaften, Ökosysteme, Arten) und Umweltmedien (Luft, Wasser, Boden) sind ethisch begründbar. Wir haben keine Pflichten gegenüber der Ozonschicht, dem Klima, dem Grundwasser oder dem Boden, aber wir haben sehr wohl Pflichten gegenüber anderen Personen in Ansehung von Ozonschicht, Klima, Grundwasser und Boden. Man kann die Position, die solche individuellen und kollektiven Pflichten in Ansehung von Natur anerkennt, als *aufgeklärten Anthroporelationismus* bezeichnen. Dieser erkennt zwar der Natur keine »objektiven Werte« oder »Eigenrechte« zu, er erkennt aber an, daß die Natur für die meisten Menschen in vielerlei, nicht bloß ökonomischen Hinsichten wertvoll ist. Er bezieht sich nicht auf direkten Nutzen für den Menschen, sondern auf zuträgliche Mensch-Natur-Verhältnisse im weitesten Sinne.

Ich denke, daß diese Form der Beurteilung geeignet ist, um den meisten der moralischen Intuitionen gerecht zu werden, die wir angesichts der ungebrochenen Zerstörungen und ökologischen Degradierung von Landschaften und Biotopen sowie der fortschreitenden Nivellierung von Flora und Fauna verspüren. Ich sage: »den meisten«, weil es einige verbleibende Fälle gibt, in denen wir aufgrund unserer Intuitionen geneigt sind, »Pflichten gegenüber Naturwesen« in Anschlag zu bringen. So gibt es Pflichten gegenüber schmerzempfindlichen Tieren und nicht bloß in Ansehung ihrer.

Zur Anwendungsdimension der Ökologischen Ethik

Man weiß mittlerweile einiges über die »Grobstruktur« der Ökologischen Ethik, aber noch viel zu wenig über die »Fein-« und »Filigranstrukturen« ihrer Begründungs- und, besonders, ihrer Anwendungsdimension. Die Ökologische Ethik ist zunächst für die Begründungen zuständig, *warum* wir Umwelt-, Tier- und Naturschutz betreiben sollen. Diese Begründungslast läßt sich mit Hilfe guter Gründe abtragen. Gegenwärtig steht sie am Beginn einer Phase, in der Anwendungsfragen an Bedeutung gewinnen dürften. Dadurch erreicht sie den Bereich der Praxis und der Politik. In der Anwendungsdimension stellen sich Fragen, *mit welchen Mitteln* (technische, monetäre, normative) ein erfolgreicher Natur- und Umweltschutz durchgesetzt werden könnte, *welches Ausmaß und welche Intensität* er mindestens annehmen sollte und *welche Hemmnisse* und Schwierigkeiten dabei zu überwinden sind. Dabei setzen die Fragen nach dem »Wie?« oder dem »Wieviel?« sowie die nach der

Überwindbarkeit von Hemmnissen eine Antwort auf die Frage nach dem »Warum?« immer schon voraus. Bei Anwendungsfragen spielen natürlich nicht nur moralische Gründe, sondern auch außermoralische Faktoren eine Rolle: die Eigennutzorientierung der Akteure, die Trägheit der Institutionen, generationsspezifische Mentalitäten, »pressure-groups« und Lobbies, wobei hinzuzufügen ist, daß, entgegen anderslautender Gerüchte, der Einfluß der »Umwelt-Lobby« im Vergleich zu den Lobbies der Wirtschaftsverbände relativ gering ist.

In der Anwendungsdimension reicht die Ökologische Ethik in Gebiete wie System- und Entscheidungstheorie, Konfliktforschung, Ökonomie kollektiver Güter, Institutionen- und Rechtstheorie sowie Sozialpsychologie hinein. Hinsichtlich der »Wie?«-Fragen sind Ethiker häufig wenig kompetent. Daher braucht es zu ihrer Beantwortung Biologen, Ökonomen, Juristen und Landschaftsplaner. Ethiker können aber einige grundlegende Mechanismen hinsichtlich struktureller Hemmnisse aufzeigen, die verantwortlich dafür sind, daß Natur- und Umweltschutzbelange noch weit öfter hintangestellt werden, als dies gemäß den Begründungsleistungen der Ökologischen Ethik statthaft ist.

Im Bereich des *Umweltschutzes* kann man mit technischen Mitteln beachtliche Erfolge erzielen, obwohl auch Grenzen des technisch Machbaren augenfällig werden. So werden im Verkehrsbereich die umwelttechnischen Verbesserungen durch Mengenwachstum überkompensiert. Jedes Auto und jedes Flugzeug wird immer »umweltfreundlicher«, während auf der Ebene des Gesamtverkehrs das Gegenteil zu verzeichnen ist. Die Emissionen aus dem Energie- und Verkehrssektor stellen eines der größten Umweltprobleme dar, während der Flächenverbrauch das größte Naturschutzproblem darstellt.

Im Bereich des *Naturschutzes* gibt es Problemtypen, die sich mit technischen Mitteln nicht lösen lassen. Naturschutz ist in erster Linie Flächenschutz, und naturnahe Flächen lassen sich nicht allein mit Mitteln des technischen Umweltschutzes bewahren oder wiedergewinnen. Wir rotten hierzulande längst keine Arten mehr aktiv aus (durch Bejagung), aber wir vernichten oder verknappen Lebensräume (Habitate, Standorte). Wir töten nicht, sondern verdrängen. Im Naturschutz geht es darum, wie die Nutzung von Land so organisiert werden kann, daß sie mit der Überlebensmöglichkeit von möglichst vielen, idealiter allen Tier- und Pflanzenarten vereinbar ist – und dies angesichts der bekannten Tendenzen von Verinselung, Abschnürung und Zerschnipselung von Biotopen. Kumulative Effekte zulässiger Einzelhandlungen sind für diese Tendenzen »verantwortlich« und damit eine Hauptursache für Naturschutzprobleme. Daraus ergibt sich das merkwürdige Paradox, daß

Handlungen, die eigentlich an sich erlaubt sind, nicht generell zu erlauben, sondern in einigen Fällen zu untersagen sind.

Kein einziges der in bezug auf Naturschutz umstrittenen Projekte ist an sich moralisch verwerflich: Häuser, Siedlungen, Golfplätze, Straßen, Hotels, Fabriken, Sport- und Campingplätze sind an sich nichts Schlechtes oder gar Böses. Nur wenige Projekte sind ökologisch völlig indiskutabel. Die meisten sind, je einzeln betrachtet, ökologisch »vertretbar« oder »verantwortbar«. Die Verschlechterung ist immer nur punktuell. Naturschützer haben zudem wenig Drohpotentiale und werden nur selten direkt in ihren Rechten und ihren ökonomischen Interessen berührt. Aus diesen Gründen werden Umweltschutzbelange bei der »Abwägung« häufiger hintangestellt, als dies aufgrund der Begründungsdimension vertretbar ist.

In der Naturethik ist insofern eine spieltheoretisch informierte Strukturanalyse von Naturschutzkonflikten unverzichtbar. Es geht dabei nicht darum, aus der Spieltheorie eine Ethik zu entwickeln, sondern darum, sich die Modelle der Spieltheorie in der Anwendungsdimension zunutze zu machen. Liefert der Argumentationsraum[21] die Begründung für Naturschutzpflichten, so liefert die Spieltheorie eine Erklärung der strukturellen Hemmnisse, die der Umsetzung solcher Pflichten im Wege stehen. Die auf den Bereich von Naturschutzkonflikten angewandte Spieltheorie deckt Strukturprobleme auf, die sub specie der Begründungsdimension als Hemmnisse und Widerstände zu interpretieren sind.

Die Spieltheorie beschäftigt sich mit Entscheidungssituationen, in denen jeder versucht, für sich das beste Ergebnis herauszuholen, und nicht genau weiß, was die anderen tun werden, aber erwarten muß, daß die anderen auch auf ihren Vorteil aus sein werden. Unter diesen Erwartungen werden Handlungsergebnisse erzielt, die sub-optimal für alle Beteiligten sind. Das bekannteste Beispiel ist das sogenannte Gefangenen-Dilemma *(prisoner's dilemma)*.

Zwei simple Beispiele mögen illustrieren, daß sich spieltheoretische Überlegungen auf Umweltschutzprobleme anwenden lassen. Wenn fast alle mit dem Auto zur Arbeit fahren, haben die wenigen Radfahrer die größten Nachteile, da sie weiterhin die schlechte Luft atmen müssen, ein höheres Unfallrisiko tragen, langsamer sind und so weiter. Wenn ich bereit wäre, um der guten Luft willen auf die Fahrt mit dem Auto zu verzichten, läuft es darauf hinaus, daß ich zwar den Verzicht leiste, aber dafür das erstrebte Gut nicht bekomme. Also macht es für mich keinen Sinn, zu verzichten. Wenn aber fast alle mit dem Rad zur Arbeit fahren, haben die wenigen Autofahrer die größten Vorteile (wie gute Luft, Zeitersparnis, viele Parkplätze und leichterer Transport gekaufter Waren). Von dem Genuß der guten Luft als einem kollektiven Gut können sie nicht ausgeschlossen werden. (Dies sind die bekannten »free-rider«-Effekte.) Wenn fast alle Auto fahren, ist es daher besser für mich, Auto zu fahren, und wenn fast niemand Auto fährt, ist es ebenfalls besser für mich, Auto zu fahren. Also fahren (fast) alle Auto.[22]

Für jeden einzelnen Fischer ist es (mikro)ökonomisch rational, soviel wie möglich zu fangen, während die Überfischung langfristig wirtschaftlich unrentabel ist. Für keinen Fischer ist Verzicht rational, sofern die anderen soviel wie möglich fischen. Also fängt jeder Fischer mehr, als er darf, und alle Fischer protestieren, wenn plötzlich Fangverbote zur Erholung der Restbestände verhängt werden. Diese Logik bestraft die Einsichtigen. Wer vernünftig handelt, steht als der Dumme da. Weil keiner der Dumme sein will, handeln alle kurzfristig rational, und die Fanggründe werden immer leerer. Die Beispiele lassen sich beliebig vermehren.[23]

In der Umweltschutzökonomie läßt sich dieses Strukturproblem als Konflikt zwischen kollektiven Gütern und individuellen Interessen darstellen. Für jeden ökonomisch rationalen Akteur ist es rational, möglichst viel an kollektiven Gütern zu konsumieren und möglichst wenig für deren Bereitstellung und Unterhaltung zu zahlen. Jeder muß versuchen, seinen Beitrag, das »pay«, für kollektive Güter zu minimieren und das »take« zu maximieren. Es ist rational (in diesem eng definierten Sinne individueller ökonomischer Rationalität), möglichst die anderen für kollektive Güter aufkommen zu lassen und sich selbst möglichst viele Güter privat anzueignen. Unter Bedingungen, in denen Akteure voneinander erwarten müssen, daß sich jeder derart »rational« verhält, ist die Erhaltung kollektiver Güter ein Dauerproblem politischen Handelns. Dieses Problem läßt sich mittels Substitutionskurven grafisch darstellen.[24] Daraus ergibt sich, daß weniger kollektive Güter »produziert« werden, als dies für alle Beteiligten optimal (wünschenswert) wäre. Die individuelle ökonomische Rationalität führt insofern zu einer, ökonomisch gesprochen, »Unterproduktion« in bezug auf das kollektive Gut Natur.

Man kann also mit Hilfe der Spiel- und Entscheidungstheorie sowie der Ressourcenökonomie theoretisch den Nachweis führen, daß naturnahe Landschaften, die ja kollektive Güter sind, nicht hinlänglich geschützt werden können, falls die Effekte rationaler Eigennutzmaximierungsstrategien nicht durchschaut werden. Nehmen wir als ein schlichtes Beispiel an, ein Dorf sei von zwanzig Parzellen Streuobstwiesen umgeben, die alle in Bauland umgewandelt werden dürfen. Nun wollen alle Beteiligten, daß die Streuobstwiesen um das Dorf herum größtenteils erhalten werden sollten. Ökonomisch rational ist nun für jeden einzelnen Besitzer immer das Umwandeln, da der Ertrag eines Bauplatzes den Ernteertrag an Obst übersteigt. Wenn alle andern umwandeln, ist es für jeden besser, ebenfalls umzuwandeln, weil keiner als der einzige dastehen will, der nicht umgewandelt hat. Wenn kein anderer umwandelt, ist es für jeden einzelnen ebenfalls besser, umzuwandeln, da ihm dies den größten Nutzen einbringt. Im Ergebnis werden unter diesen Bedingungen (fast) alle umwandeln, wodurch das von allen befürwortete Schutzziel verfehlt wird.

Derartige Strukurkonflikte sind mutatis mutandis und in unterschiedlichen Größenordnungen allerorten nachweisbar. Namen und Orte ändern sich; unterhalb der dichten Oberfläche von Naturschutzkonflikten jedoch regiert eine recht schlichte Logik, die zur Zeit eher noch zuungunsten des Naturschutzes funktioniert. Die Aufaddierung der entsprechenden Entscheidungen ergibt im Lauf der Zeit einen kontinuierlichen *status quo minus* im Naturschutz, der mit Verbesserungen im Bereich des technischen Umweltschutzes durchaus einhergehen kann. Deshalb werden die »Roten Listen« trotz aller Schadstoffilter und Biotonnen immer länger.

In dieser Logik spielen auch die Probleme des *Kompromisses* und der *Abwägung* eine noch nicht hinlänglich durchschaute Rolle. Häufig wird gesagt, es müsse zwischen Naturschutz und Nutzungsinteressen »von Fall zu Fall« abgewogen werden. Das Abwägungsproblem zählt, wenn man mehr sagen will, als daß es Sache der Klugheit und des Augenmaßes sei, zu den ethisch ungeklärten Problemen. Dies hängt damit zusammen, daß bei jeder Abwägung, bildlich gesprochen, sehr Heterogenes in die Waagschalen des Für und Wider gelegt werden kann und muß (wie Interessen, Güter, umweltethische Gründe, vorausgegangene Entscheidungen, Opportunitätsgesichtspunkte, Rechtslagen, Loyalitäten, sonstige Randbedingungen und anderes mehr), wobei unklar ist, was im Vergleich zu etwas anderem wieviel »wiegt«. Was wiegt ein naturästhetischer Grund im Verhältnis zu einem alten, aber rechtskräftigen Bebauungsplan? Was wiegen x bedrohte Tier- und Pflanzenarten gegenüber y Arbeitsplätzen? Was wiegen »konkrete« lokale Loyalitäten gegenüber »abstrakten« umweltethischen Argumenten? Obwohl in der Literatur Übereinstimmung darüber herrscht, daß eine Abwägung im Naturschutzbereich nicht nach dem Muster einer simplen Kosten-

Nutzen-Analyse durchgeführt werden darf, ist es gerade die qualitative Heterogenität des gegeneinander Abzuwägenden, die immer wieder dafür sorgt, daß in der Abwägung klar deklarierte Interessen schwerer wiegen als moralische Argumente. Die politisch Verantwortlichen, denen die Abwägung obliegt, müssen die Komplexität reduzieren, die in der qualitativen Heterogenität des Abzuwägenden liegt. Reduktion von Komplexität erfolgt aber gemäß tradierter Entscheidungsschemata (»Wie wurde bisher in solchen Fällen entschieden?«) und in Richtung auf die »harten« Faktoren (Interessen, Loyalitäten, Kosten, Allianzen). Daher impliziert eine Einsicht in umweltethische Argumente keineswegs, daß ihnen bei Abwägungsentscheiden ein gebührendes Gewicht zuerkannt wird.

Dieses Modell einer Abwägung im Einzelfall ist gewiß ein Fortschritt gegenüber der früheren Rücksichtslosigkeit. Es erlaubt jedoch, daß in beliebig vielen zeitlich und räumlich getrennten Einzelfällen auf lokaler, regionaler und nationaler Ebene abgewogen werden darf, wobei sich bei jeder Abwägung das Problem der Reduktion von Komplexität in gleicher Weise stellt. Daraus ergibt sich eine Verlaufslogik, durch die beispielsweise Landschaften, die am Rande eines urbanen Ballungsgebietes liegen, sukzessive in dieses Gebiet integriert und »urbanisiert« werden. Für die Naturschützer ist die Konzentration auf den abzuwägenden Einzelfall daher keineswegs »konkret«, sondern höchst abstrakt, sofern von den übergreifenden Prozessen abgesehen wird.

Die Betreiber aller möglichen Projekte fordern von den Naturschützern außerdem die staatsbürgerliche Tugend der *Kompromißbereitschaft*. Aber Kompromisse kann es im Naturschutzbereich häufig nicht so geben, wie es sie etwa zwischen Tarifparteien geben kann. Der Begriff des Kompromisses meint, daß jede Partei gleichmäßig Abstriche von ihren Interessen macht. In vielen Fällen sind Kompromisse bei Naturschutzkonflikten durchaus sinnvoll: Ausgleichsmaßnahmen, verträglichere Varianten etc. In anderen Fällen wird unter Rekurs auf den Begriff des Kompromisses den Naturschützern bloß Zustimmung zu Projekten abverlangt, wobei sie im Gegenzug Zugeständnisse bei Details erhalten, die dann häufig nicht einmal eingehalten werden. Auch ist hinsichtlich der Ausgleichsmaßnahmen häufig strittig, was ein annehmbarer Kompromiß ist.

Es gibt noch einen weiteren Grund, warum Kompromisse im Naturschutzbereich so schwer zu erlangen sind. Dies hängt damit zusammen, daß ein prinzipielles Nein von seiten der Naturschützer als nicht kompromißbereit gilt, während ein ständiges Ja aus der Sicht der

Naturschützer keinen akzeptablen Kompromiß darstellt. Nehmen wir an, in einem bestimmten Gebiet gebe es zwei Projekte X und Y, die aus der Sicht des Naturschutzes beide im Grunde abzulehnen sind. Die Interessen der Betreiber seien voneinander unabhängig; entscheiden bzw. »abwägen« müssen die zuständigen Lokalpolitiker. Die Ausgangslage sieht folgendermaßen aus:

	Betreiber	Naturschützer
X	ja	nein
Y	ja	nein

Werden beide Projekte durchgeführt, so ist dies aus Sicht der Naturschützer natürlich kein Kompromiß, sondern eine Niederlage. Nehmen wir nun an, für Naturschützer wäre es ein Kompromiß, eines von beiden Projekten durchzuführen und dafür auf das andere zu verzichten. Das deckt sich mit unseren Intuitionen hinsichtlich dessen, was ein fairer Kompromiß ist. Nehmen wir der Einfachheit halber an, die Naturschützer seien indifferent gegenüber der Wahl zwischen den Optionen 1 und 2, die aus ihrer Sicht ein faires Kompromißangebot darstellen:

1) X ja – Y nein
2) Y ja – X nein

Nun ist diese Lösung aber für die Betreiber des Projektes, auf das verzichtet wird (X oder Y), ersichtlich kein akzeptabler Kompromiß. Warum soll gerade er verzichten, während der andere »seine Schäfchen ins Trockene bringt«? Aus der Sicht eines Betreibers kann ein Kompromiß nicht darin liegen, daß sein Projekt dem Naturschutz »geopfert« wird. Für jeden Betreiber setzt daher jeder Kompromiß ein Ja zum Gesamtprojekt voraus, so daß sich die Kompromißangebote nur auf Details der Durchführung oder Ausgleichsmaßnahmen beziehen können. Die Handlungsoption: X & Y ist also für Naturschützer unakzeptabel, während die Option: X & –Y für den Betreiber von Y und die Option –X & Y für den Betreiber von X unakzeptabel ist. (Von der Option –X & –Y wollen wir ganz absehen.) Diese schlichte Struktur setzt sich bei einer höheren Anzahl von Projekten fort. Wenn von zehn Projekten nur auf eines verzichtet wird, ist dies für den zehnten Betreiber kein akzeptabler Kompromiß, während es für Naturschützer kein Kompromiß, sondern ein Desaster ist, neun von zehn Projekten zugestimmt zu haben. Man sieht, daß in einer solchen Logik für die politischen Entscheidungsträger eine erhebliche Herausforderung liegt. Wägen sie immer fallweise ab, so ergibt sich häufig ein »Ja mit Auflagen«: also X'

& Y'. In der Summation bzw. in der Miteinbeziehung aller Kontexte, in denen so entschieden wird, ist das Ergebnis dieser Entscheidungslogik für Naturschützer keineswegs ein akzeptabler Kompromiß, da von einer unbefriedigenden Ausgangslage ausgehend ein fortwährender *status quo minus* dieser Lage erzeugt wird. Kurzum: Abwägung und Kompromiß sind keine Lösung der Naturschutzproblematik, sondern ein Teil von ihr.

Man kann diese Dilemmata durchbrechen, indem man möglichst viele Landschaftsteile so unter Schutz stellt, daß die Schrankenwirkung von Naturschutzgesetzen an die Stelle von Abwägungsentscheiden tritt. (Auch andere Mittel wie die Verbandsklage sind in diesem Zusammenhang zu erwähnen.) Hierzu aber bedarf es eines politischen Willens, der nur durch demokratische Wahlen und nicht durch die Überlegungen einiger Ethiker legitim erzeugt werden kann. Ich denke, man kann die gültigen moralischen Gehalte des Argumentationsraumes mit Einsichten in die Strukturlogik von Naturschutzkonflikten so kombinieren, daß gute Gründe dafür sprechen, ein vernetztes bundesweites Naturschutzgebietssystem anzulegen und es unter den Schutz eines gründlich novellierten Bundesnaturschutzgesetzes (BNatSchG) zu stellen. Die entscheidende Frage ist, ob die Menschen willens sind, sich in der Rolle von aufgeklärten und moralisch sensiblen Staatsbürgern mit den Mitteln des Rechts die Nutzungsbeschränkungen aufzuerlegen, durch die man die kollektiven Naturgüter produziert und erhält, deren Übernutzung und Zerstörung für kurzfristig denkende Eigennutzmaximierer rationales Handeln bedeutet.

Durch derartige Fragestellungen geraten die Ökologische Ethik und ihre Vertreter unweigerlich auf politisches Terrain. Für den Ethiker bringt der Schritt in die Anwendungsdimension außer Ärger auch die Notwendigkeit mit sich, ständig zwischen der Sprecherrolle des Ethikers als Ethiker und der des engagierten Staatsbürgers unterscheiden zu müssen. Die EthikerInnen als solche können erstens das Problem einer Ökologischen Ehik entfalten und zweitens die Form von Umweltschutzpflichten explizieren, sie können drittens den Argumentationsraum der Ökologischen Ethik darstellen und einzelne Argumente kritisch prüfen; sie können viertens die widerständige Entscheidungslogik rekonstruieren und Begriffe wie Kompromiß und Abwägung problematisieren. Sie können fünftens sogar einige fallbezogene Lösungsvorschläge unterbreiten. Damit ist ihre Aufgabe erfüllt. Den Betroffenen die Verantwortung für die Bildung eines politischen Willens abnehmen, vermag die Ethik als Ethik nicht.

Anmerkungen

Lothar Schäfer
Zur Geschichte des Naturbegriffs
Seiten 9–17

1 Kuhn, Thomas S.: *Die Struktur wissenschaftlicher Revolutionen*, Frankfurt/Main 1967.
2 Agassi, Joseph: *The Nature of Scientific Problems and their Roots in Metaphysics,* in: M. Bunge (Hrsg.): The Critical Approach to Science and Philosophy, Glencoe/London 1964, S. 189-211.
3 Duhem, Pierre: *Ziel und Struktur der physikalischen Theorien* (1906), Hamburg 1978, S. 16-19.
4 Duhem (wie Anm. 3); ebenso denkt Mach, Ernst: *Die Mechanik: Historisch-kritisch dargestellt*, 9. Aufl., Leipzig 1933.
5 Diese Verschränkung von Naturerkenntnis und Selbstverständnis des Menschen hat Hans Blumenberg in einer Reihe von Arbeiten verfolgt. Vgl. bes. Blumenberg, Hans: *Die Genesis der kopernikanischen Welt*, Frankfurt/M. 1975, und *Die Lesbarkeit der Welt*, Frankfurt/Main 1981.
6 Daniel B. Botkin, der den Einfluß mythischer, religiöser und metaphysischer Naturvorstellungen auf konkrete biologische Forschung unserer Tage untersucht hat, kommt zu dem Ergebnis: »What we learn from the mountain lion and the mule deer is about what we believed, not about what we know.« Botkin, D. B.: *Discordant Harmonies: A New Ecology for the Twentyfirst Century*, New York/Oxford 1990, S. 89.
7 Diels, Hermann, und Walther Kranz (Hrsg.): *Fragmente der Vorsokratiker*, Zürich 1951, 22 B 30.
8 Vgl. Heinimann, Felix: *Nomos und Physis*, Basel 1945.
9 *Advancement of Learning*, in: *The Works of Francis Bacon* (eds. Spedding, Ellis, Heath), London 1857-74, Bd. I, S. 92.
10 Vgl. Meyer-Abich, Klaus Michael: *Wege zum Frieden mit der Natur: Praktische Naturphilosophie für die Umweltpolitik*, München 1984.
11 Vgl. meinen Aufsatz 1987: Schäfer, Lothar: *Selbstbestimmung und Naturverhältnis des Menschen*, in: Schwemmer, Oswald (Hrsg.): Über Natur, Frankfurt/Main, S. 15-35.
12 Für eine ausführlichere Behandlung der Thematik verweise ich auf meine Veröffentlichung: Schäfer, Lothar: *Das Bacon-Projekt: Von der Erkenntnis, Nutzung und Schonung der Natur*, Frankfurt/Main 1993.

Hermann Bauer
Idee und Entstehung des Landschaftsgartens in England
Seiten 18–37

1 Siehe dazu Hennebo, Dieter: *Gärten des Mittelalters*, München, Zürich 1987, S. 68.

2 Siehe dazu Buttlar, Adrian von: *Der englische Landsitz 1715-1760*, Mittenwald 1982, S. 141.

3 Buttlar (wie Anm. 2), S. 141.

4 *Der Hof Ludwigs XIV. Nach den Denkwürdigkeiten des Herzogs von Saint-Simon*, hrsg. Weigand, W., Leipzig 1922, S. 447 (Schlußbetrachtung über Charakter und Lebensweise des Königs).

5 Shaftesbury, Antony Ashley Cooper: *Original Letters from Locke, Sidney and Shaftesbury*, hrsg. Forster, T., London 1830, III., S. 188; Siehe dazu auch: Buttlar (wie Anm. 2), S. 100ff.

6 Im *Spectator* Nr. 412 von 1712.

7 *The Poems of Alexander Pope*, hrsg. J. Butt, o.O. 1963, Verse 90ff.

8 Im *Spectator* Nr. 412 von 1712.

9 Siehe dazu Allen, B. S.: *Tides in English Taste*, New York 1936, I., S. 36.

10 *Pope* (wie Anm. 7), Verse 65ff.

11 Siehe dazu Buttlar (wie Anm. 2), S. 144f.

12 Siehe dazu Buttlar, Adrian von: *Der Landschaftsgarten*, München 1980, S. 49f.

13 Zedler, Johann Heinrich: *Großes vollständiges Universal-Lexikon*, Halle, Leipzig, Bd. 8, 1734, s. v. Elysium.

14 *Pope* (wie Anm. 7), Verse 88.

15 Eine kurze, aber prägnante Zusammenfassung der Geschichte von Popes Garten gibt von Buttlar (wie Anm. 12), S. 28ff.

16 *Pope* (wie Anm. 7), in der *Epistle to Burlington*, 1731.

17 Hirschfeld, Christian Cay Lorenz: *Theorie der Gartenkunst*, 5 Bde., Leipzig 1779-1785, Bd. III, S. 76.

18 Zedler (wie Anm. 13), Bd. 40 von 1744, s. v. Symmetrie.

19 Siehe dazu Buttlar (wie Anm. 12), S. 40.

20 Siehe dazu Woodbridge, Kenneth: *The Stourhead Landscape*, London 1982. Dort findet sich auch ausgewählte Literatur zum Thema Landschaftsgarten.

21 Hirschfeld (wie Anm. 17), Bd. III, S. 79.

22 Shenstone, William: *Unconnected Thoughts on Gardening*, in: *Works of W. Shenstone*, London 1768, Bd. III, S. 149.

23 Pope, Alexander: *Essay on Criticism*, 1711, Vers 88f.

24 Siehe dazu Hadfield, Miles: *The English Landscape Garden*, o. J., S. 64f.

25 Siehe dazu Stroud, Dorothy: *Capability Brown*, London 1950.

26 Siehe dazu Burda, Hubert: *Die Ruine in den Bildern Hubert Roberts*, München 1967, S. 57ff.

27 Price, Uvedal: *An Essay on the Pittoresque*, London 1796, S. 92.

28 Möser, Justus: *Das englische Gärtgen*, 1773.

29 Zitiert nach Buttlar (wie Anm. 12), S. 119.

Barbara Baumüller
Gartenbild und Baumporträt im Werk des Münchner Landschaftsmalers
Johann Georg von Dillis (1759–1841)
Seiten 38–54

1 Börsch-Supan, Helmut: *Die Deutsche Malerei von Anton Graff bis Hans von Marées 1760-1870*, München 1988, S. 54. Andere Autoren glaubten zum Teil noch den Geist des Rokoko in den zeichnerischen Werken von Dillis zu erkennen (so zum Beispiel Georg Himmelheber in dem von ihm herausgegebenen Ausstellungskatalog zur *Kunst des Biedermeier 1815-1835*, München 1988, S. 54).

2 Hardtwig, Barbara: *Johann Georg von Dillis und das Porträt um 1800*, in: Münchner Jahrbuch der bildenden Kunst, hrsg. v. d. staatlichen Kunstsammlungen in München, 3. Folge, Bd. XXXV, 1984, S. 157. Zur tiefgreifenden Bedeutung von Johann Georg von Dillis für die Malerei der »Münchner Schule« siehe: Hardtwig, Barbara: *Johann Georg von Dillis, Wilhelm von Kobell und die Anfänge der Münchner Schule*, in: Münchner Landschaftsmalerei, Ausstellungskatalog München 1979, S. 58-77.

3 *Johann Georg von Dillis 1759-1841. Landschaft und Menschenbild*, hrsg. von Christoph Heilmann, Ausstellungskatalog München 1991. (Rez.: Baumüller, Barbara: Kunstchronik, 46, Jan. 1993, Heft 1, S. 19-27.) Zuvor hatten 1989 die Sammlungen des Historischen Vereins von Oberbayern im Stadtarchiv München einen von Katrin Pollems bearbeiteten Katalog mit einer Anzahl von Zeichnungen und Aquarellen veröffentlicht.

4 Lessing, Waldemar: *Johann Georg von Dillis als Künstler und Museumsmann*, München 1951, S. 9-39. In einer ersten historischen Monographie näherte sich Waldemar Lessing 1949 dem Münchner Maler. Er befaßte sich ausführlich mit den historischen Hintergründen der Zeit, der beruflichen Entwicklung des jungen Dillis, dem umfangreichen Briefwechsel mit Kronprinz Ludwig und seiner Tätigkeit als Leiter der Pinakothek. Das künstlerische Werk des Malers fand bei ihm jedoch keine Berücksichtigung.

5 Sparrow, W. J.: *Knight of the White Eagle. A biography of Sir Benjamin Thompson, Count Rumford 1753-1814*, London 1964.

6 Heilmann, Christoph, in: *Johann Georg von Dillis 1759-1841*, Ausstellungskatalog München 1991 (wie Anm. 3), S. 14f.; ebenso im Katalogteil S. 126, Nr. 7.

7 Messerer, Richard (Hrsg): *Briefwechsel zwischen Ludwig I. von Bayern und Georg von Dillis, 1807-1841*, München 1966.

8 Böttger, Peter: *Die Alte Pinakothek in München. Architektur, Ausstattung und museales Programm*, München 1972, S. 22-38, 152-165, 467-625. Lieb, Norbert, und Hufnagl, Florian: *Leo von Klenze. Gemälde und Zeichnungen*. München 1978, S. 10-12. Ausstellungskatalog des Stadtarchivs, der Wissenschaftlichen Stadtbibliothek und des Stadtmuseums Ingolstadt: *Leo von Klenze, 1784-1864*, Ingolstadt 1992, S. 22-29, 36f .

9 Pollems (wie Anm. 3), S. 21; Messerer (wie Anm. 7), S. 647.

10 In diesem Zusammenhang sei nur an verschiedene Porträtbildnisse von Familienangehörigen und von Malerkollegen erinnert, in denen Dillis stets die Nähe und Direktheit von Charakterbildern anstrebte.

11 »Skizzenbuch von 1793«: mehrere Bleistiftstudien und Aquarelle vor allem zu München und Umgebung, Maße: 19 x 16,5 cm, 47 Blatt, Prov.: Privatbesitz, Lit.: Heilmann (wie Anm. 3), S. 15f. Pollems (wie Anm. 3), S. 25f.; Heilmann, Christoph: *Eine frühe Berührung Münchens mit englischer Landschaftsmalerei*, in: »Sind Briten hier?« Relations between British and Continental art 1680-1880, hrsg. v. Zentralinstitut für Kunstgeschichte München, München 1981, S. 152.

12 Wilton, Andrew, und Lyles, Anne: *The Great Age of British Watercolours 1750-1880*, Ausstellungskatalog London 1993; Herrmann, Luce: *Paul and Thomas Sandby*, London 1986; Clarke, Michael: *The Tempting Prospect. A social history of english watercolours*, London 1981; Hughes, Peter: *Paul Sandby's Tour of Wales with Joseph Banks*, in: The Burlington Magazine 117. 3, 1975, S. 452-457.

13 »Lago Pantano«: Feder in Braun, aquarelliert über Bleistift, 29,4 x 42,5 cm, Bez. li. u.: Dillis fecit Romae 1795. Prov.: München, Bayer. Verwaltung der Staatlichen Schlösser und Seen, Schloß Nymphenburg, Inv.-Nr. G 81. Lit.: *Johann Georg von Dillis 1759-1841*, Ausstellungskatalog München 1991 (wie Anm. 3), Nr. 125.

14 Buttlar, Adrian von: *Der Landschaftsgarten. Gartenkunst des Klassizismus und der Romantik*. Köln 1989, S. 17; Woodfield, Richard: *The freedom of Shaftesbury's Classicism*, in: The British Journal of aesthetics, 15, 1975, S. 254-266; Meyer, Horst: *The wildness pleases. Shaftesbury und die Folgen*, in: Park und Garten im 18. Jahrhundert, Heidelberg 1978, S. 16-21.

15 »Et in Arcadia ego« (um 1800): Aquarell über Bleistift, Feder in Grau und Schwarz auf Velinpapier, 54 x 43 cm. Prov.: Vaduz, Stiftung Ratjen. Lit.: *Johann Georg von Dillis 1759-1841*, Ausstellungskatalog München 1991 (wie Anm. 3), Nr. 8.

16 Hannwacker, Volker: *Friedrich Ludwig von Sckell. Der Begründer des Landschaftsgartens in Deutschland*, Stuttgart 1992; Buttlar (wie Anm. 14), S. 197-205, Anm. 14; Hallbaum, Franz: *Der Landschaftsgarten. Sein Entstehen und seine Einführung in Deutschland unter Friedrich Ludwig von Sckell 1750-1823*, München 1927.
Von Sckell war entscheidend am Stilwechsel in der Gartenkunst beteiligt gewesen. Schon ab 1778 hatte er, gerade aus England zurückgekehrt, für Kurfürst Karl Theodor von der Pfalz den neuen Gesamtplan für den Schloßpark von Schwetzingen im Stil der Englischen Landschaftsgärten entworfen und seine neuartigen Vorstellungen in den Randbereichen um den alten Garten durchgesetzt.

17 Festschrift *200 Jahre Englischer Garten in München*, hrsg. von Pankraz Frhr. von Freyberg, München 1989, S. 77-79. Dort sind der Entwurf zum kurfürstlichen Auftrag an Benjamin Thompson zur Anlage des Englischen Gartens und der Entwurf zum kurfürstlichen Dekret von 13. August 1789,

Bayerisches Hauptstaatsarchiv, München, Bestand GL 2755/960, abgedruckt.

18 Buttlar (wie Anm. 14), S. 202; Sckell, Friedrich Ludwig von: *Beiträge zur Bildenden Kunst für angehende Gartenkünstler und Gartenliebhaber*, Faksimile-Nachdruck, Worms 1982.

19 »Parklandschaft mit Bäumen und Teich« (um 1830/35): Öl auf Papier, auf Holz, 35,1 x 50 cm, Prov.: Privatbesitz. Lit.: *Johann Georg von Dillis 1759-1841*, Ausstellungskatalog München 1991 (wie Anm. 3), Nr. 28, Abb. S. 113.

20 »Am Entenbach im Englischen Garten«: Aquarell über brauner und grauer Feder, 17,7 x 23 cm, Prov.: seit 1979 unbekannt, Lit.: Galerie Arnoldi-Livie: *Johann Georg von Dillis und Cantius Dillis, Aquarelle und Zeichnungen*, Auktionskatalog 1979, Abb. Nr. 31.

21 »Der Apollotempel im Englischen Garten in München« (um 1800): Aquarell über Bleistift, Feder in Grau-Schwarz, 27,1 x 41,5 cm, Prov.: Privatbesitz, Lit.: *Johann Georg von Dillis 1759-1841*, Ausstellungskatalog München 1991 (wie Anm. 3), Nr. 12, Abb. S. 89.

22 Wimmer, Clemens Alexander: *Geschichte der Gartentheorie*, Darmstadt 1989, S. 190-204; Bicknell, Peter, und Munro, Jane: *Gilpin to Ruskin. Drawing masters and their manual, 1800-1860*, Cambridge 1987, Christie's Fine Art Auctioneers; Barbier, Carl Paul: *William Gilpin. His Drawings, Teaching and Theory of the Pictouresque*, Oxford 1963.
Neben Gilpins theoretischen Erörterungen könnten Dillis die Veröffentlichungen des englischen Politikers Thomas Whately (gest. 1772) bekannt gewesen sein, dessen »Observations on Modern Gardening ...« 1770 in London und schon 1771 in Leipzig in deutscher Sprache publiziert worden waren (siehe hierzu: Wimmer, S. 169-180). Besonders ausführlich äußerte sich Whately über die Bedeutung der Kunst und der Malerei für das Gartenwesen.

23 »Weiden am Isarufer« (um 1820/30): Schwarze Kreide, Pinsel in Grau und Braun, Deckfarben auf grundiertem Papier, 41,0 x 32,8 cm, Prov.: Privatbesitz, Lit.: *Johann Georg von Dillis 1759-1841*, Ausstellungskatalog München 1991 (wie Anm. 3), Nr. 19.

24 Heilmann (wie Anm. 3), S. 174, nimmt als Entstehungszeitraum die zwanziger Jahre des 19. Jahrhunderts an.
»Absterbende Eiche im Sonnenlicht« (um 1820/25?): Öl auf Papier, auf Leinwand, 25 x 18,5 cm, Prov.: Privatbesitz, Lit.: *Johann Georg von Dillis 1759–1841*, Ausstellungskatalog München 1991 (wie Anm. 3), Nr. 69.

25 Zu Sir Gilbert Elliot: *Handbuch der Europäischen Geschichte*, Band 5, S. 248.
Zu Angelika Kauffmann: Baumgärtel, Bettina: *Angelika Kauffmann (1741-1807). Bedingungen weiblicher Kreativität in der Malerei des 18. Jahrhunderts*, Weinheim Basel 1990, S. 182ff. Neben einem vertraulichen Freundschaftszirkel veranstaltete Angelika Kauffmann häufiger »conversazioni«, zu denen bis zu achtzig Personen aus Politik, Wissenschaft, Kunst und Kirche in ihre römische Wohnung eingeladen wurden.

26 »Ansbacher Skizzenbuch von 1801«: Bleistift- und Federzeichnungen, Textpassagen, 43 Blatt, 19,6 x 13,2 cm, Prov.: Südd. Privatbesitz, Lit.: *Johann Georg von Dillis 1759-1841*, Ausstellungskatalog München 1991 (wie Anm. 3), Nr. B 2, S. 314; Heilmann (wie Anm. 3), S. 16.

27 Wilton/Lyles (wie Anm. 12), siehe Anm. 14; Roget, J. L.: *A History of the »Old Water-Colour« Society* (The Royal Society of Painters in Water Colours), Vol. I and Vol. II, London 1891, Reprint 1972 Woodbridge, Suffolk.
Zu W. Turner: Shanes, Eric: *Turner's human landscape*, London 1990; Hill, David: *Turner on the Thames. River journeys in the year 1805*, New Haven, London 1993, Yale Univ. Pr. X; Nicholson, Kathleeen: *Turner's classical landscapes. Myth and meaning*, Princeton 1990.

28 Wine, Humphrey: *Claude – The Poetic Landscape*, London 1994, National Gallery Publications; Roethlisberger, Marcel: *Im Licht von Claude Lorrain. Landschaftsmalerei aus drei Jahrhunderten*, Ausstellungskatalog München 1983.
Seit 1633 war Claude Lorrain ständiges Mitglied der Accademia di San Luca in Rom; seine Auftraggeber waren die Päpste Urban VIII. und Alexander VII. und vor allem die großen römischen Familien.

29 Roethlisberger (wie Anm. 28), S. 39, Anm. 33; Roethlisberger, Marcel: *Bemerkungen zum zeichnerischen Oeuvre von Claude Lorrain*, in: Zeitschrift für Kunstgeschichte, 24, 1961, S. 171.

30 Zu Dillis-Kopien nach Lorrain siehe: *Johann Georg von Dillis 1759-1841*, Ausstellungskatalog München 1991 (wie Anm. 3), Nr. 146, 147 und 148.
»Ansicht von Grottaferrata« (um 1795): Öl auf Eichholz, 33,4 x 45,4 cm (Queroval), Prov.: München, Bayerische Staatsgemäldesammlungen, Inv.-Nr. WAF 211, Lit.: *Johann Georg von Dillis 1759-1841*, Ausstellungskatalog München 1991 (wie Anm. 3), Nr. 120.
Dazu gehört die entsprechende Aquarellvedute: »Ansicht von Grottaferrata gegen den Monte Cavo« (um 1795): Aquarell über Bleistift, Feder in Grau, 28,5 x 43,1 cm, Prov.: München, Bayerische Verwaltung der Staatlichen Schlösser, Gärten und Seen, Inv.-Nr. G 88, Lit.: *Johann Georg von Dillis 1759-1841*, Ausstellungskatalog München 1991 (wie Anm. 3), Nr. 119.

31 Claude Lorrain, »Hirtenlandschaft«: 1640, schwarzer Stift, braun u. grau laviert, 22 x 32 cm, Prov.: London, Thomas Agnew and sons, Lit.: Roethlisberger (wie Anm. 28), S. 105, siehe Anm. 33.
J. G. von Dillis, »Ansicht des Englischen Gartens« (vor 1800): Federzeichnung über Blei, Prov.: München, Privatbesitz.

32 Sieveking, Hinrich: *Im Unvollendeten vollendet. Der Zeichner und Aquarellist Dillis*, in: Johann Georg von Dillis 1759-1841, Ausstellungskatalog München 1991 (wie Anm. 3), S. 60-65.
Laudenbacher, Konrad: *Ungewöhnlich raffinierte Übergänge zwischen Farbe und Bleistift. Zu Dillis' Maltechnik*, in: Johann Georg von Dillis 1759-1841, Ausstellungskatalog München 1991 (wie Anm. 3), S. 66-70.

Steffen Krestin
Erinnerungsbilder – Die Englandreise des Fürsten Pückler-Muskau
Seiten 55–71

1 Z.B. Ohff, Heinz: *Der grüne Fürst*, München 1991, und Rippl, Helmut (Hrsg.): *Der Parkschöpfer Pückler-Muskau*, Weimar 1995.

2 Bender, Brigitte: *Ästhetische Strukturen der literarischen Landschafts-beschreibung in den Reisewerken des Fürsten Pückler-Muskau*, Frankfurt am Main 1982; Hornstein, Elke: *Fürst Pückler-Muskau. Zwischen Tradition und Moderne*, Zulassungsarbeit Universität Konstanz, Philosophische Fakultät. Fachgruppe Deutsch (1993); Sünnen, Sonja: *Pückler-Muskau. Briefe eines Verstorbenen: Themen und Darstellungsmittel einer Reise-beschreibung in Briefen*, Magisterarbeit Universität Köln 1993.

3 Brandenburgisches Landeshauptarchiv Potsdam, Rep. 37 Branitz: Das Findbuch der Gutsakten der Herrschaft Branitz umfaßt insgesamt 896 Positionen. Weiterhin befindet sich der Nachlaß Varnhagens von Ense in der Bibliotheka Jagielonska in Krakau. Dieser umfaßt einen umfangreichen Teil des Pücklerschen Nachlasses.

4 Assing, Ludmilla: *Briefe und Tagebücher des Fürsten Pückler-Muskau*, 9 Bände, Berlin 1873 bis 1879.

5 *Erinnerungsbilder. Theil. Erste Abteilung. Vom 1te. September 1826 bis zum 6te. April 1827*, Inventar-Nummer: VIII 1.121/P, und *Erinnerungsbilder* (ca. 1828 bis 1832), Inventar-Nummer: VIII 1.124/P.

6 1644 heiratete Curt Reinicke I. von Callenberg (1607-1672) Katharina von Dohna (1622 -1671) und kommt somit in den Besitz der Standesherrschaft.

7 In einer »Familien-Chronik« wird vom Kauf unter dem 6. Oktober 1696 berichtet. Vgl. *Des Herrn August Sylvius Reichsgrafen Pückler von Groditz Familien-Chronik und Urkundenbuch. Neu hergestellt und ergänzt durch seinen Ur-UrEnkel Erdmann III. auf Schedlau*, 1860, S. 73.

8 Vgl. Arnim, Hermann Graf von, und Boelcke, Willi A.: *Muskau. Stan-desherrschaft zwischen Spree und Neiße*, Frankfurt/Main, Berlin 1992, S. 137ff.

9 1792-1796 Uhyst in der Oberlausitz als Schule der Zinzendorfer Brüder-gemeinde, anschließend Pädagogium der Franckeschen Stiftungen in Halle und danach Stadtschule in Dessau.

10 Friedrich August III. Kurfürst von Sachsen, seit 1806 König Friedrich August I. (1750-1827). Nach dem Frieden von Posen zwischen Frankreich und Sachsen (11. Dezember 1806) erfolgt durch Napoleon die Erhebung zum König und der Beitritt Sachsens zu den Rheinbundstaaten.

11 1835 publiziert er die wenigen erhaltenen Briefe und Tagebuchauf-zeichnungen unter dem Titel »*Jugend-Wanderungen. Aus meinen Tage-büchern. Für mich und andere vom Verfasser der Briefe eines Verstorbenen*« in Stuttgart bei der Hallbergerschen Verlagsbuchhandlung.

12 Lucie von Pappenheim, geborene Hardenberg (1776-1854), heiratet am 9. Oktober 1817 Hermann Reichsgraf von Pückler.

13 Seine Ideen und Erfahrungen veröffentlicht Pückler 1834 in den »*Andeu-tungen über Landschaftsgärtnerei verbunden mit der Beschreibung ihrer praktischen Anwendung in Muskau*«. Der Textband wird mit 44 Ansichten und vier Gartenplänen illustriert, deren Vorlagen August Wilhelm Schirmer (1802-1866) schuf.

14 *Briefe eines Verstorbenen. Ein fragmentarisches Tagebuch aus England, Wales und Frankreich, geschrieben in den Jahren 1828 und 1829*, Theil 1.2., München 1830, und *Briefe eines Verstorbenen. Ein fragmentarisches Tagebuch aus Deutschland, Holland und England, geschrieben in den Jahren 1826, 1827 und 1828*, Theil 3.4, Stuttgart 1832.

15 1836 *Semilasso in Afrika*; 1840/41 *Südöstlicher Bildersaal*, 1844 *Aus Mehemed Alis Reich*; 1846 *Die Rückkehr*.

16 Seit 1842 arbeitet Pückler-Muskau im Auftrag des Prinzen Wilhelm an der Gestaltung des Parks.

17 1868 wird Bleyer von Pückler eingestellt.

18 In seiner Muskauer Standesherrschaft unterhält Pückler-Muskau zahlreiche Industriebetriebe wie zum Beispiel ein Alaunbergwerk und eine Glashütte. Des weiteren beschäftigt er Wirtschaftsfachleute wie den Ökonomie-Rat Lüdicke und den Oberdirektor Bethe. Vgl. hierzu Arnim/Boelcke (wie Anm. 8), S. 170ff.

19 Nachweislich befanden sich die beiden Bücher *Observations on the Theorie and Practice of Landscape Gardening* und *Fragments on the Theorie and Practice of Landscape Gardening* in der Muskauer Bibliothek.

20 In einem Brief vom 28. Januar 1821 lädt er Repton nach Muskau ein, der im April in Begleitung des Landschaftsgärtners Vernal vier Wochen in Branitz weilt. Vgl. hierzu Rippl, Helmut: *Chronologische Fakten zum Muskauer Park,* in: Hermann Ludwig Heinrich Fürst von Pückler-Muskau. Garten-kunst und Denkmalpflege, Weimar 1989, S. 251.

21 Lediglich in Band 3 und Band 7 sind Auszüge aus Briefen Pückler-Muskaus aus der Zeit der Englandreise 1826 bis 1829 abgedruckt.

22 Im weiteren beziehe ich mich bei den Zitaten aus den *Briefen eines Verstorbenen* auf die Ausgabe des Verlags Rütten & Loening, Berlin 1987.

23 Pückler-Muskau (wie Anm. 22), Band 2, S. 138 (Sechster Brief).

24 Pückler-Muskau (wie Anm. 22), Band 2, S. 138, Anmerkung *(Sechster Brief)

25 Pückler-Muskau (wie Anm. 22), Band 2, S. 583 (Einundzwanzigster Brief).

26 Pückler-Muskau (wie Anm. 22), Band 1, S. 430.

27 Zwar erwähnt Pückler gelegentlich das Tagebuch, allerdings ist es nicht Bestandteil der umfangreichen Ausgabe von Ludmilla Assing.

28 Pückler-Muskau (wie Anm. 22), Band 2, S. 149 (Sechster Brief).

29 In Privatbesitz befinden sich zwei weitere Bände: *Erinnerungsbilder. Theil. Zweite Abteilung vom 6te April 1827 bis zum 20te Februar 1828* und *Erinnerungsbilder* (ohne Datierung).

30 Während der erste Band 120 Seiten mit etwa 190 Abbildungen umfaßt, sind im zweiten Band 120 Seiten mit circa 175 Abbildungen gestaltet worden.

31 Die im folgenden zitierten Passagen aus den *Erinnerungsbildern* sind in der

grammatischen und rechtschreiblichen Form so übernommen, wie sie Pückler-Muskau selbst notierte, und nicht heutigen Regeln angepaßt.

32 *Briefwechsel des Fürsten Hermann von Pückler-Muskau*, hrsg. von Ludmilla Assing-Grimelli, Band 5, Berlin 1874, S. 333.

33 *Erinnerungsbilder. Theil. Erste Abteilung. Vom 1te. September 1826 bis zum 6te. April 1827*, Inventar-Nummer: VIII 1.121/P, S.1.

34 *Erinnerungsbilder. Theil. Erste Abteilung. Vom 1te. September 1826 bis zum 6te. April 1827*, Inventar-Nummer: VIII 1.121/P, S. 2.

35 Vgl. hierzu Tafel II: Nach Hinwegnahme von einigen zwanzig Linden vor dem Schloß und als Deckblatt: Vor Hinwegnahme von einigen zwanzig Linden vor dem Schloß und Tafel XI: Die Neiss-Aue bei Muskau vor und nach Anlegung des Parks, als Klappkarte gearbeitet.

36 *Erinnerungsbilder. Theil. Erste Abteilung. Vom 1te. September 1826 bis zum 6te. April 1827*, Inventar-Nummer: VIII 1.121/P, S. 6.

37 *Erinnerungsbilder. Theil. Erste Abteilung. Vom 1te. September 1826 bis zum 6te. April 1827*, Inventar-Nummer: VIII 1.121/P, S. 6.

38 Pückler-Muskau (wie Anm. 22), Band 2, S. 45 (Zweiter Brief).

39 *Erinnerungsbilder. Theil. Erste Abteilung. Vom 1te. September 1826 bis zum 6te. April 1827*, Inventar-Nummer: VIII 1.121/P, S. 22.

40 *Briefwechsel des Fürsten Hermann von Pückler-Muskau* (wie Anm. 32), S. 466.

41 *Erinnerungsbilder. Theil. Erste Abteilung. Vom 1te. September 1826 bis zum 6te. April 1827*, Inventar-Nummer: VIII 1.121/P, S. 23.

42 Pückler-Muskau (wie Anm. 22), Band 2, S. 51 (Zweiter Brief).

43 Pückler-Muskau (wie Anm. 22), Band 2, S. 55 (Dritter Brief).

44 *Erinnerungsbilder. Theil. Erste Abteilung. Vom 1te. September 1826 bis zum 6te. April 1827*, Inventar-Nummer: VIII 1.121/P, S. 25.

45 Pückler-Muskau (wie Anm. 22), Band 2, S. 63f. (Dritter Brief).

46 *Erinnerungsbilder. Theil. Erste Abteilung. Vom 1te. September 1826 bis zum 6te. April 1827*, Inventar-Nummer: VIII 1.121/P, S. 29.

47 *Erinnerungsbilder. Theil. Erste Abteilung. Vom 1te. September 1826 bis zum 6te. April 1827*, Inventar-Nummer: VIII 1.121/P, S. 32.

48 *Erinnerungsbilder. Theil. Erste Abteilung. Vom 1te. September 1826 bis zum 6te. April 1827*, Inventar-Nummer: VIII 1.121/P, S. 37.

49 *Erinnerungsbilder. Theil. Erste Abteilung. Vom 1te. September 1826 bis zum 6te. April 1827*, Inventar-Nummer: VIII 1.121/P, S. 65.

50 Während Pückler-Muskau im eigentlichen Parkbereich bevorzugt Pflanzen einsetzte, die dem Klima entsprachen, wurde der »pleasure ground« von ihm auch mit exotischen Pflanzen verziert.
Vgl. hierzu: *Hermann Fürst von Pückler-Muskau. Gartenkunst und Denkmalpflege*, Weimar 1989; Rippl, Helmut: *Der Parkschöpfer Pückler-Muskau*, Weimar 1995; Neumann, Siegfried: *Pücklers frühe Pflanzungen*, in: Cottbuser Heimatkalender 1995, S. 36ff., und Neumann, Siegfried: *Die Pflanzungen des Fürsten Pückler zur Entstehung des Branitzer Parks*, in: Biologischer Führer durch den Branitzer Park, hrsg. vom Naturwissen-

schaftlichen Verein der Niederlausitz e.V., Natur und Landschaft Niederlausitz, Sonderheft, Cottbus 1995, S. 3ff.

51 *Erinnerungsbilder. Theil. Erste Abteilung. Vom 1te. September 1826 bis zum 6te. April 1827,* Inventar-Nummer: VIII 1.121/P, S. 66.

52 *Erinnerungsbilder. Theil. Erste Abteilung. Vom 1te. September 1826 bis zum 6te. April 1827,* Inventar-Nummer: VIII 1.121/P, S. 76.

53 *Erinnerungsbilder. Theil. Erste Abteilung. Vom 1te. September 1826 bis zum 6te. April 1827,* Inventar-Nummer: VIII 1.121/P, S. 120.

54 *Erinnerungsbilder* (ca. 1828 bis 1832), Inventar-Nummer: VIII 1.124/P, S. 1.

55 *Erinnerungsbilder* (ca. 1828 bis 1832), Inventar-Nummer: VIII 1.124/P, S. 6.

56 Pückler-Muskau (wie Anm. 22), Band 1, S. 434 (Vierundvierzigster Brief).

57 Pückler-Muskau (wie Anm. 22), Band 1, S. 396ff. (Zweiundvierzigster Brief).

58 *Erinnerungsbilder* (ca.1828 bis 1832), Inventar-Nummer: VIII 1.124/P, S. 12.

59 *Erinnerungsbilder* (ca.1828 bis 1832), Inventar-Nummer: VIII 1.124/P, S 13.

60 *Erinnerungsbilder* (ca.1828 bis 1832), Inventar-Nummer: VIII 1.124/P, S. 15.

61 *Erinnerungsbilder* (ca.1828 bis 1832), Inventar-Nummer: VIII 1.124/P, S. 22.

62 *Erinnerungsbilder* (ca.1828 bis 1832), Inventar-Nummer: VIII 1.124/P, S. 23.

63 *Erinnerungsbilder* (ca. 1828 bis 1832), Inventar-Nummer: VIII 1.124/P, S. 9.

64 Pückler-Muskau (wie Anm. 22), Band 1, S. 449f. (Fünfundvierzigster Brief).

65 Vgl. hierzu Härtel, Ricardo: *Der Landschaftsgarten im Spiegel der Zeit. Einführung,* in: *Parktraum – Traumpark. A. W. Schirmer, Aquarelle und Zeichnungen zu Pücklers »Andeutungen über Landschaftsgärtnerei«,* Cottbus 1995, S. 8ff., und Krestin, Steffen: *Hermann Fürst von Pückler-Muskau – über eines Fürsten Leben,* in: Amtsblatt der Stadt Cottbus, 5./6. September 1992, Seite IV, und 10./11. Oktober 1992, S. IV.

66 Pückler-Muskau (wie Anm. 22), Band 2, S. 77ff. (Vierter Brief).

67 Pückler-Muskau (wie Anm. 22), Band 2, S. 471ff. (Achtzehnter Brief).

68 Pückler-Muskau (wie Anm. 22), Band 1, S. 175ff. (Einunddreißigster Brief).

69 *Erinnerungsbilder. Theil. Erste Abteilung. Vom 1te. September 1826 bis zum 6te. April 1827,* Inventar-Nummer: VIII 1.121/P, S. 59.

70 *Erinnerungsbilder* (ca.1828 bis 1832), Inventar-Nummer: VIII 1.124/P, S. 29.

71 *Erinnerungsbilder* (ca.1828 bis 1832), Inventar-Nummer: VIII 1.124/P, S. 34.

72 *Erinnerungsbilder* (ca.1828 bis 1832), Inventar-Nummer: VIII 1.124/P, S. 35f.

73 Pückler-Muskau (wie Anm. 22), Band 1, S. 493 (Siebenundvierzigster Brief).

74 *Erinnerungsbilder* (ca.1828 bis 1832), Inventar-Nummer: VIII 1.124/P, S. 38.

75 Pückler-Muskau (wie Anm. 22), Band 1, S. 499 (Siebenundvierzigster Brief).

76 *Erinnerungsbilder* (ca.1828 bis 1832), Inventar-Nummer: VIII 1.124/P, S. 56f.

77 *Erinnerungsbilder* (ca.1828 bis 1832), Inventar-Nummer: VIII 1.124/P, S. 66f.

78 *Erinnerungsbilder* (ca.1828 bis 1832), Inventar-Nummer: VIII 1.124/P, S. 68.

79 *Erinnerungsbilder* (ca.1828 bis 1832), Inventar-Nummer: VIII 1.124/P, S. 77-80.

80 *Erinnerungsbilder* (ca.1828 bis 1832), Inventar-Nummer: VIII 1.124/P, S. 84.

81 »Ich kann nicht singen.«

82 *Erinnerungsbilder* (ca. 1828 bis 1832), Inventar-Nummer: VIII 1.124/P, S. 94.

83 Vgl. hierzu Schäfer, Anne: *Andeutungen über Landschaftsgestaltung. Zur Entstehungs- und Werkgeschichte*; in: *Parktraum – Traumpark. A.W. Schirmer, Aquarelle und Zeichnungen zu Pücklers »Andeutungen über Landschaftsgärtnerei«*, Cottbus 1995, S. 26ff.

Helmut Rippl
Pückler-Muskaus Umgang mit Bäumen – der Schlüssel zu seiner Weltsicht
Seiten 72–80

1 Grisebach, August: *Der Garten. Eine Geschichte seiner künstlerischen Gestaltung*, Leipzig 1910, S. 6; Pinder, Wilhelm: *Der deutsche Park, vornehmlich des 18. Jahrhunderts*, Königstein, Leipzig 1926.

2 Schneider, Camillo: *Deutsche Gartengestaltung und Kunst-Zeit- und Streitfragen*, Leipzig 1904, und vom gleichen Autor: *Landschaftliche Gartengestaltung. Insbesondere über die künstlerische Verwertung natürlicher Vegetationsbilder in den Werken der Gartenkunst und mit einem Beitrag über Heimatschutz und Landesverschönerung*, Leipzig 1907.

3 Petzold, Eduard: *Fürst Hermann von Pückler-Muskau*, Leipzig 1874, S. 47.

4 Anonym (Hermann von Pückler-Muskau): Tutti Frutti, Bd. 5, 1834.

5 Petzold (wie Anm. 2), S. 42 und 47.

6 Weiterführende Literatur: Stroud, Dorothy: *Humphry Repton*, London 1962; Hyams, Edward: *Capability Brown and Humphry Repton*, London 1971; *Humphry Repton, Landscape Gardener 1752-1818*, hrsg. von George Carter, Patrick Goode u. a., Ausstellungskatalog Victoria and Albert Museum London, Norwich 1982; Clifford, Joan: *Capability Brown. An illustrated life of Lancelot Brown 1716-1783*, Aylesbury 1977; Turner, Roger: *Capability Brown and the eighteenth-century English landscape*, London 1985.

7 Weiterführende Literatur: Günther, Harri: *Peter Joseph Lenné. Gärten, Parke, Landschaften*, Stuttgart 1985; Hinz, Gerhard: *Peter Joseph Lenné. Das Gesamtwerk des Gartenarchitekten und Städteplaners*, Hildesheim 1982; Günther, Harri, und Sibylle Harksen: *Peter Joseph Lenné, Katalog der Zeichnungen*, hrsg. von H. Schönemann, Stiftung Schlösser und Gärten Potsdam-Sanssouci, Tübingen, Berlin 1993.

8 Petzold (wie Anm. 2), S. 38.

9 Weiterführende Literatur: Fait, Joachim, und Detlef Karg: *Hermann Ludwig Heinrich Fürst von Pückler-Muskau. Gartenkunst und Denkmalpflege*, Weimar 1989.

10 Pückler-Muskau, Hermann Fürst von: *Andeutungen über Landschaftsgärtnerei*, Leipzig o. J., S. 112.

11 Pückler-Muskau (wie Anm. 10), S. 112.

12 Anonym (wie Anm. 4).

13 Diese kurzen Ausführungen werden noch verständlicher und weit ausführlicher mit Hilfe von Parkfotografien und Grafiken, dargestellt in Rippl,

Helmut: der Parkschöpfer Pückler-Muskau, Weimar 1995. Weiterführende Literatur: Walker, D. P.: *Spiritual and demone magic. From Ficino to Campanella*, o. O. o. J; Louis de Louvroy, Duc de: *Mémoires, Additions au Journal de Dangeau*, Ed. établie par Y. Coirault, Paris 1983-1988; Bauer, Hermann: *Kunst und Utopie. Studien über das Kunst- und Staatsdenken in der Renaissance*, Berlin 1965, S. 24-28; Morus, Thomas: *Utopia* (Nachwort v. E. Jäckel), Stuttgart 1987.

Michael Lissok
Die Klosterruine Eldena und ihr ehemaliger Park
Seiten 81–95

1 Zitiert aus: Schmekel, Ruth: *Dann ging ich Greifswald zu. Das Bild einer Stadt in fünf Jahrhunderten*. Hamburg 1980, S. 54.
2 Weitere Äußerungen namhafter Zeitgenossen des 19. Jh., unter anderem von Karl Friedrich Schinkel, Friedrich Mayer und Friedrich Kugler, abgedruckt in: Schmekel (wie Anm. 1), S. 54-59.
3 Einzelne grafische Blätter und kleine Serien mit Ansichten der Ruine Eldena schufen im 19. Jahrhundert zum Beispiel die Künstler Robert Geissler (1819-1893), Ludwig Eduard Lüdke (1801-1850), Carl August Peter Menzel (1794-1853), Bernhard Peters (1817-1866), Johann Friedrich Rosmäsler (1775-1858) und Wilhelm Witthöft (1816-1874).
4 Dazu Schmitt, Otto: *Caspar David Friedrich und die Klosterruine Eldena*, in: Von der Antike zum Christentum, Stettin 1931, S. 169-191 (Untersuchungen als Festgabe für Victor Schultze zum 80. Geburtstag 13. Dezember 1931. Dargebracht von Greifswalder Kollegen), und vom gleichen Autor: *Die Ruine Eldena im Werk von Caspar David Friedrich*, Berlin 1944 (Der Kunstbrief Nr. 25).
5 Das Standardwerk zur Klostergeschichte ist weiterhin die Publikation von Pyl, Theodor: *Geschichte des Cisterzienserklosters Eldena im Zusammenhange mit der Stadt und Universität Greifswald* (die Teile 1.2. in einem Bd.), Greifswald 1881-1883.
6 Eine Zusammenfassung der noch mit vielen offenen Fragen behafteten Baugeschichte in: *Die Denkmale des Kreises Greifswald*, bearb. von Gerd Baier, Horst Ende und Renate Krüger, Leipzig 1973, S. 135-137.
7 Eine Rekonstruktion der Klosteranlage als Ergebnis der Ausgrabungen und bauarchäologischen Untersuchungen von 1926/27 bei Kloer, Hans: *Das Zisterzienser-Kloster Eldena in Pommern*, Berlin 1929.
8 Das Gut ging in Besitz der Stadt Greifswald über, in die dann 1939 noch der Ort Eldena eingemeindet wurde.
9 Eine ausführliche Baubeschreibung in: *Die Denkmale des Kreises Greifswald* (wie Anm. 6), S. 137-144.
10 Biesner verfaßte auch einen *Abriß der Geschichte Pommerns und Rügens, nebst angehängter Specialgeschichte des Klosters Eldena*, Stralsund 1834.

11 Möbius, Friedrich: *Caspar David Friedrichs Gemälde »Abtei im Eichwald«
und die frühe Wirkungsgeschichte der Ruine Eldena bei Greifswald*, mit
einem Anhang: Zur Rekonstruktion der Anfänge der Denkmalpflege in
Eldena, Berlin 1980 (Abhandlungen der Sächsischen Akademie der Wissenschaften zu Leipzig. Philologisch-historische Klasse, Bd. 68, H. 2).

12 Möbius (wie Anm. 11), Anhang, S. 15.

13 Diese sind beschrieben und abgebildet unter anderem bei Schmitt (wie
Anm. 4) und Börsch-Suphan, Helmut: *Caspar David Friedrich*, München
⁴1990, S. 190-195.

14 Möbius (wie Anm. 11), Anhang, S. 15.

15 Möbius (wie Anm. 11), S. 15f. und S. 26f., Anm. 7.

16 Möbius (wie Anm. 11), S. 16f.

17 Sohn des bekannten Dichters Gotthard Theobul Kosegarten (1758-1818);
war Mitbegründer und führendes Mitglied der Gesellschaft für Pommersche
Geschichte und Altertumskunde.

18 Hornschuch gilt auf seinen speziellen Fachgebieten als bedeutender
Repräsentant der romantischen Naturphilosophie.

19 Möbius (wie Anm. 11), Anhang, S. 17f.

20 Möbius (wie Anm. 11), S. 19f.

21 Über Halliger und die Gartenkunst unter Fürst Wilhelm Malte siehe Puppe,
Roland: *Zur Entwicklung des Putbuser Gartenwesens bis zum Beginn des
20. Jahrhunderts*, in: Beiträge zur Gartendenkmalpflege, hrsg. vom Kultur-
bund der DDR, Wismar 1985, S. 55-60.

22 Hornschuchs kritisch-ablehnende Analyse des Plans von Halliger in einem
Brief an Fürst Malte ist nachzulesen bei Möbius (wie Anm. 11), Anhang
S. 19.

23 Der hier genannte Titel des verlorenen Lenné-Plans ist eine Annahme von mir.
Sie beruht auf einer Textstelle aus dem Schreiben Dr. Schillings an den Fürsten
Malte vom 27. Mai 1829, in welchem sich Schilling auch mit dem
Lennéschen Entwurf auseinandersetzt, Greifswald, Universitäts-Archiv, Acta
Specialia Cancellariae Academicae betreffend die Conservation der Ruine zu
Eldena ..., Tom I., 1824-1852, Sign. UAG K2563, S. 96.

24 Möbius (wie Anm. 11), Anhang, S. 20.

25 Möbius (wie Anm. 11), Anhang, S. 20.

26 Möbius (wie Anm. 11), S. 10f., Anhang, S. 20f.

27 Siehe dazu Biesner (wie Anm. 10), Anhang S. 21.

28 Erwähnenswert, weil zur Zeit der Planungen für den Park aktuell, scheint mir
noch eine botanisch-geologische Studie Adelbert von Chamissos, die er nach
einer Reise durch Vorpommern und Rügen im Sommer 1823 verfaßte.
In dieser berichtet Chamisso davon, daß beim Torfabstich im Gelände um
Greifswald in gut 1,60 Meter Tiefe Reste eines Fichten- und Eichenwalds zum
Vorschein kamen; Chamisso, Adelbert von: *Untersuchungen eines Torf-
moores bei Greifswald und ein Blick auf die Insel Rügen*, in: Archiv für
Bergbau und Hüttenwesen, Breslau 1824, S. 7.

29 Dieser wichtige Brief mit den noch wichtigeren zwei Plänen, welche

unsigniert und undatiert sind, umfaßt zwölf Seiten und befindet sich, einschließlich der Pläne, im Universitäts-Archiv Greifswald unter der Signatur UAG K2563, S. 105-113.

30 Dieses stimmungsvolle Arrangement wurde bereits 1841 aufgegeben, da die Lage der Grabplatten auf dem Erdboden ihrer Verwitterung allzusehr Vorschub leistete. Sie wurden deshalb in die Wände der Ruine eingemauert.

31 Veröffentlicht wurde die irrige Zuschreibung, der Park gehe auf einen Plan Lennés zurück, erstmals 1929 durch Kloer (wie Anm. 7). Erst Möbius hat dies 1980 richtigstellend korrigiert.

32 Für Möbius bildet hingegen der Halliger-Plan die Grundlage des ausgeführten Ruinenparks. Doch damit wird meines Erachtens die Bedeutung des fürstlichen Hofgärtners und seines Entwurfs viel zu hoch eingeschätzt. Schilling versicherte zwar in den Briefen an Fürst Malte, daß er sich bei den Arbeiten in Eldena an Halligers Plan halte, doch dies war wohl mehr eine Schutzbehauptung, während er in Wahrheit mehr nach seinen eigenen Konzepten und deren Hornschuchs die Gestaltung vornehmen ließ. Der bereits erwähnte Brieftext Hornschuchs, publiziert bei Möbius (wie Anm. 11), S. 19, gibt ungefähr eine Vorstellung vom Plan Halligers. Beim Vergleich dieses Textes mit den zwei Plänen, die dem Abschlußbericht Schillings beigegeben sind und den realisierten Park dokumentieren, ergeben sich derart viele Unterschiede, daß sie eigentlich nur den Schluß zulassen, daß Halligers Entwurf von 1828 mit der bis Ende 1831 fertiggestellten Parkgestaltung nur sehr wenig zu tun hat. Erstaunlicherweise ließ Möbius beide Pläne, die den Endzustand des Parks zeigen, unbeachtet und konzentrierte sich in seiner Betrachtung lediglich auf eine Skizze, mit der nur die punktierte Wegführung in ihrem Anfangsstadium angegeben wurde. Dieses Blatt war wiederum einem Brief Schillings angefügt, Möbius (wie Anm. 11), Anhang, S. 20f., Abb. 17.

33 Zwar von Haus aus Naturwissenschaftler, waren Hornschuch und Schilling mit den ästhetischen Grundsätzen und gestalterischen Normen moderner Gartenkunst bestens vertraut und besaßen auch die Befähigung, diese kreativ umzusetzen. In der Pflanzenkunde und im praktischen Gartenbau war Hornschuch zweifelsfrei eine Kapazität; schließlich war er von 1820 bis 1850 Direktor des Botanischen Gartens der Greifswalder Universität und wurde zu den ersten Ehrenmitgliedern des 1845 gegründeten »Gartenbau-Vereins für Neu-Vorpommern und Rügen« ernannt.

34 Darüber ein Bericht in den »Baltischen Studien«, hrsg. von der Gesellschaft für Pommersche Geschichte und Altertumskunde, 1. H., Stettin 1832, S. 345f.

35 An den ersten Besuch des königlichen Paars in Eldena im Juni 1825 erinnert bis heute die Benennung eines Laubwalds südlich des Ortes mit »Elisenhain« nach der Kronprinzessin, dann Königin Elisabeth. Friedrich Wilhelm IV. hat noch einige Male sein reges Interesse an der Klosterruine bekundet und diese auch als König auf seinen sommerlichen Reisen nach und von Rügen mehrmals besucht.

36 Schilling berichtet von der beabsichtigten Anfertigung dieser Zeichnungen durch Giese in einem Brief an den Kurator vom 5. Mai 1828. Im Schreiben

vom 19. Januar 1832 führt Schilling unter den abzurechnenden Leistungen nochmals sieben Zeichnungen auf, »davon sechs zur Erläuterung der Berichte und eine für des Kronprinzen königl. Hoheit welche bei Höchst dessen Anwesenheit im Jahre 1830 überreicht ward ...«, Universitäts-Archiv Greifswald (wie Anm. 29), S. 109.

37 Zu Jühlke siehe den Bericht über sein fünfzigjähriges Gärtnerjubiläum, in: *Deutsche Gärtnerzeitung* 8, 1884, S. 128f.; weiterhin: Jordan, Ernst: *Ferdinand Jühlke (1815-1993)*, in: Pommersche Lebensbilder, I. Band, hrsg. von Adolf Hofmeister, Erich Randt und Martin Wehrmann, Stettin 1934, S. 155ff. Jühlke war Mitbegründer und erster Sekretär des Gartenbau-Vereins für Neu-Vorpommern und Rügen und wurde in dieser Position auch publizistisch und editorisch aktiv.

38 Schmitt (wie Anm. 4), S. 169.

39 Entnommen der Korrespondenz, die von der Universitäts-Administration im Zusammenhang mit Konservierung und Unterhaltung des Baudenkmals geführt wurde. Aus dieser ist auch herauszulesen, daß bis Februar 1933 vom akademischen Forstamt eine Ausholzung des Parks nach Angaben Potentes vorgenommen wurde.

40 Bericht des Vertrauensmannes für die Denkmalpflege im Kreis Greifswald Dr. Ludwig Rohde, Möbius (wie Anm. 11), Anhang, S. 27f., Anm. 10.

Adrian von Buttlar
Revival des Landschaftsgartens? Zu aktuellen Tendenzen der Gartenkunst
Seiten 96–117

1 Tauber, Cornelius: *Eine Nekropole für Künstler*, in: Daidalos Nr. 38, 1990, S. 90-93; Willhardt, Michael: *Wie verkauft ein Künstler seinen Friedhof?*, in: Ein Frisör aus Lingen – Harry Kramer, Ausstellungskatalog Stuttgart u.a. 1990, S. 167-176; Haßler, Sabine: *Die Kasseler Künstlernekropole am Blauen See (1981-1994). Ein Beitrag zum Thema Tod und Kunst im öffentlichen Raum*, ungedr. Magister-Arbeit Univ. Kiel 1995.

2 Grzimek, Günther: *Gedanken zur Stadt- und Landschaftsarchitektur seit Friedrich Ludwig v. Sckell*, Reihe der Bayerischen Akademie der Künste Nr. 11, München 1973.

3 Vgl. zusammenfassend Buttlar, Adrian von: *Der Landschaftsgarten – Gartenkunst des Klassizismus und der Romantik*, Köln 1989[2]

4 Vgl. Spitzer, K.: *Stadtgrün als offenes System - die Gärten von Louis Le Roy,* in: Grün in der Stadt, Reinbek 1981, S. 247-254; Wimmer, Clemens Alexander: *Geschichte der Gartentheorie*, Darmstadt 1989, S. 393-400; Le Roy, Louis Guillaume: *Un' eco-cattedrale a Mildam - Die Ökokathedrale: Manifestation von einem ökologischen Lernprozeß*, in: Il governo del paesaggio e del giardino - Garten Landschaft Wahlverwandtschaften, Memorie 3 della Fondazione Benetton Studi Ricerche hrsg. von Domenico Luciani, Treviso/Milano 1993, S. 29-35. Vgl. auch: *Zum Naturbegriff der*

Gegenwart, Kongreß-Dokumentation zum Projekt »Natur im Kopf« Stuttgart 1993, hrsg. von der Landeshauptstadt Stuttgart, 2 Bde., Stuttgart 1994.

5 Good, Paul: *Hermes oder die Philosophie der Insel Hombroich,* Neuss 1987; Korte, Bernhard: *Insel Hombroich,* Düsseldorf 1988; *Insel Hombroich – Analogien zwischen Kunst und Natur,* Düsseldorf 1988; *Insel Hombroich – Spaziergang zu den Bäumen,* Düsseldorf 1989.

6 Pogacnik, Marko: *Die Erde heilen. Das Modell Türnich,* München 1989.

7 Tischer, Stefan: *Der Tarotgarten von Niki de Saint Phalle,* in: Die Gartenkunst 2/1993, S. 213-264.

8 Vgl. Bredekamp, Horst: *Vicino Orsini und der Heilige Wald von Bomarzo,* Worms 1985.

9 Wieck, Oliver, u. a.: *The Irish Sky Garden,* in: James Turrell – Long Green, hrsg. von Turske & Turske, Zürich 1990, S. 89-144; Wieck, Oliver, und Günther Metken: *James Turrell. The Irish Sky Garden,* London 1992; zu Turrell: Adcock, Graig: *James Turrell - The Art of Light and Space,* Berkeley, Los Angeles, Oxford 1990; *James Turrell, Change of State,* Ausstellungskatalog Frankfurt 1991. Dank für vielfache Informationen an Iréne Preiswerk und Veith Turske.

10 Boullée, Étienne-Louis: *Architecture - Essai sur l'art,* hrsg. von J. M. Pérouse de Montclos, Paris 1968.

11 Interview mit Oliver Wieck, in Wieck/Metken (wie Anm. 9), S. 122.

12 Faltblatt: *Liss Ard Experience,* Liss Ard Foundation Skibbereen/Cork 1995.

13 U. a. Abrioux, Yves, und Stephen Bann: *Ian Hamilton Finlay - A visual primer,* Edinburgh 1985; Schawelka, Karl: *Ut hortus poesis: Die Gartenkunst des Ian Hamilton Finlay,* in: Daidalos 38, 1990, S. 81-89; Metken, Günther: Die Schlacht von Little Sparta, in: FAZ vom 9./10. September 1989, Nr. 207, S. 155; Bann, Stephen: *The Gardens of Ian Hamilton Finlay,* in: Mosser, Monique, und Georges Teyssot (Hrsg.): Die Gartenkunst des Abendlandes, London 1993, Stuttgart 1993, S. 522-524; Weilacher, Udo: *Von der Land Art zur Landschaftsarchitektur,* in: Die Gartenkunst 1/1993, S. 1-66. Die Münchner Dissertation von Dorothea Eichenauer, Arkadische Idylle und ästhetischer Terror. Zum zeitgenössischen Neoklassizismus des Landschaftsgartens und der Kriege Ian Hamilton Finlays (1994), lag mir noch nicht vor.

14 Vgl. *Der Lustgarten - Computersimulation des Entwurfs von Gerhard Merz,* Berlin 1994, im Auftrag von: Grün Berlin Gesellschaft für Freiraumgestaltung sowie Tagespresse, wie zum Beispiel Die Welt vom 15.4.94, Berliner Zeitung 6.12.94.

15 Zitiert nach Schneider, Christian: *Stadtgründung im Dritten Reich – Wolfsburg und Salzgitter,* München 1979.

16 Weilacher, Udo: *Dani Karavan - Interview in Paris,* 21. November 1993, in: Die Gartenkunst 2/1994, S. 185-200.

Ulrich Kuder
Michael Heizers »*Effigy Tumuli*«.
Land Art als inszenierte und rekultivierte Natur
Seiten 118–131

1 Angaben über diese Arbeit Michael Heizers entnehme ich dem Buch: Heizer, Michael: *Effigy Tumuli. The reemergence of ancient mound building.* Photographs and explanatory captions by Michael Heizer, Essay by Douglas C. McGill, Harry N. Abrams Inc. Publishers, New York 1990; benutzt habe ich ferner vom *Illinois Department of Conservation* und vom *Illinois Department of Natural Resources* herausgegebenes Informationsmaterial (Faltblätter, Schautafeln), das an Ort und Stelle erhältlich oder zugänglich ist.

2 Heizer, *Effigy Tumuli* (wie Anm. 1), S. 16.

3 Über Thornton und seine Rolle im Zusammenhang des Projekts der *Effigy Tumuli* siehe Heizer, *Effigy Tumuli* (wie Anm. 1), S. 15f., 21f., 34, 37, 39f.

4 Heizer, *Effigy Tumuli* (wie Anm. 1), S. 16.

5 Vgl. Klaus Kertess im Hinblick auf das vollendete Werk der *Effigy Tumuli*: »... around the mounds themselves, graded, sodded, and seeded slopes, aspiring to naturalness, are the reclamations of the earth engineers; and finally the mounds, with their sodded and seeded angles congregating prismoidal shapes, are the reclamations of the artist«; Kertess, Klaus: *Earth angles*, in: Artforum international, February 1986, S. 76-79, hier S. 77f.).

6 Isamu Noguchi, geboren am 17. November 1904 in Los Angeles, gestorben am 30. Dezember 1988 in New York. Patrick Werkner erwähnt in seinem Buch *Land Art USA. Von den Ursprüngen zu den Großraumprojekten in der Wüste,* München 1992, S. 15, Isamu Noguchi als einen Vorläufer der Land Art. Siehe hier auch S. 16, Abb. 3 Noguchis Sandmodell für *The Sculpture to be Visible from Mars* (1947); diese Skulptur war als ein aus Erde aufgeschüttetes, stilisiertes Gesicht geplant, mit kantig geformter Nase, deren Länge eine Meile betragen sollte. Eine Abbildung dieses inzwischen zerstörten Modells auch bei Gilles A. Tiberghien: *Land Art*, Paris 1993, S. 265. Diverse Skulpturen von Noguchi sehen aus wie Modelle zur Gestaltung der Erdoberfläche, wie zum Beispiel *Contoured Playground* (Gips, 1941) und *This Tortured Earth* (Bronze, 1943), beide abgebildet bei Kirk Varnedoe, *Abstrakter Expressionismus*, in: William Rubin (Hrsg.): Primitivismus in der Kunst des zwanzigsten Jahrhunderts. München 1984, S. 629-675, hier S. 640f., Abb. 961 und 960.

7 Heizer, *Effigy Tumuli* (wie Anm. 1), S. 17; siehe auch Tiberghien (wie Anm. 6), S. 227.

8 Kertess (wie Anm. 5), S. 76f.

9 Kertess (wie Anm. 5), S. 77: *Some 460,000 cubic yards of material ...*

10 Nach Heizer, *Effigy Tumuli* (wie Anm. 1), S. 37, waren es bis zu 50 Tonnen Kalkstein pro Acre (1 Acre = 4047 m^2).

11 Kertess (wie Anm. 5), S. 77; Tiberghien (wie Anm. 6), S. 227.

12 Tiberghien (wie Anm. 6), S. 245, Abb. 2.

13 Tiberghien (wie Anm.6), Umschlagfoto; Werkner (wie Anm. 6), Abb. 48.

14 Tiberghien (wie Anm. 6), S. 244, Abb. 1; Werkner (wie Anm. 6), Abb. 49.

15 Siehe dazu Heizer, Michael: *Double Negative. Sculpture in the Land,* Foreword by Richard Koshalek and Kerry Brougher, Essay by Mark C. Taylor, The Museum of Contemporary Art, Los Angeles 1991.

16 Huber, Carlo: *Spaziergang ans Ende der Welt. Zu Werken von Heizer und de Maria in Nevada,* in: Kunstjahrbuch 1, Hannover 1970, S. 129-135, hier S. 129.

17 Heizer, *Effigy Tumuli* (wie Anm. 1), S. 27.

18 Heizer, *Effigy Tumuli* (wie Anm. 1), S. 23f.

19 Tiberghien (wie Anm. 6), S. 277.

20 Heizer, *Effigy Tumuli* (wie Anm. 1), S. 43: »It was my chance to make a statement for the native American.«

21 Möglicherweise geht der indianische Totemismus auf die individuelle Schutzgeistsuche zurück, also darauf, daß jeder einzelne Mensch sich einen Tiergeist zu erwerben versuchte; siehe *Die Religion in Geschichte und Gegenwart* (im folgenden: RGG), 3. Aufl., III, Sp. 70 (Art. Indianer I. Religionsgeschichtlich; A. Hultkrantz).

22 Lapham, Increase Allan: *The Antiquities of Wisconsin,* Smithsonian Contributions to Knowledge, Vol. VII, Washington, D.C. 1855.

23 Unter anderem, gemeinsam mit Cook, Sherburne Friend: *The archaeology of Central California. A comparative analysis of human bone from nine sites,* Berkeley 1949, ferner vom gleichen Autor: *The Archaeology of the Napa Region,* Anthropological Records, 12,6, Berkeley 1953, ebenso wie auch, zusammen mit John A. Graham, *A Guide to Field Methods in Archaeology. Approaches to the Anthropology of the Dead,* Palo Alto, California 1967. Zu Robert Fleming Heizers Arbeiten gehören auch Untersuchungen über indianische Tumuli, so, zusammen mit Sherburne Friend Cook, *The physical analysis of nine Indian mounds of the lower Sacramento valley,* University of California Press, Berkeley und Los Angeles 1951. In seinem Werk, gemeinsam mit Martin A. Baumhoff, *Prehistoric Rock Art of Nevada and Eastern California,* University of California Press, Berkeley 1962, hat Robert Fleming Heizer die Felszeichnungen dieses Bereichs umfassend katalogisiert. Immer wieder befaßte er sich auch mit archäologischen Methodenfragen, so in dem von ihm herausgegebenen Aufsatzband *The Archaeologist at Work. A Source Book in Archaeological Method and Interpretation,* New York 1959.

24 Michael Heizer in einem Dezember 1968 und Januar 1969 geführten Interview: »Mein Werk ist sehr eng mit meinen persönlichen Erfahrungen verknüpft; zum Beispiel sind meine Beziehungen zur Erde sehr konkret. Ich liebe sie, ich liebe den Kontakt mit ihr, wenn ich mich auf ihr ausstrecke. Ich fühle mich ihr nahe, aber nicht in der Weise eines Bauern oder eines Gärtners. ... was ich jetzt mit der Erde mache, befriedigt bei mir grundlegende Wünsche«; Tiberghien (wie Anm. 6), S. 280.

25 Werkner (wie Anm. 6), S. 67.

26 Siehe dazu - mit dem Hinweis auf Barnett Newman und Jackson Pollock -

Belting, Hans: *Das Ende der Kunstgeschichte. Eine Revision nach zehn Jahren,* München 1995, S. 52f.; vgl. auch Werkner (wie Anm. 6), S. 25, über die Verbindung des Abstrakten Expressionismus zu der Tradition amerikanischer Landschaftsmalerei.

27 Heizer, *Effigy Tumuli* (wie Anm. 1), S. 18, 22.
28 Heizer, *Effigy Tumuli* (wie Anm. 1), S. 43: »Ultimately, all the effigy sculptures would be connected, up and down the Mississippi. ... They would all be seen as part of one great American project.«
29 Lurker, Manfred: *Adler und Schlange. Tiersymbolik im Glauben und Weltbild der Völker.* Tübingen 1983, S. 42.
30 RGG, 3. Aufl., II, Sp. 259f. (Art. Drache; M. Eliade), und VI, Sp. 1549f. (Art. Wasser; Ph. Reymond).
31 RGG, 3. Aufl., V, Sp. 1419 (Art. Schlange; A. Schimmel).
32 RGG, 3. Aufl., IV, Sp. 924 (Art. Mexiko I. Altmexikanische Religionen; P. Honigsheim).
33 *The Encyclopedia of Religion.* Editor in chief: Mircea Eliade, Vol. 5, 1986, S. 346f., bes S. 346 (Art. Fisch; Ann Dunnisen).
34 *The Encyclopedia of Religion,* Vol. 5, S. 443 (Art. Frogs and Toads; Manabu Waida).
35 RGG, 3. Aufl., I, Sp. 1801 (Art. Christussymbole; K. Wessel).
36 Siehe dazu Werkner (wie Anm. 6), S. 71, 74.
37 Tiberghien (wie Anm. 6), S. 279.
38 Kertess (wie Anm. 5), S. 77: »That Heizer could successfully negotiate the bureaucratic maze he was confronted with, for the duration of construction, is itself a notheworthy achievement.«
39 Heizer, *Effigy Tumuli* (wie Anm. 1), S. 37, 39.
40 Heizer, *Effigy Tumuli* (wie Anm. 1), S. 35: »For his part, tough, Heizer dismisses as ›frivolous‹ the idea of ›reclamation art‹, collaborations between artists and mining companies that have been pursued by a number of contemporary artists in recent years, and says he undertook the *Effigy Tumuli* purely for the possibilities it offered him as a work of art.«
41 Heizer, *Effigy Tumuli* (wie Anm. 1), S. 36.
42 Über diese Matten siehe Heizer, *Effigy Tumuli* (wie Anm. 1), S. 41, 66.
43 Tiberghien (wie Anm. 6), S. 283.

Sabine Hofmeister
Vom Ende des Umweltschutzes: Untergang eines Paradigmas und Entwicklung eines ökonomischen Naturverhältnisses
Seiten 132–144

1 Vgl. hierzu Hofmeister, Sabine: *Umweltschutz: Vollzug am falschen Ende – Das Beispiel Textilreinigung,* in: Wechselwirkung Nr. 3/1993, S.38-41.
2 Auch dies ist eine Lehre aus der Anwendung von FCKW als einer Stoffgruppe, auf deren Verwendung wir heute wegen der jetzt spürbaren, aber

schon vor mehr als zwanzig Jahren verursachten ökologischen Folge-
probleme verzichten, um in weiteren zwanzig Jahren zumindest die
Gewißheit zu haben, daß die Zerstörung der Ozonschicht nicht weiter vor-
anschreiten wird. Vgl. dazu Graßl, Hartmut: *Umwelt- und Klimaforschung.*
Von ungewohnten Zeit- und Raumskalen für Politik und Öffentlichkeit, in:
Held, Martin, und Karlheinz A. Geißler (Hrsg.): Ökologie der Zeit – Vom
Finden der rechten Zeitmaße, Stuttgart 1993, S. 75-84; Kümmerer, Klaus:
Zeiten der Natur - Zeiten des Menschen. Ein Beitrag zur Ökologie der Zeit,
in: Held, Martin, und Karlheinz A. Geißler (Hrsg.): Ökologie der Zeit – Vom
Finden der rechten Zeitmaße, Stuttgart 1993, S. 85-104.

3 Vgl. dazu Immler, Hans: *Natur in der ökonomischen Theorie*, Opladen 1985.
4 Hofmeister, S.: *Auf dem Weg in eine nachhaltige Stoffwirtschaft? Über die
   Chancen einer Wiederentdeckung der physischen Reproduktion durch die
   industrielle Wirtschaftsgemeinschaft*, in: Busch-Lüty, Christiane, Maren
   Jochimsen, Ulrike Knobloch, Irmi Seid (Hrsg.): Vorsorgendes Wirtschaf-
   ten – Frauen auf dem Weg zu einer Ökonomie der Nachhaltigkeit, in:
   Politische Ökologie (PÖ 39), September 1994, S. 51-55
5 Vgl. dazu Immler, H.: *Vom Wert der Natur. Zur ökologischen Reform von
   Wirtschaft und Gesellschaft*, Opladen 1989, S. 199ff.

Thomas Zoglauer
Das Natürliche und das Künstliche:
Über die Schwierigkeit einer Grenzziehung
Seiten 145–161

1 Aristoteles: *Physik*, 192 b (Übers. Hans Wagner), Berlin ³1983.
2 Aristoteles (wie Anm. 1), 193 a.
3 Viele Land-Art-Künstler beziehen dieses natürliche Moment der Verwitterung und Verwilderung gezielt in ihre künstlerische Absicht mit ein.
4 Ropohl, Günter: *Technologische Aufklärung*, Frankfurt/Main 1991, S. 53.
5 Ropohl (wie Anm. 4), S. 53.
6 Ropohl (wie Anm. 4), S. 56.
7 Ropohl (wie Anm. 4), S. 55.
8 Böhme, Gernot: *Natürlich Natur: Über Natur im Zeitalter ihrer technischen
   Reproduzierbarkeit*, Frankfurt/Main 1992, S. 115.
9 Zoglauer, Thomas: *Natur und Technik*, in: Bien, Günther, Thomas Gil und
   Joachim Wilke (Hrsg.): »Natur« im Umbruch, Stuttgart-Bad Cannstatt 1994,
   S. 49-62.
10 Kull, Ulrich, und Astrid Herbig: *Pflanzen als natürliche Konstruktionen und
   das Prinzip Leichtbau*, in: Natürliche Konstruktionen – Mitteilungen des SFB
   230, Heft 1, Stuttgart 1988, S. 35.
11 Böhme (wie Anm. 8), S. 113.
12 Bayertz, Kurt: *Gen-Ethik*, Reinbek 1987, S. 107.
13 Meyer-Abich, Klaus: *Kulturgeschichte der Natur*, in: Politische Ökologie

Nr. 25 / Dez. 1991, S. 59; Groh, Ruth und Dieter: *Natur als Maßstab - eine Kopfgeburt*, Merkur 47 (1993), S. 965-979

14 Vgl. Böhme (wie Anm. 8), S. 73f. und 81f. Eine kritische Erörterung des Begriffs »Natursubjekt« liefert Böhme, Gernot: *Die Frage nach einem neuen Naturverständnis*, in: Politische Ökologie Nr. 24 / Nov. 1991, S. 23f.

15 Trepl, Ludwig: *Ökologie als Heilslehre*, in: Politische Ökologie Nr. 25 / Dez. 1991, S. 45.

16 Groh (wie Anm. 13), S. 977.

17 Groh (wie Anm. 13), S. 965.

18 Vgl. Bazin, Germain: *Du Mont's Geschichte der Gartenbaukunst*, Köln 1990, S. 155.

19 Bayertz, Kurt: *Naturphilosophie als Ethik*, Philosophia Naturalis 24 (1987), S. 166.

20 Dahl, Jürgen: *Der unbegreifliche Garten und seine Verwüstung*, München 1989, S. 59.

21 Dahl (wie Anm. 20), S. 59f.

22 Breckling, Broder: *Naturkonzepte und Paradigmen in der Ökologie*, WZB-Papier FS II 93-304, Wissenschaftszentrum Berlin für Sozialforschung 1993, S. 28.

23 Breckling (wie Anm. 22), S. 27-35.

24 Breckling (wie Anm. 22), S. 33; Grimm, V., E. Schmidt und C. Wissel: *On the application of stability concepts in ecology*, Ecological Modelling 63 (1992), S. 143-161.

25 Dahl (wie Anm. 20), S. 62.

26 Dahl (wie Anm. 20), S. 62.

27 Stoll, Günther: *Naturschutz – jede Art zählt*, in: Spektrum der Wissenschaft, Mai 1995, S. 20.

28 Stoll (wie Anm. 27), S. 21.

29 Dahl (wie Anm. 20), S. 63.

30 »Die Berufung auf die Natur als Quelle und Basis für moralische Orientierung ist ihrem Inhalt nach ambivalent und begründungsstrategisch unhaltbar«; Bayertz (wie Anm.12), S. 157.

31 Patzig, Günther: *Ökologische Ethik – innerhalb der Grenzen bloßer Vernunft*, Göttingen 1983, S. 16.

32 Bayertz (wie Anm. 12), S. 150.

33 Markl, Hubert: *Natur als Kulturaufgabe*, München 1991, S. 357.

34 Daele, Wolfgang van den: *Zum Forschungsprogramm der Abteilung »Normbildung und Umwelt«*, WZB-Papier FS II 91-301, Wissenschaftszentrum Berlin für Sozialforschung 1991, S. 48; Vgl. auch: Glaeser, Bernhard: *Natur in der Krise? Ein kulturelles Mißverständnis*, WZB-Papier FS II 92-302 (1992), S. 9.

35 Glaeser (wie Anm. 34), S. 17ff.

36 Bayertz (wie Anm. 12), S. 170.

37 Vgl. Moore, George Edward: *Principia Ethica*, Stuttgart 1977.

38 Dieses Beispiel stammt von Morscher, Edgar: *Das Sein-Sollen-Problem logisch betrachtet*, Conceptus 8, Nr. 25 (1974), S. 5.

39 Die Chemiefirma Hoechst schleuste fremdes Erbgut in die Zellen von Kulturpflanzen ein, um sie widerstandsfähig gegen das firmeneigene Unkrautvernichtungsmittel »Basta« zu machen. Dahinter steckt natürlich ein handfestes wirtschaftliches Interesse: Bauern, denen diese herbizidresistenten Pflanzen verkauft werden, sind mit diesem Kauf auch weiterhin von der Firma abhängig, da die Pflanzen nur gegen Herbizide der Firma Hoechst resistent sind.

40 Meichsner, Irene: *Patente aufs Leben*, in: Zeit-Punkte Nr. 2/1995, S. 66.

41 Meichsner (wie Anm. 40), S. 68.

42 Der Spiegel 44/1993, S. 237.

43 Daele (wie Anm. 34), S. 52.

44 Vgl. hierzu den gleichnamigen Aufsatz von Laurence H. Tribe, in: Birnbacher, Dieter (Hrsg.): *Ökologie und Ethik*, Stuttgart 1980, S. 20-71.

Konrad Ott
Zum Stand der Diskussion in der Ökologischen Ethik
Seite 162–177

1 Zur Präzisierung dieses Begriffes sowie zu seiner Operationalisierbarkeit in bezug auf Handlungsfelder (wie Klimawandel, Entwaldung, Artenschwund, Wasserknappheit) vgl. Lemons, John, und Donald Brown (Hrsg.): *Sustainable Development: Science, Ethics, and Public Policies*, Dordrecht 1995.

2 Vgl. Leopold, Aldo: *A Sand County Almanac*, deutsch *Am Anfang war die Erde*, München bzw. Darmstadt 1992.

3 Vgl. etwa Marcuses ebenso anregenden wie unsystematischen Aufsatz *Über Natur und Revolution*, in: Marcuse, Herbert: Konterrevolution und Revolte, Frankfurt 1972, S. 72-94.

4 Vgl. Sieferle, Rolf Peter: *Perspektiven einer historischen Umweltforschung*, in: Sieferle, Rolf Peter (Hrsg.): Fortschritte der Naturzerstörung, Frankfurt 1988, S. 307-376, sowie die Diskussion zwischen Sieferle, Wils und Schneider in: Wils, Jean-Pierre (Hrsg.): *Natur als Erinnerung*, Tübingen 1992, S. 159-200.

5 Vgl. Luhmann, Niklas: *Ökologische Kommunikation*, Opladen 1986.

6 Am Rande sei angemerkt, daß sich die meisten Prognosen erfüllt haben oder erfüllen (wie Waldsterben, drohender Verkehrskollaps, Klimawandel, Ökomigration, Hochwasser), die vor nicht allzu langer Zeit noch als Panikmache beschimpft wurden. Die »ideologisch verblendeten« Umweltschützer sind insofern realistischer gewesen als ihre Kontrahenten.

7 Zur Tierethik vgl. besonders Wolf, Ursula: *Das Tier in der Moral*, Frankfurt 1988.

8 »Nach der bloßen Vernunft zu urteilen, hat der Mensch sonst keine Pflicht, als bloß gegen den Menschen (sich selbst oder einen anderen)«; Kant, Immanuel: *Metaphysik der Sitten*, Werkausgabe (Hrsg. Weischedel), Bd. VIII, S. 577.

9 Dabei ist in der Ethik umstritten, ob, strenggenommen, moralische Pflichten in bezug auf die eigene Person bestehen.

10 Als beispielhaft für eine ökozentrische Position vgl. Westra, Laura: *The Principle of Integrity*, Lanham 1994.

11 Zu dieser Auffassung vgl. Bosselmann, Klaus: *Im Namen der Natur*, Bern 1992.

12 Dies schließt allerdings nicht aus, vom Standpunkt der Diskursethik (Habermas, Apel) aus eine Ökologische Ethik zu entwickeln. Vgl. hierzu meinen Aufsatz *Wie ist eine diskursethische Begründung von ökologischen Rechts- und Moralnormen möglich?*, in: Ott, Konrad: Vom Begründen zum Handeln, Tübingen 1996.

13 Leopold (wie Anm. 2), S. 174.

14 Vgl. hierzu die Diskussion in *The Monist*, Vol. 75, No. 2, April 1992.

15 Diese Behauptung wird nicht von allen Ethikern geteilt. Allerdings hat man Mühe zu erklären, was Werte (ontologisch) sind, wenn es keine subjektiven Präferenzen sind.

16 Vgl. Rolston, Holmes: *Environmental Ethics*, Philadelphia 1988.

17 Die Ansätze hierzu stecken noch in den Kinderschuhen.

18 Vgl. Seel, Martin: *Eine Ästhetik der Natur*, Frankfurt 1991.

19 Vgl. den klassischen Aufsatz von Joachim Ritter: *Landschaft*, in: Ritter, Joachim: Subjektivität, Frankfurt 1974, S. 141-163.

20 Vgl. Norton, Bryan: *Why Preserve Natural Variety*, Princeton 1987.

21 Unter dem Argumentationsraum der Ökologischen Ethik verstehe ich das Ensemble der guten Gründe (wie beispielsweise Pflichten gegenüber zukünftigen Generationen, naturästhetische Gründe, humanökologische Argumente, »transformative value«-Argumente), die zur Rechtfertigung von (individuellen oder kollektiven) Pflichten herangezogen werden können, die gegenüber oder in Ansehung von Natur bestehen. Diesen Argumentationsraum einzuführen und angemessen zu diskutieren, übersteigt die Möglichkeiten dieses Beitrags. Vgl. hierzu Ott (wie Anm. 12).

22 Wenn die Ozonwerte steigen, ist es gesünder, mit dem Auto als mit dem Rad zu fahren, wenn die anderen weiterfahren dürfen.

23 Eine sozialphilosophische Analyse entsprechender Mechanismen findet sich bei Elster, Jon: *Logik und Gesellschaft*, Frankfurt 1981, besonders S. 151-264.

24 Vgl. Hampicke, Ulrich: *Naturschutz-Ökonomie*, Stuttgart 1991, S. 50-106.

Personenregister

Kursive Zahlen verweisen auf
Abbildungslegenden

Bildnachweis

28 Autor;

41 Prov. Bayer. Verwaltung der Staatl. Schlösser und Seen, Schloß Nymphenburg, Inv.-Nr. G 81;

42 Prov. Vaduz, Stiftung Ratjen;

47 Privatbesitz (2);

53 o. Prov. Thomas Agnew and sons, London;

53 u. Privatbesitz;

73 Autor;

74 Autor (2);

86 Plan aus einer Publikation von Eduard Baumstark: Die königliche Staats- und landwirtschaftliche Academie Eldena bei der Universität Greifswald;

90 Greifswald, Universitätsarchiv, Signatur AG k2563;

91 Greifswald, Vorpommersches Landesarchiv, Rep. 44B, Nr. 3475;

96 Adrian von Buttlar, Kiel;

99 Kunsthistorisches Institut der Universität Kiel;

101 Adrian von Buttlar, Kiel;

103 Marko Pognacnik: Die Erde heilen. Das Modell Türnich, Eugen Diederichs Verlag, München 1989;

105 Die Gartenkunst, 2/1993;

108 Adrian von Buttlar, Kiel;

113 Yves Abroux, Stephen Bann: Ian Hamilton Finlay – A visual primer, Edinburgh 1985;

115 Die Gartenkunst, 2/1994;

116 Gesellschaft für Freiraumgestaltung: Computersimulation im Auftrag von Grün Berlin, Berlin 1994;

121 Courtesy Michael Heizer;

122 o. Courtesy Michael Heizer;

122 u. Courtesy Michael Heizer, Foto Ivan dalla Tana;

124 Courtesy Michael Heizer;

130 Annette Henning, Kunsthistorisches Institut der Universität Kiel;

126 I. A. Lapham: The Antiquities of Wisconsin, Washington 1855, Pl. XXIX

12.—